厦门大学百年校庆系列出版物 · 编委会

厦门大学百年校庆系列出版物

百年学术论著选刊

货币银行原理

陈振骅　著

厦门大学出版社
XIAMEN UNIVERSITY PRESS
国家一级出版社
全国百佳图书出版单位

图书在版编目(CIP)数据

货币银行原理/陈振骅著.—厦门：厦门大学出版社，2021.3
(百年学术论著选刊)
ISBN 978-7-5615-8132-2

Ⅰ.①货… Ⅱ.①陈… Ⅲ.①货币银行学 Ⅳ.①F820

中国版本图书馆 CIP 数据核字(2021)第 045367 号

出 版 人 郑文礼
责任编辑 薛鹏志 林 灿
美术编辑 蒋卓群
技术编辑 朱 楷

出版发行 厦门大学出版社
社　　址 厦门市软件园二期望海路 39 号
邮政编码 361008
总　　机 0592-2181111 0592-2181406(传真)
营销中心 0592-2184458 0592-2181365
网　　址 http://www.xmupress.com
邮　　箱 xmup@xmupress.com
印　　刷 厦门兴立通印刷设计有限公司

开本 720 mm×1 000 mm 1/16
印张 29.5
插页 3
版次 2021 年 3 月第 1 版
印次 2021 年 3 月第 1 次印刷
定价 118.00 元

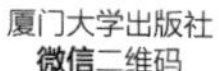
厦门大学出版社
微信二维码

厦门大学出版社
微博二维码

总序

厦门大学
党委书记　张　彦
校　　长　张　荣

二〇二一年四月六日，厦门大学百年华诞。百载风雨，十秩辉煌，这是厦门大学发展的里程碑，继往开来的新起点。全校师生员工和海内外校友满怀深情地期盼这一荣耀时刻的到来。

为迎接百年校庆，学校在三年前就启动了『百年校庆系列出版工程』的筹备工作，专门成立『厦门大学百年校庆系列出版物编委会』，加强领导，统一部署。各院系、部门通力合作，众多专家学者和相关单位的工作人员全身心地参与到这项工作之中。同志们满怀高度的责任感和紧迫感，以『提升质量，确保进度，打造精品』为目标，争分夺秒，全力以赴，使这项出版工程得以快速顺利地进行。在这个重要的历史时刻，总结厦大百年奋斗历史，阐扬百年厦大『四种精神』，抒写厦大为伟大祖国所做出的突出贡献，激发厦大人的自豪感和使命感，无疑是献给百岁厦大最好的生日礼物。

『百年校庆系列出版工程』包括组织编撰百年校史、百年组织机构史、百年院系史、百年精神文化、百年学术论著选刊、校史资料与学生名录……有多个系列近一百五十种图书将与广大读者见面。从图书规模、涉及领域、参编人员等角度看，此项出版工程极为浩大。这些出版物的问世，将为学校留下大量珍贵的历史资料，为学校深入开展校史教育提供丰富生动的素材，也将为弘扬厦门大学『自强不息，止于至善』校训精神注入时代的新鲜血液，帮助人们透过『中国最美大学校园』的山海空间和历史回响，更加清晰地理解厦门大学在中国发展进程中发挥的独特作用、扮演的重要角色，领略『南方之强』的文化与精神魅力。

百年校庆系列出版物将多方呈现百年厦大的精彩历史画卷。这些凝聚全校师生员工心血的出版物，让我们感受到厦大人弦歌不辍的精神风貌。图文并茂的《厦门大学百年校史》，穿越历史长廊，带领我们聆听厦大不平凡百年岁月的历史足音。《为吾国放一异彩——厦门大学与伟大祖国》浓墨重彩地记述厦门大学与全国三十四个省级行政区以及福建省九市一区一县血浓于水的校地情缘，从中可以读出厦门大学在中华民族伟大复兴征程中留下的深深烙印。参与面最广的『厦门大学百年院系史系列』、《厦门大学百年组织机构史》，共有三十多个学院和直属单位参与编写，通过对厦门大学各学院和组织机构发展脉络、演变轨迹的细致梳理，深入介绍厦门大学的党建工作、学科建设、人才培养、组织管理、社会服务等方面的发展历程，展示办学成就，彰显办学特色。《厦门大学校史资料选编（一九九二—二〇一七）》和《南强之星——厦门大学学生名录（二〇一〇—二〇一九）》，连同已经出版的同类史料，将较完整、翔实地展现学校发展轨迹，记录下每位厦大学子的荣耀。『厦门大学百年精神文化系列』涵盖人物传记和校园风采两大主题，其中《陈嘉庚传》在搜集大量史料的基础上，以时代精神和崭新视角，生动展现了校主陈嘉庚先生的丰功伟绩。此次推出《林文庆传》《萨本栋传》《汪德耀传》《王亚南传》四部厦门大学老校长传记，是对他们为厦大发展所做出了突出贡献的深切缅怀。厦大校友、红军会计制度创始人、中国共产党金融事业奠基人之一高捷成的传记《我的祖父高捷成》，则是首次全面地介绍这位为中国人民解放事业做出杰出贡献的烈士的事迹。新版《陈景润传》，把这位『最美奋斗者』『感动中国人物』、令厦大人骄傲的杰出校友、世界著名数学家不平凡的人生再次展现在我们眼前。抒写校园风采的《厦门大学百年建筑》、《厦门大学餐饮百年》、《建南大舞台》、《芙蓉园里尽芳菲》、《我的厦大老师》（百年华诞纪念专辑）、《创新创业厦大人（二）》、《志愿之光》、《让建南钟声传响大山深处》、《我的厦大范儿》以及潘维廉的《我在厦大三十年》等，都从不同的角度，引领我们去品读厦门大学的真正内涵，感受厦门大学浓郁的人文精神和科学精神。

此次出版的『厦门大学百年学术论著选刊』，由专家学者精选，重刊一批厦大已故著名学者在校工作期间完成的、具有重要价值的学术论著（包括讲义、未刊印的论著稿本等），目的在于反映和宣传厦门大学百年来的学术成就和贡献，挖掘百年来厦门大学丰厚的历史积淀和传统资源，展示厦门大学的学术底蕴，重建『厦大学派』，为学校『双一流』建设提供学术传统的支撑。学校将把这项工作列入长期规划，在百年校庆时出版第一辑共四十种，今后还将陆续出版。

『自强！自强！学海何洋洋！』一百年前，陈嘉庚先生于民族危难之际，抱着『教育为立国之本，兴学乃国民天职』的信念，创办了厦门大学这所中国历史上第一所由华侨独资建设的大学。一百年来，厦大人秉承『研究高深学术，养成专门人才，阐扬世界文化』的办学宗旨，在实现中华民族伟大复兴的征程上书写自己的精彩篇章。我们相信，当百年校庆的欢庆浪潮归于平静时，这些出版物将会是一串串熠熠生辉的耀眼珍珠，成为记录厦门大学百年奋斗之旅的永恒坐标，成为流淌在人们心中的美好记忆，并将不断激励我们不忘初心继承传统，牢记使命乘风破浪，向着中国特色世界一流大学目标奋勇前行！

张彦　张荣

二〇二〇年十二月

『厦门大学百年学术论著选刊』编纂说明

为反映和宣传厦门大学百年来的学术成就和贡献，挖掘厦大学术丰厚的历史积淀和传统资源，为学校『双一流』建设提供学术传统的支撑，『厦门大学百年校庆系列出版物』丛书下设『百年学术论著选刊』系列，以精选、重刊一批我校学者在校期间撰著的、具有重要价值的学术论著。

为此，学校设立『百年学术论著选刊』编纂组，在以校党委书记张彦、校长张荣为主任的『厦门大学百年校庆系列出版物』编委会指导下具体负责这项工作。编纂组组长：洪峻峰；成员：朱水涌、钞晓鸿、高和荣、蒋东明、石慧霞。

鉴于学校将把收集、整理和重刊我校学术论著列入长期规划，今后分辑继续此项工作，『百年学术论著选刊』系列划定选稿范围，内容为百年来在我校工作过的已故学者在校期间撰写或出版的论著，时间以『文革』之前刊印或完成（稿本）为限；确定刊印形式，为原书、原稿影印出版。编纂组于二〇一九年三月向全校各学院、研究院征集选题，同时利用图书馆及图书数据库检索渠道搜索相关文献、查找合适选题。论著的遴选侧重名家名著，同时关注民国时期稀见版本和未刊稿本，包括未曾正式出版的油印本教材。

经学院推荐、文献检索和专家筛选，学校『百年校庆系列出版物』编委会确定了四十种入选论著。我们随即展开对论著影印底本的选择和寻访，工作得到了有关图书馆、藏书家的支持和帮助。同时，约请我校各学科相关专业的专家学者分别为各书撰写出版前言，介绍作者生平学术和论著内容价值，揭示其学术史意义及在我校的学术传承。各书前言还将汇编成集，同时出版。

论著选刊工作得到了原著作者的亲属、弟子多方面的支持。部分作品的著作权尚在保护期内，我们也征得其继承人的支持并签约；个别作品无法联系到著作权继承人，我们将公布联系方式，敬请他们与出版社联系。

本系列丛书从启动到编成历时两年整。在编纂过程中，学校图书馆、社科处和出版社作为这项工作的协作单位，分别承担了大量的繁杂事务；编纂组秘书黄援生、林灿，以及朱圣明、刘心舜和校图书馆古籍特藏与修复部有关人员，做了许多具体工作。

『厦门大学百年学术论著选刊』的编纂，是对我校百年来学术文献资源的一次大规模的搜集、梳理和开发。厦大的学术底蕴和文献资源极为丰厚，第一次选刊难免挂一漏万。经过这次编纂工作的探索，学校今后的分辑整理出版规划将会更加完善。

厦门大学百年学术论著选刊　编纂组

二〇二〇年十二月

厦门大学百年学术论著选刊（四十种）

《中国文学变迁史略》 刘贞晦 著

《教育学原理》 孙贵定 编

《中国古代法理学》 王振先 著

《石遗室诗话》 陈衍 著

《历史哲学》 朱谦之 著

The Development, Significance and Some Limitations of Hegel's Ethical Teaching（《黑格尔的伦理学说》） 张颐 著

《汉文学史纲要》 鲁迅 著

《马哥孛罗游记》 张星烺 译

《闽南游记》 陈万里 著

《厦门音系》 罗常培 著

《教育概论》 庄泽宣 著

《艺术家的难关》 邓以蛰 著

The Li Sao: An Elegy on Encountering Sorrows（《离骚》） 林文庆 译

《老子古微》 缪篆 著

《教育与学校行政原理》 杜佐周 著

《教育社会学》 雷通群 著

《国际私法》 徐砥平 著

《地理学》 王成组 著

《货币银行原理》 陈振骅 著

《文化人类学》 林惠祥 著

《教育之科学研究法》 钟鲁斋 著

《厦门大学文学院文化陈列所所藏中国明器图谱》 郑德坤 编著

《因明学》 虞愚 著

《实用微积分》 萨本栋、郑曾同、杨龙生 编著

《大学普通化学讲义》 傅鹰 著

《中国文学史》 林庚 著

《史学方法实习题汇》 谷霁光 编

《语言学概要》 周辨明、黄典诚 译著

《英美法原理》 [美] 阿瑟·古恩 著，陈朝璧 译述

《中国官僚政治研究》 王亚南 著

《西洋经济思想》 郭大力 著

《古音学说述略》 余謇 著

《明清农村社会经济》 傅衣凌 著

《隋唐五代史纲》 韩国磐 著

《会计基础知识》 葛家澍 主编

《文昌鱼》 金德祥 著

《泛函分析》 李文清 著

《胚胎学讲义》 叶毓芬及山东大学胚胎学教研组、汪德耀 编

《浮游生物学概论》 郑重 著

《海水分析化学》 陈国珍 主编

前言

邱崇明

《货币银行原理》（商务印书馆一九三四年五月初版，一九三五年五月第三版），是陈振骅教授早年在厦门大学任教时编写的一本教材，二〇二一年是厦门大学建校一百周年，该书被列入『厦门大学百年学术论著选刊』系列，将影印出版，编纂组让我写几句话，自感才疏学浅、力不从心，但母校百年大庆，当尽绵薄之力，所以还是不揣浅陋地接受下来。

一

陈振骅教授（一九〇〇—一九六六）是福建福州人，上海圣约翰大学毕业，留美获华顿商学院硕士学位。回国后先后任复旦大学教授，厦门大学经济系教授、系主任。二十世纪三十年代后期曾任江西省所得税务局、闽赣直接税局局长。抗战胜利后任教于福建学院，后重返厦门大学，长期在厦门大学外文系任教。①曾与外文系陈福生教授合译多种西方经济学经典著作，列入商务印书馆的『汉译世界学术名著丛书』，包括古典经济学的鼻祖斯密、法国资产阶级庸俗政治经济学的创始人萨伊、瑞典学派的林达尔、美国学派的克拉克和米契尔等大师的著作。经济思想史的原著一般都比较深奥，读懂中文版尚需花很多时间，更遑论翻译。而陈振骅教授的译著数量之多、跨度之大，着实令人叹服。

本书是陈振骅教授在我校担任『货币银行学』课程时所编讲义。作者在『自序』中称，其时『中国货币与银行制度俱未入正轨，其待整理改革之处正多』，教学中『感国内无良好能切中时要之课本，而西文本匪特售价过昂，学生苦之，且又不尽适国情，爰乃自编讲义，以应需用』，写作过程『几经改窜，阅时二年之久，始克成书』，因同人推许怂恿而付梓，列入商务印书馆『经济丛书』。初版后深受欢迎，一年内就又两次再版。据我国著名的金融学家、中国人民大学原校长黄达教授考证，本书与崔晓岑编著的《币制与银行》[2]，同为当时中国『两本受到重视的教材；后来好多本有关货币银行的著述所开列的参考书目中，都列入了这两本书』[3]。若论出版时间，本书比崔书还早两年。

一本好教材，不管是对教师还是对学生都非常重要。对教师来说，教材从一开始就决定了这门课的起点水平，并在很大程度上决定了教学质量，要提高教学质量首先要抓教材建设。对学生来说，好教材不仅介绍知识，还给学生留下大量信息和进一步思考的空间，既授人以鱼又授人以渔，能让学生若干年后重读仍感到有新的收获。笔者迄今写文章仍不时地查阅黄达的《货币银行学》、易纲和吴有昌合著的《货币银行学》和米什金的《货币金融学》等当年用过的教材，重读之余仍不时地觉得有新的领悟，可见好教材会让人受用不尽。

二

《货币银行原理》问世后能产生较大的影响，受到市场欢迎，并非偶然，这可以从本书的下列特点看出来。

（一）注重联系中国实际

作者虽然曾负笈海外，书的框架也是延续西方货币银行学在二十世纪初的体系，但没有照搬，书中用大量中国金融市场的第一手资料，深入系统地介绍中国的货币流通、银行体系和业务。在介绍中国币制改革时，从清末的

『精琦计划』『赫德计划』到一九二九年的『甘末尔设计委员会计划』，无不详列并加以比较。当过教师的人都有这样的体会：社会科学的原理，如果不结合历史和现实，常常是简单的人人皆知、平淡无奇的几句话，而一旦结合了，就变成触手可及的活生生的问题，并引申出一大堆引人入胜的新问题，通过对这些问题的思考，学生对理论的掌握以及运用理论分析解决问题的能力立刻就上了一个台阶。本书在这方面做了不少有益的探索，可圈可点：比如，为何钱庄这一采用风险很高的无抵押担保信用贷款形式，看似十分落伍的金融机构，在上海、武汉这样现代银行林立的金融中心仍能顽强地生长，并显示出相当强的竞争力？上海这一旧中国最大的金融中心在商业循环周期中所表现出来与发达国家不同的『六季节』现象，其成因是什么？中国农业信用机构不发达的原因何在？贴现与贷款相比具有哪些优势？对这些问题的看法颇多中肯之处，体现作者对中国本土金融特点的深入了解。再如，在介绍银行业务时，无论是存款还是贷款、汇兑，始终围绕风险管理这一主线展开，详列各个业务环节的风险点与防范对策，切中要点，避免了面面俱到、泛泛而谈。这种内容取舍思路对今人编写货币银行学教材也不无参考价值。本书还安排专节介绍苏联的银行体系，这在当时也颇为难得。

（二）货币制度理论在本书占有很大比重，具有突出的地位

与今天的货币银行学教材相比，本书的一个显著特点就是有关货币制度的篇幅非常大，全书分两编，上编货币论十六章，下编银行论十八章。上编除了介绍货币的性质与职能、币值与价格、信用的三章外，其余十三章都是有关货币制度的，这些章节从各个侧面对各国货币制度进行系统阐述和比较分析，包括货币制度的内容、货币制度的演变、各国货币制度简史、中国的货币制度、货币制度的改革等，占全书篇幅三分之一强（百分之三十六，若把第一、四、十二章也计入则占百分之四十三）。其中第十三章『货币改革之提议』中介绍的『计表本位制』『劳力时间本位制』『劳工费用本位制』『劳工反效用本位制』『买者剩余本位制』『补偿主币议』『约制世界黄金产量说』『约制现金之需要之各计划』等，在一般教科书中少见。

货币制度简称币制，包括国内币制和国际币制两种，前者是指一国政府以法律形式确定的货币流通结构和组

织形式。典型的币制包括货币材料与货币单位的规定；通货的铸造、发行与流通；货币发行的准备制度等内容。国际货币制度是国际金融学的重要组成部分，除了国际货币本位外，还包括对汇率制度、国际收支的调节方式、国际清偿力的供应所作的制度安排。这种制度安排可以是自发形成的，也可以是各国所正式达成的条约和协议的形式。

币制的分量如此之大，首先是由当时的历史背景所决定的。本书写作时中国正处在法币改革的前夜，一九三三年美国在国际市场上大量收购白银，引起银价暴涨，此举给中国经济带来灾难性的后果：白银大量外流，通货紧缩，物价跌落，工商业走向萧条，中国的银本位制已难以为继。币制改革遂提上议事日程。英美两国乘机插手这一改革，力图将中国纳入其货币集团以使中国经济金融沦为其附庸，币制改革成为社会关注的焦点。

其次，币制的分量大，是币制本身的重要性使然。如果说金融是现代经济的核心，那么币制就是金融这座大厦的基石。其重要性体现在以下四个方面：

第一，币制是一国基本经济制度之一，币制选择是否得当以及币制完善与否，对经济金融的稳定性有非常大的影响，古今中外，概莫能外。以历史上中晚唐的钱荒为例，唐朝采用金属货币制度，银铜作为币材，但中国并非盛产银铜的国家，银铜产量无法满足流通对货币的需要，通货不足，币值上升，物价下跌，『钱重物轻』，这本身就不利于经济发展，币制的缺陷又给统治者搜刮民脂民膏提供了良机，『以钱定税，以物缴纳』，即用名义价值较高的货币确定老百姓的应纳税额，同时规定用价格趋向于下跌的实物来纳税，这样表面上以货币计价的税额不变，但缴纳的实物却增加了，百姓的税负加重，结果激起民变，这也是导致唐朝走向衰弱的原因之一。又如，亚洲金融危机前泰国的经济基本面已经恶化，出口减少，但泰国采用的是固定汇率制与资本账户开放这种最不稳定的制度组合，无法通过汇率贬值来缩小逆差，结果汇率出现高估和泡沫，泰铢成为索罗斯等国际投机资本攻击的目标。再如，目前运行的国际货币体系（制度）是一种『无秩序』的体系，与经济金融全球化严重不相适应，成为影响全球金融稳定的根源之一。表现在，国际收支调节机制依然不完善；内外均衡的冲突由于大规模的国际资本流动而变得日益复杂；缺乏对美元的货币发行纪律的约束，汇率波动剧烈，汇率体系极不稳定，在很多情况下甚至演变成货币危机。造成这些缺陷的深层原因在于这一体系总的来说还缺乏国际政策协调，这也是未来该体系改革的方向。

第二，币制是理解货币作用的钥匙，币制在很大程度上决定着货币的作用边界，不同的币制条件下，货币对产出、就业的影响有霄壤之别。在金本位下，货币本身具有内在价值，银行券以金银作为发行保证，所以，信贷所投放的货币代表本期已存在的财富，贷款是对现有资本的重新配置，贷款增加并不意味着社会资本（财富）的增加，货币只不过是『覆盖在实体经济上的一层面纱』，对产出和就业没有影响，货币在经济中的作用是中性的。在纸币制度（又称管理货币制度或法定货币制度）下，如果纸币（含存款货币）供应量过多，超量发行的这部分货币没有对应的物资保证，持有超额货币的一方等于先向社会垫付自己的劳动，从银行角度看，这相当于发行银行在价值还没有创造出来之前就先将其动员和贷放出去，社会产品由此实现了在价值形态上的超额分配，投资能够突破现有储蓄的限制、透支未来的储蓄，产出、就业由此增加，因此，货币对经济的作用是非中性的。

第三，不同币制条件下，货币发行纪律存在与否不同。在金本位制下（含金汇兑本位制），一方面，以黄金或外汇作为货币发行保证，为了保持纸币可以对黄金或外汇自由兑换，政府就无法利用通货膨胀来刺激经济增长，货币发行存在硬约束，物价和汇率得以保持稳定。但另一方面，金本位制也妨碍政府采取措施制止由内生的货币收缩造成的衰退，随着经济规模的扩大，金本位制变成束缚经济发展的窠臼。在纸币制度下（含纸币制度下对外实行浮动汇率制这种组合），货币供应量具有完全弹性，政府可以通过放松银根来扩张需求，这既使经济发展摆脱了金本位制的束缚，也埋下了通货膨胀和资产价格泡沫的隐患。

第四，不同币制条件下，货币量能否自动调节不同。在金本位制下，政府必须按照规定价格（比如每盎司三十五美元）购买全部提供给他的黄金，并以金币支付，同时法律允许熔化金币，这样黄金价格就会固定在每盎司三十五美元的水平上，货币供应量等于用于货币用途的黄金盎司数量与金价的乘积，政府无法控制货币供应量。货币供应量是由市场这只看不见的手在自发地调节，作为贮藏手段的黄金可以发挥『蓄水池』和『引水渠』的作用，所以一般情况下货币不会过多过少。纸币制度下，纸币数量可以人为调节，由于政府存在追求铸币税收入和政绩的内在激励，加上货币供应量实际上不仅取决于央行的意志，更取决于相关利益阶层的压力，当失业威胁到社会稳定，在来自各方的压力下，央行往往不得不放松银根，扩大需求以增加就业，这样货币供应量实际上成为由央行、商业银行和厂商、居民共同决定的内生变量。从根本上说，凯恩斯主义诞生的背景就是金本位制的崩溃，纸币取代了金币和可对金币兑换的银行券。存在决定意识，没有纸币革命，凯恩斯提出的用扩张性货币政策刺激经济增长的政策主张就没有实施的条件，也就没有作为意识形态的经济理论的凯恩斯革命。

物换星移，时过境迁。随着金本位制退出历史舞台，今天币制理论在货币银行学中的地位已不复往昔，这方面内容比以前大为减少，几乎到了被完全忽略的地步，这是否意味着币制问题在经济生活中已变得无足轻重了呢？笔者窃以为问题并非如此简单。姑且不说现在国际货币体系改革已成为新兴市场经济国家反对美国金融霸权斗争的焦点，就说金本位制崩溃后这近百年的时间里，仍不断地有人呼吁恢复某种形式的金本位。其中较重要的事件，前有一九八一年美国里根总统上台伊始就成立黄金委员会，研究恢复金本位的可行性；后有二〇一〇年时任世界银行行长的美国前副国务卿佐利克主张建立一种合作型的国际货币体系，其中包括美元、欧元、日元、英镑和人民币，并建议用黄金作为基准帮助确定汇率。事实证明，尽管美国力图割断黄金与货币的联系，以解除黄金对美元发行的约束，但历史仍按照自己的逻辑发展，不以人的意志为转移。今天，历史又走到一个十字路口。近年来，随着移动互联网、区块链、云计算、大数据、人工智能等新一代信息技术的发展进步，现代信息科技对货币的影响日益深入，比特币等数字货币横空出世。数字货币是具有革命性的金融创新，有人认为，数字货币的底层技术区块链是继蒸汽机、电力和互联网之后的又一颠覆性的核心技术。数字货币的诞生，使货币形态走向数字化；货币流通走向网络化；货币本位在经历了以价值作为币值基础到以银行信用和国家信用作为币值基础的历史飞跃之后，正在出现向以算力价值作为币值基础的回归；货币发行主体在经历由私人金融机构分散发行到政府垄断集中发行的历史飞跃之后，再度出现私人机构发行的端倪，只不过是支流而非主流；货币发行流通机制由传统的基于账户的中心化范式向基于通证（Token Base）的去中心化范式转变，使私人部门发行的数字货币摆脱了政府干预。如果说，过去人们对私人货币代替政府法定货币的讨论更多的尚是『思想实验』，今天数字货币的出现则为这种试验付诸大规模实践提供了条件，这一切都预示着货币制度正面临新的一轮变革。数字货币不仅将提高市场效率和经济福利，而且强化货币发行的纪律约束，对美元的金融霸权地位构成挑战，但同时也对一国的货币政策主权、铸币税和有效性带来巨大的冲击。以脸书公司发行的天秤币为例，它是基于区块链技术，以主权货币或债券作为抵押的数字货币，天秤币与美元等主权货币挂钩，可以克服比特币缺少国家信用背书、价值极不稳定、不适合充当货币的弱点，有可能代替传统货币。当越来越多的金融资产以天秤币计价，越来越多的金融机构开始用天秤币进行交易时，天秤币可能变成一个独立的货币，天秤币理事会将来可能变成一个超级央行，拥有自己的独立货币政策，那么，谁来主导它的货币政策？其货币政策的目标是什么？以哪个国家或地区的经济情况为基准？哪些国家或地区的经济利益会因此受损？如何因势利导、趋利避害，这些都是摆在国际社会面前的一道亟待解决的难题。

鉴于币制问题的重要性，笔者窃以为，有必要在货币银行学教材中增加这方面的内容。举一个很直观的例子，如果缺乏必要的币制知识，阅读很多金融书籍时，比如前几年高居中国财经图书畅销榜榜首的宋鸿兵『货币战争』系列丛书，或者有关数字货币的书籍，都会遇到理解上的困难，可能看了半天还是似懂非懂，不甚了了。对于学经济管理的学生来说，这是讲不过去的。当然，今天的货币银行理论跟本书成书年代相比已有长足的发展，今天介绍币制不能停留在历史上的金本位、复本位，更重要的是要通过对历史的梳理，挖掘出贯穿整个币制变迁过程的底层逻辑，揭示围绕币制问题争论的实质，回答一些具有重要意义的现实问题，比如：货币是否具有公共产品的属性？货币是否一定要由政府垄断发行？货币由私人部门发行和由政府垄断发行各有哪些利弊？货币政策规则、不兑现货币的竞争性供给和无现金的竞争性支付体系，这些限制政府在货币发行中的作用，或者试图用私人部门取代政府发行货币的方案是否可行？随着数字货币的出现，币制可能发生哪些变革？私人数字货币会不会与政府数字货币并存？如果允许用私人数字货币（比如比特币）作为支付手段，那么如何防止利用数字货币进行逃税、暗网交易、非法套现和向国外转移资金甚至为恐怖组织融资等不法行为？面对数字货币的挑战，各国政府应如何加强国际协调，加强对数字货币的监管？如何利用数字货币的历史机遇，推进人民币的国际化，反对美元霸权？等等，只有与时俱进，注入具有时代特色的新内容，币制理论才能焕发出新的生命力，常讲常新。

（三）注重从历史演进的角度介绍货币银行原理

结合历史讲授货币银行学，是本书的另一个特色。这一教材编写思路分两条分支展开。首先，通过对货币形态（币材）变迁历史的分析，探寻决定币制变化轨迹的历史法则。著名经济学家巴曙松在弗里德曼的代表作《美国货币史：一八六七—一九六〇》一书的译后记中曾经引用过一位学者的话：『在经济学家常用的数量、逻辑和历史三种分析工具中，如果要让他去掉一个，他会去掉数量；再让他去掉一个，他会去掉逻辑，无论如何，他要保留历史。』④诚哉斯言，因为历史是凝固了的现实，现实是正在发展着的历史，以史为镜，可以知兴替。一些问题如果结合历史的延展，可能会找到更加清晰的答案。币材是构成币制的基本要素，币制类型就是按照币材来划分的。在人类历史上，实物商品、贵金属、纸和数字资产曾先后充当过币材。刚开始是牛羊、粮食、盐巴等普通商品作为币材，由于这些商品体积大价值小不便携带、会腐烂变质、不能分割成等值的小块，随着经济发展对交易手段需求的增长和科技的进步，等价物逐渐由众多的商品过渡到贵金属的身上，黄金由于体积小价值大、不会腐烂变质和同质性，最后独占了一般等价物的宝座。但贵金属的稀缺性使它作为币材无法满足交易的需要，所以又被纸质的法定货币（管理货币）所取代。纸币固然发行成本低可以随意增加，这一自然属性使它成为国家调节经济的理想工具，但成也萧何败也萧何，纸币量可以人为调节带来通货膨胀和泡沫。今天数字资产的发行去中心化等优点使它有可能在保留纸币优点的同时克服其缺点。通过对币材变化轨迹的梳理不难发现，推动币材变更的根本原因是商品生产和流通规模扩大，对流通手段需要量不断增长，原有的币材无法满足这一需求，成为束缚经济发展的桎梏。要摆脱这种束缚，必须更换币材。至于最后哪一种物品登上货币宝座，则取决于何种物品的自然属性更适合充当货币，以及该物品的供给弹性。但无论币材怎么变化，币制的任务始终不变，就是维持价格稳定的同时促进经济增长。币材的选择必须符合这个目标要求，否则币制就变成阻碍经济发展的绊脚石，或者是扰乱经济稳定的祸首，必然要被历史所抛弃。其次，本书还从经济思想史角度，介绍币制理论的源流与演变，这有利于开阔学生视野、培养质疑精神和多角度思考的学习方法，把这门课学活，避免片面性。今天一般人都认为货币由国家垄断发行是天经地义的，如果有谁对此表示怀疑，其观点肯定不会被大多数人所接受。但如果认真研读一下本书和怀特的《货币制度理论》（二〇〇四年）、多德的《竞争与金融——金融与货币经济学新解》（二〇〇四年）等现代金融学名著，就会发现对这个问题的争论一直没有停止过。从本书介绍的费雪的『补足货币方案』（Compensated Dollar Plan，一九二〇年）和凯恩斯的『管理货币思想』，到由弗里德曼主张的限制政府货币发行权力的『单一规则』（一九六〇年，一九六八年）和哈耶克的『私人竞争性供给不兑现货币』（一九九〇年），⑤再到由布莱克、法马等金融学大师和霍尔、格林菲尔德与耶格尔等提出的建立在『货币的价值尺度职能可以与支付手段职能相分离』思想基础上的『无现金的竞争性支付体系』（一九七〇年，一九八〇年，一九八三年），⑥关于货币是否必须由国家垄断发行，一直是货币理论争论的一个重要问题；在历史和现实生活中都存在私人部门发行的货币（如十九—二十世纪初私人银行发行的银行券，现代社会的信用卡透支额和代金券）。通过对经济思想史的回顾，可以帮助我们更全面地看待货币由私人发行和政府发行的利弊得失，减少片面性；对正确认识数字货币诞生后币制变革的方向也有借鉴意义。综观上述各种学说，还可以发现，各种币制改革方案所要解决的核心问题，说到底，还是如何处理好稳定价格与促进经济增长的关系，这两个目标的关系可以说既相辅相成，又相互冲突。币值稳定为经济增长提供良好金融环境，经济增长反过来为稳定币值提供物资基础。但二者之间又存在内在冲突：要稳定货币，就必须限制政府发行货币的权利，防止政府为追求政绩而用扩张性货币政策去刺激经济发展，但这同时也限制了货币政策的选择空间；要保留政策灵活性，通货膨胀又难以避免。这种『两难选择』一直存在于各国不同的历史时期。

除了上述特色，本书内容丰富，实用性强，脉络清晰，详略得当，语言简练，深入浅出，具有相当强的学术性。作者不仅有深厚的理论功底，也有较丰富的实践经验，教材的写作是以一定的科研成果为依托的。

厦门大学金融学科有着悠久的历史，其前身是一九二一年商学部下设的银行科。一九二八年银行系正式设立。迄今，厦门大学金融学科已经走过了近百年的历程。在陈教授任教的年代，厦大尚处于发展初期，然经教职员工和学生筚路蓝缕、奋力拓荒，取得不俗的成就。本书就是一部具有代表性的作品，它反映了当年厦大商科教学研究在国内的学术地位，也体现了『止于至善』的厦大传统精神。在厦大纪念百年校庆之际，学校决定挑选历史上厦大教师的精品之作，影印出版，不但具有纪念意义，也激励后来学人再接再厉，发扬光大厦大精神，再创新篇章。

二〇二〇年十月二十三日

注释：

①参见厦门市图书馆编：《厦门人物辞典》，厦门：鹭江出版社，二〇〇三年，第四四二页。

②崔晓岑：《币制与银行》，上海：开明书店，一九三六年。

③黄达：《与货币银行学结缘六十年》，北京：中国金融出版社，二〇一〇年，第二二〇页。

④［美］米尔顿·弗里德曼、安娜·J. 施瓦茨著：《美国货币史：一八六七—一九六〇》，巴曙松、王劲松等译，北京：北京大学出版社，二〇〇九年。

⑤［美］劳伦斯·H. 怀特著：《货币制度理论》，李扬、周素芳、姚枝仲译，王传纶、李扬审校，北京：中国人民大学出版社，二〇〇四年。

⑥陈野华：《西方货币金融学说的新发展》，成都：西南财经大学出版社，二〇〇一年。

作者邱崇明，厦门大学经济学院金融系教授、博士生导师。

經濟叢書

貨幣銀行原理

陳振驊著

陈振骅著《货币银行原理》，影印底本：商务印书馆一九三五年五月第三版。

經濟叢書

貨幣銀行原理

陳振驊著

商務印書館發行

自序

年來國內外貨幣及銀行情形，屢生重大變化。振驊適掌敎廈門大學，擔任貨幣銀行學一科。感國內無良好能切中時要之課本，而西文本則匪特售價過昂，學生苦之，且又不盡適國情，爰乃自編講義，以應需用。其間歷世界多種金融上之變化，如金本位之崩潰，我國廢兩改元之實行等等，幾經改竄，閱時二年之久，始克成書。初不敢舉以問世，以招覆瓿之譏，而同人謬加推許，慫恿付梓，因思中國貨幣及銀行制度，俱未入正軌，其待整理改革之處正多，本書或有一得之長，可爲社會貢獻，因勉從其意，所望海內賢達，進而敎之，是爲至幸！

民國二十二年十一月十五日陳振驊識於廈門大學

目錄

第一編 貨幣

第二編　銀行

附錄

貨幣銀行原理

第一編　貨幣

第一章　貨幣之性質及機能

一　貨幣之緣起及物物交換制度

太古之時，人民巢居穴處，飲血茹毛，各安其生，初無交易之事，故無所謂貨幣也。民智日啓，慾望日繁，人漸覺不能純憑一己個人之力以滿足日常生活之所需，於是遂有分工之制。分工作而交易之事，懋然興矣。然交易之始作，非有今日所謂貨幣以爲媒介也。有無相通，長短相補，是之謂物物交換制度（Barter system）。例如有弓無革者則以弓易革，有革無弓者則以革易弓。當然前者以爲革較有用於弓，後者以爲弓較有用於革，然此弓革之比較價值，特交易者雙方所作之主觀價值，非由何權度所量而得之價值也。

世所舉以爲物物交換之說明者，每不中的，蓋因誤解物物交換之性質故也。例如一投資家以一千元債票向發行公司交換十股股票，或一農夫以一打雞卵向村店交換一條毛巾，此種交換，固盛行於今日經濟發達之社會，表面上似爲物物交換，而世人亦多以此視之。然其實所互爲交換各物之價值，早經一價值公量測定於先。千元債票之可換十股股票及一打雞卵之可換一條毛巾，乃因其有同等價值，初非率爾爲之，不得視爲簡陋之物物交換制度也。若夫所謂物物交換制度，則各物之比較價值，全憑交易者之主觀判斷，無貨幣以衡之也。

物物交換有種種不便。一爲需供之不能一致，二爲價值之漫無標準，三爲財貨之不易分割。今有弓無革，欲以弓易革者，必先尋一欲弓之人，苟人人均已有弓，則無以行交換。即尋得一欲弓之人矣，彼必擁有剩餘皮革，否則猶不得行交換之事。此供需之難於投合之不便一也。當弓革相交換時，若干弓宜易一革，幾多革宜易一弓，毫無標準，全視交易者雙方交易才能之大小以爲衡。往往費時勞思，引起激烈爭執。此測量價值之不便二也。弓之爲物，非全弓即等廢物，革雖可分割，然經割裂之後，其價值必大退落。至於珠寶鑽石等物，其價值至爲貴重，然又斷不能分割，故如以交換他物，非對方交易者有大宗他物以爲交換，無以成交。此財貨分割之不便三也。故物物交換之制，祇可行於分工未盛交易尠少及無有組織市場之社會。於複雜之經濟制度下，如絲之產於中國，而製造於美國，衣於瓦拉瓦拉（Walla walla）婦人身上，糖之產於古巴，而精煉於布魯克林（Brooklyn）消耗於加拿大者，斷乎其不可行也。

不便斯感，改革遂作，故物物交換制度，遞嬗而進於貨幣制度。貨幣者，乃所以解決物物交換之不便也。有貨幣在手人可無往而不如所欲，故供求投合之困難消。貨幣之行，萬物之值，第以錢數表示之卽可，猶如布之長短僅云若干尺寸而人已相喻於無形，故計量價值之不便泯。旣以貨幣爲易中貨物之不可分割者，無須強爲分割，故財貨分割之問題滅。然古代之貨幣非卽若吾人今日所習之貨幣也。吾人今日所用之貴金屬貨幣，乃經多番之演變與進化而生。古代各地所用以爲易中者，不一其物，如印度之以象貝，羅馬之以牛犢，俄國之以茶埃及之以鹽，瑞典之以鐵，紐芬蘭之以乾魚等類。但諸此貨物，先後均歸淘汰，而貴金屬巍然獨存，現各國所用以爲幣材者，莫不爲此也。

二　幣材之要件

上云現時各國所用以爲貨幣者，捨貴金屬外無他物，此非特偶然而已也。蓋一完全幣材，必備八種要件，而金銀之外，無他物能較合此要件也。八要件者何，是如下。

(一)人所同好　貨幣旣係以交換財貨，則必爲人所同好，然後方能盡貨幣之職務。人所同好者，必其自身有爲一般人公認之價值。金銀除以充貨幣外，尙有他種用途。又其光澤煥爛，無論中外古今，人莫不喜以爲裝飾品，誠可謂有舉世同好之性質也。

(二)便於分析　交易事有大小，故以爲交易媒介之物，必須能應交易及貸借之多寡，隨意分割，而不因此而損其價值方可，否則不能供大小各種交易之用也。金銀之爲物，可合可分，分之其價值不減，合之其價值不增於分。家畜、獸皮、寶玉等物均不能如是，此所以家畜、獸皮、寶玉等之不適於幣材也。

(三)量小值大　貨幣爲交易之媒介而又爲價値之貯藏(Store of value)，故不可不爲便於攜提及易於收藏之物，是以必須量小值大，世間量小値大之物固不第金銀，然求其兼適此並其他要件之物，計惟金銀而已也。

(四)價値安定　貨幣爲價値之尺度及貸借之基礎，故其價値須安定不變，否則交易者及貸借者，均不免時遭意外之損失也。價値之變動雖在金銀亦所不免。然金銀每年之產額，比其供額僅九牛一毛，且又非若米麥等物年年隨產隨耗所可比，故其價値雖有變動，較之他物則微也。

(五)經久不壞　貨幣必不易損壞方可，不然則時須補充，勞費滋甚。尋常物品，經天然或人力之侵蝕，或數月，或數年，即歸消滅，而金銀則永久不毀也。

(六)品質純粹　貨幣須各個及各部份，有同一之品質，然後方能有同一之價値。故如品質各異，則每次授受，均須有專家詳細加以鑑別。方無意外之損失，而此之不便及爲不可必能，無待論也。金銀之爲物，其品質能精煉至純粹地步，其他一切珍品皆不能也。

(七)易於認識　貨幣爲交易媒介，故須交易之際，人人均易識別其眞僞，始不至譎詐風靡，陷無知良民於重大之損失。如珠寶等珍品非專門家不能鑑別其眞贋，而評定其價値，故不適於幣材。金銀之爲物，則於光澤上暨音響上均易識別其良窳，且可鑄爲一定之形式，於其上載明分量成色，而雕範以花紋凹凸，以防贋造切削之弊，使人更易認識之也。

(八)適於鑄造　貨幣不經陶鑄，則授受之際，須計較分量檢鑑眞贋，煩擾滋甚。範之爲一定形式，明刻其成色分量，雖範以花紋凹凸，則人可一目了然，無勞考覈。其適於鑄造者，計惟金屬而已也。

要而言之，完全適於幣材者，必具八要件。世間物之合此標準者極寡，縱金銀亦非盡善盡美，特視他物較優。因其較優，所以各國不約而同用之爲貨幣也。

三 貨幣之職能

貨幣有二主要職能，曰爲交易之媒介，曰爲價值之尺度。所謂爲交易之媒介者，謂現人之有餘物者，均先以交換貨幣，然後再以所易得之貨幣交換他所欲之物。所謂爲價值之尺度者，謂一切財貨及職役之價值，均先以貨幣量計，然後再由此以決定其互相交換之比率。此兩職能，有親密之相互關係，貨幣若非爲價值之尺度，即不能充交易之媒介。何以言之，試設一例，以爲說明。譬如甲以一日之勞役，易貲三元，其時適履敝，遂以購履。於此甲先以勞役交換貨幣，後復以貨幣易履，是貨幣於此爲交易之媒介，其事甚現。然甲如何比較一口勞役與一雙履之相對價值乎，即因有貨幣測定兩者之價值，故兩者之價值得互相比較，一無困難。價值可視爲貨物之一固有品質，如重量面積之類。吾人以尺寸衡長短，斤兩權輕重，等之可以貨幣度價值也。

然貨幣可只用以測定價值，不必定同時須用爲交易媒介。事實上衆多物物交換之訛例，均爲貨幣充任價值之尺度之說明。前會舉農人以一打雞卵與村店交換一條毛巾之例，何以一打雞卵可易一條毛巾，蓋因農夫與店主同知一打雞卵與一條毛巾均值二角之故。此例明示貨幣常單用以量度價值，而不用爲支付貨物之買價也。

學者常謂貨幣爲延期支付之標準(Standard of deferred payment)，此似應略加以改正。觀昔時美國銀之問題未解決前公私機關發行債票，常於票上載明必以含現時之重量及成色之金元爲支付之具。大戰以還，歐洲各國之發行債票亦如是。故與其謂貨幣爲延期支付之標準，無寧謂最後貨幣本位爲延期支付之標準也。

由爲交易之媒介及價値之尺度而起，貨幣又有幾抽繹職能。其一曰價値之貯藏 (Store of value)。其一曰貸借或信用之基礎。貨幣爲舉世同好之物，又値大量小，最易於儲藏搬運，故人之欲貯藏價値者，莫若貯藏貨幣，此所以貨幣之爲價値之貯藏。現世商業大抵盡以信用而行交易。信用爲心理之物，然亦有視於物質要素，其最重要者，卽銀行準備金之有無。銀行能創造信用而維持人民對於銀行之信任心。銀行不可無貨幣以擔保其還債能力，故謂貨幣爲信用之基礎也。

四　貨幣之定義

何謂貨幣，學者議論紛紜，莫衷一是。試觀各方面使用是名辭時所具觀念之不同，便可知欲作一簡括賅密之定義，大非易事也。

(一)科學上之用法　科學上之用貨幣，乃視爲人人所喜欲及願意接受以交換其財貨或職役之物。據此定義，我國惟銀幣方得命爲貨幣也。

(二)通俗之用法　普通人之言貨幣，視同現金無異，蓋舉凡金幣、銀幣、鈔票等，均認爲貨幣。此種用法，乃最普遍之用法。據此不止本位貨幣，凡一切信用貨幣，均貨幣也。

（三）比喻式之用法　於演說辭及普通書籍中，貨幣一辭，每視當資產或財富，如言某人所有貨幣或金錢一生吃用不盡，及某人賺錢（Make money）不少之類。

（四）金融上之用法　金融界中人，常等貨幣爲資本或可供借貸之資金，如英美人言貨幣市場（Money market）長期貨幣（Time money）貨幣階級（Moneyed class）及貨幣甚緊（Money is tight）之類。據此用法，貨幣當訓放款權力，其與一社會之儲蓄，較與現有貨幣或現金數量有更密切之關係也。

（五）法律上之用法　在律師等觀之，凡法律所指定以爲償債之無限法幣者，皆爲貨幣。易詞言之，即其他之交易媒介皆非也。

（六）反科學之用法　亦有著作家以貨幣爲包含一切交易媒介，如支票、匯票、期票及其他信用工具等。幸此種含混用法，見之尚鮮也。

綜觀上述貨幣之爲辭之用法，至錯駁不一，然不能遽因此灰心，而不思求一的確之定義。在作者之管見，上述貨幣之各用法內，均含有人人樂受之觀念，但代表貨幣，即允於要求時或一定之將來交付貨幣之書據，雖於普通交易能得人樂受，無異於貨幣，然究不是貨幣，不過信用，似必明別於其所代表之物。本書之內，凡言貨幣，均依科學上之用法，故貨幣之定義，可列如左。

貨幣者在一國或一社會中普遍得人樂受爲交易媒介或支付工具之珍品或經濟貨物也。

五　貨幣制度之沿革

金銀之適於幣材現各國不期均一致採用前已述之矣但人類使用金銀爲貨幣之初未知鑄造之成一定之形式使含一定之成色一定之分量如吾人現今所用之硬幣有則範爲棒形有則範爲輪形有則範爲刀形有則範爲其他形式其砂金則盛以小囊照原形使用故每次授受均須鑑別其品質秤量其輕重此時之貨幣制度稱爲秤量貨幣制度（System of money by weight）英之鎊（Pound）法之利尾爾（Livre）意之利拉（Lira）德之馬克（Mark）我國之兩皆各該國古代重量之名稱此可證秤量制度曾普遍通行於各國也。

秤量手續之不便吾人可想像知之故文明進步交易發達遂發明貨幣之鑄造此可謂金屬貨幣制度之第二期。貨幣既鑄造爲一定之形式內含一定之成色分量則授受之際自無一一秤量之必要只須點計其數目故此期之貨幣制度稱爲計數貨幣制度吾人至今尚在此期中也。

鑄幣發明之始人人均得鑄造初非限於國家但其收爲國家專利濫觴甚早如我國秦始皇卽有民間鑄錢之禁歐西希臘及羅馬法律均卽有僅政府及出征將帥經政府特准者方得鑄錢之條文故計數貨幣制度時代又可分官民共鑄及政府獨鑄前後二期。關於鑄幣問題請俟次章專論之。

六　貨幣之單位

貨幣之單位者，含有一定分量成色，而爲計算價值之起點或基礎之貨幣也。吾人計布之長短，以尺爲單位，測路之遠近，以里爲單位，貨幣既爲價值之尺度，故亦不可不有一計算之基礎，此貨幣單位之所由作。吾國貨幣之單位曰元，總重二六·六九七一公分，銀八八，銅一二。制定貨幣單位之純量，當斟酌一國之經濟發達程度。如失之太高，則不知不覺間陷人民於奢侈。如失之太低，則足以阻礙交易之發達。我國從前對貨幣單位之問題，曾起一番之爭執，現則久不聞之矣。

第二章 鑄幣

一 鑄幣之起因及意義

金銀貨幣，不經鑄造，則每次交易必秤量其輕重，鑑別其品質，耗時耗工俱甚，此所以有鑄幣之舉也。鑄幣云者，範印金屬以作貨幣，用以直接知其種類及價值並表示其重量及純分之謂也。鑄幣問題，昔時曾經熱烈之辯論，現則鑄幣科學之改良，幾達峯極，一切皆經解決，而學者亦遂冷淡視之矣。

二 鑄幣之要件

鑄幣有數要件如左。

(一)金屬之成色與重量須確實劃一　鑄幣首當注意者，爲每枚貨幣其成色曁重量，務能符一定之標準，無使有纖微優劣或輕重之差。不然則成色高或體積重者必較成色低或體積輕者爲貴，自身價值先不一致，奚以取信於人而盡權度價值之職分。此所以各國於各種貨幣之鑄造，皆定有劃一之成色與重量，而我國銀本位幣鑄造條例，亦有銀本位幣總重二六·六九七一公分，銀八八，銅一二之規定也。但鑄幣技術無論如何精巧，欲貨幣枚枚一律，無毫釐之軒輊，事實上殆不可得。故各國錢法，無不許准公差(Limit of tolerance)，我國之銀本位幣條例，亦許每元之重量與法定重量相差在千分之三以內。再者，貨幣於輾轉流通之際，磨損在所不免。若毫無通融，則稍遭磨損，卽須改鑄，耗費滋甚，此乃設定公差之又一目的也。

(二)形式及體積須便於流通　古時貨幣，形奇體異，有方形者，菱形者，刀形者，長方形者，八角形者，提攜不便，磨損甚易，故一一逐漸淘汰。現時各國貨幣，率取圓形平面，殆不謀而合，蓋因其最便授受及避磨損故也。貨幣之體積與重量不宜過巨，亦不宜過小。重大逾度，則取攜匪易，恆召剽竊。輕小過甚，則耗損頻仍，易致失落。求其適中，斯爲切要。

(三)形色價值須便於識別　各種貨幣之形色花紋，宜有分別，俾一見之下，便已瞭然。貨幣之價值，尤宜顯示於幣面。有時幣面滿雕圖像，至價值反刻於不現之處，待特意尋討而後見之，殊不合造幣之要件也。

(四)通常之磨損消耗須使減至最小程度　貨幣川流不息，消耗磨損，及在意中。然亦有減避之法。一曰配以相當分量之銅鉛，剛其質地。二曰幣之邊緣，鐫以凹凸，且使較幣面略高，俾幣與他物接觸時，僅邊當其衝，不致全體俱受磨損。三曰幣式取圓形平面，蓋他種形式，易與他物接觸故也。

(五)剽竊僞鑄須嚴事預防　剽竊之法不一，有穿鑿小孔，挖取純質。有剖幣爲二，盜其內容，塡以他質，復將兩面黏合。有剖幣二枚，各取一面，但存表面與裏面，而以惡劣金屬嵌入其中，後將兩面黏合。有銼幣之邊緣，盜取銀屑。預防之道，首在縮幣之形而薄其身，幣面施以花紋，周緣鐫以凹凸。至預防僞鑄，莫若講求鑄造技術之精良，使奸徒無從仿冒，如使用複雜機器雕鐫精緻花紋等等是也。

三　造幣之權

貨幣之鑄造，自古各國卽引爲政府之專有權利，雖此固因於鑄幣有收獲巨利之可能，然尙有其他理由在，玆縷述之如左。

(一)貨幣之得流行無礙，端賴信用。於社會上有最大信用者，莫若國家也。

(二)貨幣須質地堅實，花紋精緻，成色及重量劃一。若任私人自由鑄造，則恐見利忘義，惡幣充斥，貧窮無知之民將受害特深也。

(三)使從鑄幣收利爲正當，則此利益，當由全體人民公享，不應任少數人獨占也。

四　鑄幣制度

鑄幣爲國家之特權，大都然矣。然鑄幣制度，又分自由鑄造與限制鑄造二種。自由鑄造者，人民得以用爲貨幣之金屬，呈請政府代爲鑄造，其額之大小，數之多寡，不加限制之謂也。限制鑄造者，貨幣之鑄造，政府獨作主張，人民不得請求代鑄之謂也。現時各國，對於主幣大抵盡採自由鑄造之制，對於輔幣則莫不取限制之制。我國國幣條例，規定人民以生銀託政府代鑄一圓銀幣者，政府須應允之，銀本位幣鑄造條例亦然，是卽自由鑄造。而生銅生鎳，未有此例者，是即限制鑄造也。

主幣者，價格之單位，其價值視乎其所含金屬之價值，而爲各種貨幣之標準之貨幣也。輔幣者，所以輔助主幣之使用，其價值恆高於其所含金屬之價值之幣也。何以主幣各國皆行自由鑄造之制，而輔幣則不爲人民代鑄乎。蓋一國之幣制，貴乎其主幣之面值與其含金之值，恰正相等。如不許人民自由持金屬向造幣廠範鑄，則主幣之面值，或至超過於其含金之值。許准人民自由鑄造，並自由鎔化，然後主幣之面值，不至溢於其含金之值，亦不至低於其含金之值矣。再主幣既爲人民支付之要具，則有如菽米布帛，一日不可或少。若純由國家之估計而鑄造，未必能時時皆適人民之需要。此所以主幣之採自由鑄造之制也。至輔幣既其名價大於實價，鑄造上獲利自必甚巨。若許人民自由鑄造，則人人將爭先恐後，來請代鑄，不至充斥於市場不止，此所以輔幣之採限制之制也。

五　鑄幣費

政府代私人鑄造貨幣，有不取費者，有取費者。代鑄而不取費，是謂無費鑄造。取費而所取之額，僅等於實際之費用，是曰鑄造實費（Brassage）。所取之額，溢於實際費用，是曰造幣規費（Seigniorage）。鑄幣徵收規費，匪特等於欺罔，且墮落貨幣之價值，貽害滋大。至應收實費與否，則議論紛紜，各持一是。玆將贊成及反對理由，各列於左，以資參考。

主張取費之說有三：

(一)私人請求政府代鑄貨幣，不啻託之製造物品，當然須付製造之費。

(二)鑄幣取費則鎔幣之風可望減少。

(三)鑄幣取費則支付國際債務，用貨者必少，用生金者必多，可以減少貨幣之流出。

反對取費者，則有以下諸說：

(一)造幣收費，則貨幣不克盡其權度價値之職於完全，蓋若一國有數造幣廠，其鑄費一生異殊，則同量生金，含於異値之幣矣。

(二)倘鑄幣無費，則貨幣與生金銀同價，當物價發生變化，貨幣之需要因此減少之時，其數量亦易隨之減少以迎合需要之情形。

(三)貨幣不含鑄費，則易得他國人民之樂用，外人習用本國貨幣，大足助長本國商務之發展也。

(四)商人如因生金缺少，必須運幣出口，儘可將因此所負之損失，合於進口貨之價格內，轉嫁於消耗者，故取費不必定可減少貨幣之流出也。

(五)貨幣具流通之性，已出口者，大半終必復返。換言之，於無費鑄造之制度下，貨幣流出之數，必不至如主張取費者之多也。

(六)鑄造貨幣，受益者衆，非僅呈請鼓鑄者獨占其益。利旣歸公，費亦自應由公衆擔負之也。

六　磨損貨幣之改鑄

貨幣輾轉授受，行用既久，磨損消耗，勢在不免。若任其長此流通，則輕量之幣，日必增加，必至物價因以騰踊，信用因以墜落，蠹國殃民，爲害匪淺。故近世各國法律，俱限定貨幣之最輕重量，最輕量以下之貨幣，政府收回改鑄之。政府之收取輕幣改鑄也，有二種方法。一曰平價收換法，一曰折價收換法。前者政府以同額之新幣，換收輕幣，磨損之損失，由政府擔負之。後者視輕幣磨損之程度，折算爲新幣，以與兌換者，磨損之損失，歸之人民。我國國幣條例，規定一元銀幣，如因行用磨損，致法定重量減少百分之一者，五角以下銀鎳銅幣，因行用而磨損，減少百分之五者，得照數向政府兌換新幣，是乃遵用平價收換之法也。

第三章　通貨及其流通之原則

一　通貨之定義及種類

凡一社會或一國人民普遍樂受爲交易媒介者，皆可謂之通貨(Currency)，原來一社會所用以爲交易媒介之物，有則人人樂受，授受之際，初不窮究其性質，凡此交易媒介，均所謂通貨，有則受之者乃因其發行者之信用而不因其本物而受之，如支票、匯票、有價證券之類，此均非通貨也。通貨之種類可別之如下。

(一)本位貨幣或主幣。

(二)信託貨幣。

(甲)代表貨幣。

(乙)輔幣。

(丙)信用貨幣。

(三)強行或不換紙幣。

二　本位貨幣

本位貨幣或主幣爲價値之基礎，凡其他通貨之價値，皆基之決定。如主幣之價値發生變化，則其他通貨之價値，必隨之發生同等變化。前此世界國家大都以黃金爲本位貨幣，然吾人不可認爲本位貨幣必爲含若干黃金之幣，蓋本位貨幣可爲一定量之白銀，或同時有金銀兩種，其間設一法定交換比率，或可只爲一張紙條也。

就金主幣言，有鑄造者，有不鑄造而祇存其名義者。例如美國並不鑄造一元之金幣，蓋以其過於輕薄不適流通之故也。即有鑄造金主幣，亦鮮用流通，蓋因其磨損堪惜之故。其主要用途有二，(一)爲國際支付之工具，(二)爲銀行信用之基礎。

國際貿易，大致上爲以物易物。然進出口貨物之相等，不過一種趨勢，在某一定之時，每有若干差額，不能以貨物支付，而必以他法清結之也。此時如外幣匯價過高，則惟輸送貨幣或現金，而國際支付獨一可用之貨幣惟金幣而已也。輸送金幣較輸運金塊，磨損之耗失遠大，故際此情形，普通多輸運金塊也。

一千九百二十五年十月美國現金進出口之情形，可爲本位貨幣之此項用途之一例。當時英日之對美匯價，均甚不利，故英日銀行家輸送約四千六百萬美金元於美，以改正此匯兌情況。反之紐約之對加拿大匯價須付貼水，購買加匯不如運送現金之廉，而於是美國輸送約二千萬美金元於加。故此際美國一方面輸入現金，一方面輸出現金，而此兩項現金之移動，皆由於匯價暫時之失常而起也。

世界大戰期間現金移動之情形，可爲因一國不能輸送貨物以支付進口貨價格所引起之移動之說明。斯時聯盟國均自美購進巨量軍火，而不能輸送貨物以爲償，故送往大宗現金。此時之現金移動，可謂空前未有，約世界存金之一半，皆入美國手中云。

金主幣之第二職能，爲充任銀行信用之基礎。現代貿易，多以信用票據爲易中，而其中又以支票居最大宗。支票生於存款，而存款又多自銀行之貸放信用而來。然銀行之貸放信用，無論其引起存款或鈔票，皆有一最多限度。如引起鈔票之發行，則必貯藏準備金以擔保之。如引起存款之增加，亦然。蓋兩者均銀行之有求即付之債務，須預備隨時支付。苟銀行準備薄弱，則人民對於幣制，不能有堅固之信任心，偶有風鶴之警，其極或造成恐慌。故銀行所能貸放信用之最大額，乃受其所有現金限制。換言之，即必有充量現金爲基礎，然後所放信用，方得健固無虞也。

三　代表貨幣

代表貨幣者，政府所發之一種證券，以與人民交換金銀，如美國政府昔時所發之金銀證券(Gold and silver certificates）是也。此項證券，應隨時可以兌現，而政府亦須貯藏十足現金，以備兌現。其所以別於紙幣者，即爲其有十足現金準備，而紙幣則無也。故代表貨幣實有似普通棧單，其發行並不增多一國之通貨，其獨一功用，特爲利便主幣之流通，使人不必攜帶大宗笨重主幣，而以此代表之爲授受而已。

四　輔幣

輔幣之性質，已詳於上章。輔幣普通係以較賤金屬鑄造，如不然，則其重量或成色，亦通常較主幣比例輕低。故輔幣之價值，不視乎其所含金屬之價值以爲衡，而乃由法律強定。例如我國國幣條例，五角銀幣重庫平三錢六分其成色僅有七成，然兩枚可等一元。是以七成純銀之眞價作爲九成純銀之法價也。

何故主幣之外復有輔幣。蓋社會中有貧富之懸殊，而交易不能無大小之差異及畸零之數目，苟祇有主幣一種，則人民交易上必大感不便，無待論者。同時有數種價值較小之幣，然後零星之支付與夫細額之交易方克處置裕如，不感困難也。

何故輔幣之鑄造，常用較賤之金屬，而且其所含金屬之數量，常不足使其眞價與其法值名實一致，而其法值例較眞值爲高乎。此其故甚爲淺現。試思以金銀之貴重，以之鑄一角一分等幣，該幣必至細薄，勢將入手即破，奚能輾轉流通，此所以輔幣之常用較賤金屬。金屬之爲物，其價格亦猶一般貨品，時有漲落。苟輔幣之實值，與其法值相等，則當銀銅漲價之時，輔幣必或遭鎔毀，或被儲藏，或流往外國。我國制錢之日少，可爲左證。此所以輔幣之法值之常大於眞值。且輔幣法價大於眞值，政府鑄造輔幣，亦可稍收贏利，以補度支。第同時必須愼重行使此權利，勿但眩於收入而濫於鑄造耳。

輔幣既法價大於眞值，故欲維持其法價，政府須隨時應人民之請求，無限制以主幣互相兌換。我國國幣條例第六條云『一圓銀幣用數無限制，五角銀幣每次授受以合二十元以內，二角一角銀幣每次授受以合五元以內，鎳幣銅幣每次授受以合一元之內爲限，但租稅之收受國家銀行之兌換不適用此限制。』即其意也。

五　信用貨幣

世界諸主要國家其幣制內皆包含有鉅額鈔票。有則獨中央銀行享發鈔之權利，例如奧地利亞是，有則一般銀行均得發鈔，例如美國是。戰後新成立之歐洲諸國，無一不賦中央銀行以發鈔之專利此乃潮流所趨，其將成普遍，諒不過時間問題而已也。

除銀行之鈔票外有時尚有政府所發之紙幣。我國當未有銀行前，所有紙幣，俱為政府紙幣。美國之綠背紙幣（Greenback）英國之通貨紙幣（Currency note），亦均此種也。關於紙幣問題，後當再詳論之。

六　強行紙幣

強行紙幣者，不能兌換他種貨幣之紙幣也。強行紙幣之發生，其揆不一。有政府發行者，有銀行發行者，有自始即為不兌換紙幣者有本為兌換紙幣而後發行機關無力兌現，遂成不兌換紙幣者。但無論如何，強行紙幣之發行，必出於政府之意指。私人機關斷不能以毫無價值之字紙，強人接受以交換財貨也。強行紙幣之能流通，或因人民無有較優之貨幣可供使用，而其數量不多，流弊尚未顯著，或因政府勢力甚強，能迫人民接受。彼既能盡交易媒介之職務，故人民姑且安而用之也。對於此種紙幣，後當另章詳論之。

七　交易媒介之所以有各種之原因

綜觀上述，交易媒介常具數種，此非偶然而已也。其主要原因，為以適應各等資產階級及各種小大交易之要。其次要原因，爲社會需要易於攜帶之硬幣。單有一種貨幣，斷不堪適應一切種類之支付，蓋如其材料爲貴重之金屬，則不便於小額之支付，如其材料爲廉賤之金屬，則不便於鉅額之支付也。譬如我國古時用制錢，若於今日之生活程度下，仍用制錢，則每爲支付必攜帶鉅量制錢，其不便奚若。反之，設祇有一元銀幣一種，則小額交易均廢莫能行矣。

故一良善貨幣制度，應備有數種交易媒介，俾大小諸額之支付，均得應付裕如。固然設吾人單用紙幣一種，可使之具各種面價，爲事至便，然此制所含危險至大，不可輕試，其故當於後章論之。故世界各國之通貨，大都兼具金屬貨幣及紙幣，而此外尚常有私人信用工具，亦輾轉流通也。

八 法幣

法幣者，債務者苟以淸償債務，債權者不得設辭拒絕之貨幣也。各種通貨，其法幣之程度，大小不一，視各國之立法而異。有爲絕對法幣者，有在於法定之範圍內而爲法幣者，有毫不具法幣資格者。以我國之通貨言，據國幣條例，一圓銀幣屬於第一類，五角以下輔幣屬於第二類，鈔票等屬於第三類。各國通例，本位貨幣莫不爲無限法幣，而輔幣之授受之額，則莫不受限制也。

設定法幣之目的有二，一以保護債權者，使其不至被迫而受各通貨中之非屬最優者。一以保護債務者，使債權者不得拒絕並無瑕疵之好幣，或迫債務者交付罕少之通貨。輔幣之不得爲無限法幣，蓋因其面值旣低，如以爲鉅額之支付，則授受之際，計算搬運，受者將感非常之困難。而畸零之數，必以輔幣償付，故不得不賦以有限法幣之資格。至鈔票等通貨所含信用原素甚大，非遇特別情形，固不能迫人授受之也。

法律雖有法幣之設，人民固得自由訂立契約，以非法幣之通貨爲酬償之具也。如甲乙訂有契約，甲允於某時償乙中國銀行鈔票一百元，則乙屆時得拒絕收受一圓之銀幣，甲不得以曾願交付一百圓銀幣爲已償債務之口實也。換言之，法幣之法規，不能剝奪人民訂立契約或催使對方履行已訂契約之權利，僅當契約上祇言若干元而不明定何種之元時，法幣之法規始發行效力也。

九　葛雷欣之法則

一國之貨幣，如有優劣之分，則久之優者將漸次告荒，而所見者惟劣。此其故英人葛雷欣（T. Gresham）最深切發明之，後人遂稱之爲葛雷欣法則。葛氏謂優幣與劣幣並用之時，優幣每爲劣幣所驅逐。優幣云者，實值大於法價之幣也。劣幣云者，實值小於法價之幣也。不寧惟是，同是一種之幣，而其間輕重大小，各有殊科，則輕小者爲劣，而重大者爲優。又或一國增發紙幣，超過於社會之需要，馴至兌現而須貼水或不能兌現，則紙幣爲劣，而金屬貨幣爲優。譬如在金銀複本位制度之下，設法定之比率爲金一兌銀十六，而其時市價金一可兌銀三十，則金幣之法價，小於市價，故金爲優幣，銀之法價，大於市價，故銀爲劣幣。以少銀可易多金，於是人競用銀幣以取巧牟利，而金幣被驅矣。若法蘭西，向採複本位幣制，一千八百零三年至一千八百四十八年之間，金之法價，小於市價，於是金幣爲銀幣所驅，流通市面者，幾全為銀幣。當是時法蘭西銀行之存款，計約五千餘萬法郎，其中金幣僅一百萬左右，其餘全為銀幣，此一例也。又如中國制錢，康乾時代之品，量重而質純，市價過於法價，同道時代之品，量輕而質雜，法價過乎市價，卒至清末，康熙乾隆之制錢，絕迹不見市面，行用者，惟同治道光等劣錢，此又一例也。又如歐戰時代，德奧等國發行紙幣太多，馴至不能兌現，由是現金逐漸消滅，至於不見，所存者惟有紙幣，此又一例也。

優幣被劣幣所驅逐，信矣。優幣果何所歸乎。此有三途：（一）儲藏。人民貯積金錢，當然存其良者，而去其劣者，故優幣多被蘊藏，而劣幣則入手即去，而僕僕於市場。（二）輸出。優幣之流通於國內，須受法定價格之羈勒，若以償付外債，則因其純分重量較優，較為有利，故多被運出口者。（三）出售。優幣如鎔為金銀塊，則可按市價兌換劣幣，而不受法定價格之束縛，故為利之徒，收買優幣，鎔化而售賣之。

雖然，世之各國，莫不幣兼數品，而葛雷欣之言，有驗有不驗者，何哉。蓋葛雷欣法則之實現，第一須優劣兩幣合計之總數，超過一國貨幣之需要，否則社會之需用，尚感不足，優幣奚至被驅。第二須劣幣之流通，不反社會之習慣及輿論，否則劣幣自始即難流通，安能驅逐優幣。第三須優劣兩幣均得自由發行，不受法律之限制，且皆為法幣，不然，則幣性懸殊，劣幣安能完全代替優幣，故葛雷欣法則，乃一有限制之法則，其實現有一定之前提，劣幣非必能驅逐優幣也。

第四章　信用

一　信用之釋義及概念

何謂信用，各家訓釋不同，大抵盡隨其意指之所特注，而側重其一相。自貨幣學上觀察，吾人可釋信用爲一人能使他人願給以賒貸之權力。信用非即信任，此不可不別，惟信任乃信用之一最重要原素也。

信用之種類至繁，就債務者之人格而言，有公共信用與私人信用之別。就信用之期間而論，有長期信用與短期信用之分。若自其用途上區別，則又有生產信用與消耗信用之殊。而類別之尤重要者，則就擔保之有無以爲斷，所謂對物信用與對人信用是也。

二　信用交易

信用爲無形不可捉摸之物，其存在係從信用交易見之。信用交易，易辭言之，即是賒貸，即交易者之一方，以財物讓與對方，交換其承認於將來償還同等價值之允諾之謂。此種讓與，或爲物質上之讓與，或爲法律上之讓與，均無不可。前者有實物換手，後者則祇有對於一物之所有權也。故信用交易，有下列特點（一）債權者讓與其財物於債務者，(二)債權者信任將來必能收回同等價值，(三)債權者之行爲係出自願(四)債務者之爲債還有一定期限(五)所讓與者爲經濟貨物或其所有權，(六)債務者對讓與之物有自由支配之權而債權者則交換得對於將來貨物之所有權。

三 信用工具

信用之行有祇用口約者，然防將來發生糾紛計多作有書據爲憑。此種書據，可統稱爲信用工具 (Credit Instrument)，故信用工具者乃所以便利及助長信用之行使也。信用工具之最普通者爲帳簿、期票、匯票、支票、債票等，紙幣實亦期票之一種。帳簿之用，盡人知之無須贅述。債票有政府債票有公司債票，年付定額之利息載明於若干年後還本。其爲公司發行者多有特別財產爲抵押，其爲政府發行者，有時亦有指定稅收爲擔保。至於期票、匯票、支票等，請待後章詳述，姑先從略可也。

各種信用工具所相異之處，最大者在於其各有特別用途。有係專作以充普通交易媒介，故必爲不記名式，必數額圓整，必使爲可以普遍接受。屬於此類者銀行鈔票及政府紙幣是也。有係專作以充特別交易之媒介，故具專適於該交易之用之特性，如支票、匯票、信用證書(Letter of credit) 等是也。又有專作以供人民之投資，故又另有特點，如債票、期票等是也。然類別之區分，不即此而已也。每類之中，又有分類，以各作一用。例如支票、匯票、信用證書等，對鈔票及政府紙幣，則另爲一類，然數者之本身，則各有特別用途，形式性質皆逈異也。債票類中亦又分數十種，萬態千姿，蓋乃以迎合彼等投資家之需要。此分別信用工具之形式以應付新需要及使能較善適應舊用途之程序，至今猶在演進之中，殆無時或已也。

四　信用之基礎

信用工具之便利資財之讓與之效用，固視其形式之是否適用，然其是否安全可靠，尤爲重要。蓋人若對其將來之付現有所懷疑，則無論其形式若何適宜，其用處必以大減，或竟至消滅，亦未可知也。信用工具之安全，一視於債務者之才能，即其營業情形及本身才幹能否勝還債之責。若營業情形不利，或本人庸碌無能，則目前雖資財山積，亦不能久保也。二視於債務者之品行，即其是否有履行義務之誠意。人固有力能還債，而故挨延推諉者，遇此債權者固可要求法律保護，惟訴訟一事，令人不寒而慄，無有喜爲之者也。三視於債務者財產之數量及其是否易於變賣。人若空無所有，縱至忠實，亦奚能爲。又如有財產而無從變易現款，在債權者觀之，實不啻無有，縱有所異，亦不過百步五十步之差耳。第財產之多寡以及其是否易於變賣，在於訂立契約之時者，不如在於契約滿期之時者之重要，故又必考察債務者之才能及普通商業情形，即世所謂商業循環。上述才能，品行，及財產三者爲信用之三要素，於信用調查之章，再詳論之。

信用工具所承認支付者，常爲主幣，因此人多以爲信用乃基於主幣。此不當視謂一人、一公司、或一國之信用，係以其所能號召之主幣之數量爲標準，蓋斯乃決定於其財富，生產能力，道德，以及關於錢債之法律等。亦不當視謂債務者將來必須以主幣爲支付，蓋許多債務契約，係以同種契約抵殺之。然雖如此，主幣確與一國之信用制度有重大關係，則無能否認也。

每一國家，均有若干主幣之需要。此通常係出於以充任普通交易媒介之信用工具向銀行支現之形式。爲一國之信用制度之前途起見，銀行必須應此需要，故必時時預備一充量主幣於庫中。何爲充額準備，此係視時地以爲衡，與信用交易之數量，無何一定關係。苟準備不足，則依賴銀行爲後盾之一部份之信用制度，即有瓦解之虞。設果瓦解，或發生動搖，則恐慌隨之，大衆俱受其禍。所以謂信用乃基於主幣者，乃以此也。要而言之，一國必須有相當於所需要之數量之主幣之供給，其信用制度方能維持。雖此需要，時時改易，且可加以增抑，然苟已發生，便必能應之，然後信用制度，始不至動搖也。

五　信用與貨幣之關係

信用之行，可減少交易媒介上及貯藏價值上貨幣之需要，因而使物價得維持較高之平線。試假想設銀行通知其存戶，苟再繼續簽發數額在一百元以下之支票，即不歡迎其存款者，人民勢須盡用通貨作平素之支付，於是必各攜帶較多現金於手邊，而貨幣之需要，結果定大增矣。苟此時貨幣或信用貨幣之供給，不有相當之加添，貨幣定成奇貨，價值升漲，換言之，即物價定必下跌也。

信用與交易媒介上貨幣需要之關係，於恐慌時尤爲顯著。恐慌之時，物價無不慘跌，蓋此時社會信任心理土崩瓦解，人均不願接受諾付貨幣之書據替代貨幣，貨幣感爲奇貨，信用之行使減而貨幣之需要增故也。恐慌一過，信任心理浸漸恢復，信用復見諸行使，於是貨幣之需要又漸減少，所以此時物價常趨上升。各國當遇恐慌，往往自外輸入鉅量現金，恐慌平後，又每復輸出其大部份，此更可證明信用與貨幣需要之關係也。

信用之所以減少貯藏價值上貨幣之需要者，其故有二。(一)有支票匯票等之用，人民可不必留甚多通貨於手邊，備爲不時之支付。(二)人同樂受之信用貨幣，亦可作貯藏價值，與貨幣無所軒輊。事實上銀行往往用諸有法幣資格之信用貨幣作準備金，例如美國銀行之用綠背紙幣(Greenback)，英國一般銀行之用英格蘭銀行(Bank of Fugland)鈔票等是也。以信用貨幣作信用之基礎，誠滋危險，不無可議，然其確減少貨幣之需要，則無可辯，而此亦卽吾人此處所欲闡明之點也。凡充交易媒介之信用工具，均不過爲認付貨幣之書據，本身並非貨幣，故必須有充分貨幣在其後，以維持其兌現之能力。此點前已述及，因其至爲重要，故不惜申言之也。

信用於減少貨幣之需要外，又可增加貨幣之效能。一定額貨幣，其在銀行作準備金也，能產造數倍之存款通貨。銀行行票據交換之法，又能以細額貨幣清結鉅量交易。上述二者，皆信用之所以擴伸貨幣之充任交易媒介之能力也。遂有謂信用增加貨幣之供給者，此誤也。信用工具因充作交易之媒介，故遂增加交易媒介之供給，然何嘗增加貨幣之供給乎。謂信用增加貨幣之機能，使一社會能滿足於較少之貨幣可，謂其增加貨幣之供給則不可也。惟貨物之購買，既可以信用與貨幣無異，故信用行使之擴充，結果必貨物需求增加，致物價隨之升漲，正有若貨幣之加多。米爾(J. S. Mill)曾云，在慣使信用爲交易之社會，一般物價，其繫於信用之狀況者，蓋有甚於貨幣數量也。

信用既增加貨幣之效能，故增加每一單位貨幣供給之重要。此表面上似自相矛盾，蓋大部份貿易既係以信用成交，則貨幣數量之多寡，應便不足爲輕重，何以信用又增加貨幣之重要乎。殊不知信用既必有貨幣爲根基，則每一單位貨幣之重要，乃隨所基之者之信用數量之增減爲轉移。其所維持之信用之數量愈大，則其重要愈添，愈小則愈差，此理甚現。譬如一無信用制度之社會，其貨幣之供給忽減一百元，則其交易能力雖減亦不過一百元而已。反之若一信用制度發達之社會，亦遇此事，則其交易能力，結果將減少五倍、十倍、或二十倍矣。由是言之，一國法幣供給增加，結果其交易能力可加添數倍於所增加法幣之數，反之，供給減少，結果其交易能力亦將減縮數倍於所減少法幣之數也。

六　信用與物價

綜觀上述，信用可減少貨幣之需要，又信用發達，可大大增加一社會之交易媒介之供給，使其交易能力呈現澎漲。然則衡以供給需要之原則，信用擴充，物價必傾向升漲矣。

信用之行，有似出賣期貨之交易，可視爲貨幣之賣空。人之拋空小麥者，出賣己所無有之小麥，希冀將來以較低價格補進之，以爲交割。吾人對貨幣雖不能共此作同一觀，然每有購買，實際上即等於出賣貨幣，每有賒買，實際上即等於賣空貨幣，允於將來付款，此甚現也。小麥之賣空，足使小麥跌價，貨幣之賣空，事實上即等於願付較多貨幣交換貨物，亦足使貨幣跌價也。

貨幣賣空之不利於貨幣之價値，尤甚於小麥賣空之不利於小麥之價値也。小麥之賣空，終必一日須行補進，以爲交割，貨幣則可永遠拋空。觀彼銀行家其大部份之貨幣賣空或信用交易，乃以他貨幣賣空或信用交易相抵殺，何嘗淸結之乎。申言之，以論小麥，則交割之期，終有到日，且其存量日耗於麵粉商之磨機，遞日而減。以論貨幣，則人之立據允於將來爲支付者，並無一定必爲結算之日期，儘可利用同種契約以抵消之，因而永遠抑減貨幣之價値也。

信用之行使之能普遍與否，有視於習俗、法律、及商業情形三事。美國綠背紙幣，係無限法幣，到處通行，而獨於大西洋沿海各邦，莫得其門而入，人民始終堅拒不用，此習俗之影響信用之行使之例也。美國因據法律之規定，銀行得包含其於他行之存款及政府紙幣於準備金項下，英國因無法律之縛束，各銀行得自由視於英格蘭銀行之存款、英格蘭銀行鈔票及短期放款爲準備，此法律之影響信用之行使之例也。當商業繁榮之時，社會信任心理堅壯，此時信用之行使必廣。反之，當商業衰落之際，人人彼此猜疑，各不敢相信任，又安望信用工具之得自由流通哉。信用之行使愈普遍，則提高物價之勢力之存在者愈大，此所以當商業繁榮時代，物價無不騰躍，當商業衰落時代，無不降跌也。

七 信用之利弊

信用之行，利害參半，茲先舉其利益如左。

(一)增加資本之效用　世之擁有資本者，每以種種原因，如庸懦、老弱、經驗不足，職業所羈等等，不能利用，或不知所以利用。職是其所有資本非死藏於府庫，卽浪費於奢侈。信用制度發達，則凡有餘財而不知自用者，可隨意購買股票債票或存儲銀行，或以貸諸少壯有爲之人。是一轉移間化無用者爲有用，有益於生產甚大也。

(二)助長交易之發達　有信用之法，可以集零款爲整額以供鉅商大賈之用。又遠方支付，可以不用現金，而行債權債務彼此抵消之道。既節勞費，亦免危險。此二者皆能使交易易於成立，近世其日趨繁盛，信用制度實預大有力也。

(三)節約貨幣之使用　信用工具盛行及信用交易繁多，可節約莫大之貨幣。此徵諸近時各國票據交換額之浩大，可以見之。貨幣之用節約，非獨於交易爲至便，更可以省不少造幣與輸運現金之勞費，用之於他方面，其爲利非淺鮮也。

(四)增善企業之組織　有大規模之組織，然後始能從事大規模之事業。非有股份公司托辣斯（Zrust）等組織，工商企業斷不能臻於今日之發達之地步也。然各個人之資力有限，若無法以聯合，規模闊大之組織實難成就。有信用以聯合之而後大規模公司之組織始成。觀乎股份公司及托辣斯之利益，信用之效可以相喻於無言矣。

(五)促進人民之德義　信用既有上述之功效，故信用之有無大小，卽一社會盛衰存亡之所視。於是社會必覺信用之必要而生重視信用之心理。其結果小則增高個人之道德，大則良化社會之風俗，所關至大也。

至於信用之弊，約而計之，得左列諸端。

(一)生浪費之惡習　貸借難行之際，人不得不量入爲出，粗糲之食，亦在所甘。如可藉信用以得資財，必有不量其力但圖一時之愉快，濫費無度，以至債臺高築，生計愈趨愈下者。然此猶信用弊害之小者也。

(二)長投機之壞風　得寸進尺，人情之常。既可藉信用以融通資金，必有乘之以圖僥倖，起投機心，試投機事者。始基不固，失敗必多，而一國經濟，遂備蒙影響矣。

(三)起生產之過剩　信用之行，企業家能羅致鉅額資本，供其支配，以經營其本人實力所勝之數倍或數十倍以上之事業。於是當商業繁榮之時，往往於不知不識之中，任意擴充，增大產額，以造成生產過剩之局。由是物價跌落，贏利減縮，商業入於衰頹之時代。是非惟徒費資本勞力，其極亦將陷經濟社會於恐慌之境遇也。

(四)招恐慌之爆裂　信用制度發達，則社會間之債權債務關係，錯雜紛紜，莫可指數。零售商之爲支付，有待於消費者。批發商之爲支付，有待於零售商。製造商之爲支付，有待於批發商。生產家之爲支付，有待於製造商。而銀行爲信用之樞紐，與各界皆有密切之利害關係。是卽全經濟社會之各份子，悉聯結於一條信用鏈環下，設不幸其中之一節，發生破綻，則全體波及，支付停止，破產倒閉者，將迭出而不窮。其極也，銀行爲之停止兌現，全體經濟事業，均陷於紊亂黑暗之域，其爲禍至大。

(五)增貧富之懸隔　信用之行，雖能使無資產者，借得資產，以發展其經濟情形。然信用既基於能力，故已有資產者所享之信用利益，實倍蓰於無資產者。財產愈富，其賒貸之權力愈大。觀彼享銀行低利資金之通融，得投資家信任而委託其儲蓄者，均富商鉅賈而非小資產階級也。是故富者得便宜而愈富，貧者陷於不利而益貧，種種貧富不均之禍害日以銳厲，此可謂信用之最大流弊也。

綜觀上述，信用之行，有利有弊。但禍福相依，數所不免，得失參半，乃事之常，斷不得因信用之有流弊而棄之不用。況所述諸弊，大都乃因信用管理之不得其正而起，苟駕馭適宜，操縱得當，則非不可免。管理信用之責，銀行首當其衝也。

第五章 複本位制

一 貨幣本位之問題

凡一國所擇以爲無限法幣之物料，謂貨幣之本位，由該物料製成之貨幣，謂本位貨幣或主幣。貨幣史中引起最烈爭執者，莫過於本位問題。蓋貨幣之最大功用之一，卽以爲延期支付之標準。當今信用交易，非常之多，故以爲貨幣本位之物品，當求其價值確穩無變遷者，方債權者債務者間之關係，不至時生變動。何物具此資格，最勝貨幣本位之用。以何法可使本位貨幣價值不變。爭執之點，卽此是也。

本位對於幣制之重要，無能否認，然價值不變之本位，果可求乎。曰否，其故如下。第一，一物品之價值之變動，可原於影響該物品本身之事情，亦可原於影響該物品所交換之貨品之事情。貨幣旣亦物品之一，當然不能逃此通例。凡貨品價值莫不時有變動，稍有經濟學知識者，類能道其所以然。故卽使貨幣本位本身，能不受任何影響，價值不變，然其與他貨品交易上之比例，斷不能始終無變也。第二，一物品旣經採爲貨幣本位後，人民卽將以爲支付用具，而此種需要，乃時有增減者。夫需要旣時有增減，則衡以供給需要之原則，本位之價值安能求其不變。若鑒此流弊，捨本位爲支付用具而不用，如此其價值固可脫離支付媒介獨立，因以變動稍形和緩。然一物必有需要，方生價值，爲本位之貨物，如除此外尚有他種之需要，其價值即不能永久不變也。第三，一本位即能對一般物價盡衡量及更正之能事，無有遺憾，以置本已價值於安定之域，然斷不能對個別物價，同時一一皆然。蓋際一般物價變動之時，個別物價，未必隨之變動，即隨之變動，其變動之程度，未必與之一致。夫債權者與債務者之利益，繫於個別物價者，實甚於一般物價，今若是，則亦奚取於此種之安定本位哉。

選擇本位幣材，其應採之標準如下。(一)應有安定之價值，此之重要，已見於上，無須重述。(二)應適國民經濟發達之程度，此所以古代多用銅鐵，而現則使金銀，蓋古代經濟不如現時之發達故也。經濟程度發達而用價值低下之物爲貨幣，則每次交易須用鉅額之貨幣，不特不便爲甚，且足以障礙經濟之發達。反之，經濟程度不發達而用價值鉅大之物爲貨幣，則交易單位微小，有貨幣價值過鉅之不便。強而行之，必至提高生活費，陷人民於水深火熱也。(三)應從衆，以免外匯行市之漲落。若一國貨幣本位，與他國不同，則外匯價格，不免時時發生鉅大漲落，此甚足爲工商業害，其詳細請待後述之。近世各國之相繼採用金本位或虛金本位，而放棄銀本位者，此亦一大原因也。

本位之種類不一，有屬理想者，有曾實行者，以下當分別討論。本章先論複本位制(Bimetallism)。

二　複本位制之性質

複本位制者，有二種主幣，通常爲金銀兩種之制度也。申言之，即一國有兩主幣，其間設一法定比率，準此而與兩幣以無限法幣之資格，且均許其自由鑄造之制度也。此制之下，人可各從其所欲，以金幣或銀幣爲無限額之支付，但冀在契約上指定用何種主幣者，自不在此例也。

三　複本位制之緩和物價之變動

複本位制之根據，計有二點。其一，可以緩和物價之漲落。其二，可以減少匯價之變動。請依次述之。

複本位制既以金銀二種爲主幣，設有時銀價下落，兩幣間之法定比率與金銀間之市場比率不一致，則葛雷欣法起始作用，金幣被驅，銀幣充斥，而一切物價皆以面值大於實值之銀幣爲標準。但此種情形，不能持久，蓋結果必市上現金日以增加，現銀日以減少，浸漸金價復落，銀價回漲，而使金銀兩幣間之法定比率與市場比率返趨一致，一致則金銀兩幣復一齊流通，人民不作歧視矣。此之謂補償作用(Compensatory action)，複本位制有此作用，物價變動之次數雖以增加，然每次變動之程度則以緩和。何也。物價恆視劣幣以爲衡，已如上述，金爲劣幣則從金，銀爲劣幣則從銀。故金銀間法定比率與市場比率每有一次之差池，則物價卽有一次之變動，此所以在複本位制下物價變動次數之較頻。然既金銀並用，苟物價因銀跌而騰踊，必不至如於銀本位下之甚，因金貴而降跌，亦必不至如於金本位下之甚。所患者惟金銀之不得並用，有補償作用則此患不成問題，此所以在複本位制下物價變動之比較緩和。以上爲擁護複本位制者對於該制之與物價之論調，實亦複本位制說之中堅也。

四　複本位制之減少匯價之變動

複本位制可以減少匯價之變動，是爲擁護該制者所持之第二爭論。現今金銀之比價，時增時減，殆無間斷。此既爲國際貿易之妨礙，復足阻障國際資本之流通。例如我國商人向美國購貨，通常以美幣計價，苟於結價之時，美金暴漲，則以前預算完全打破，甚或至轉贏爲虧。此之深足爲國際貿易之妨礙，甚爲淺現也。

資本爲流動之物，常擇利息優厚之市場而趨之。但於金本位銀本位國家間，因匯價漲落之靡常，其有餘剩資本者，則恐將來收回資本所得者不及付出之多，因而不敢放膽投資；其缺乏資本者，則恐將來債務之負擔無形增加，因而怯於借款。以致一方面則有資金積滯及坐失機會之感，一方面則生產事業，不得儘量發展。美國之不敢儘量投資於中美國家，可爲前者之例。印度當初借鉅款於英，每年須付鉅額息金，其後銀價日跌，至一千八百九十三年，須付兩倍於二十年前所付盧比以還同額息債，由是國庫不勝其擔負，不得已加收租稅，人民譁然。此可爲後者之例也。

複本位制之下，既有金銀兩種之貨幣，則對用金國可以金幣爲貿易，對用銀國可以銀幣相與取。故雖金銀比價變動，而對外之匯兌行市，不至有順逆之差，因而國際貿易及國際投資，均無匯兌上之阻礙，而得遂其健全之發展也。

五　複本位制之缺點

擁護複本位制者之議論，既已聞之矣，次當觀反對派之說。反對該制者，舉有以下諸理由。

(一)法定比率之難能維持也　法定比率之維持，必補償作用能完全實現方可，此即為複本位制說者，亦不能加以否認也。現時人民貴金輕銀，已相習成風，謂銀幣不足金幣即可起而代之，毋乃失於武斷。且一國金銀之量，比之世界現存及每年生產之數，不啻九牛一毛。一國即盡將金幣化為金塊，增需銀幣，世界金銀行市，未必因此而生變動，即稍有影響，恐未能如主張複本位制者所言之如影隨形，如響應聲也。故補償作用為力甚微，定不克完全實現。一國採用複本位制，無限制鑄造金銀兩幣，勢必生銀以之為尾閭，而金幣源源外逝，實際上成為銀本位國。拉丁貨幣同盟（Latin monetary union）諸國以及美國、西班牙、魯馬尼亞等，即有此經驗也。

(二)複本位制之不足解決匯價之問題也　主張複本位制者，謂此制之下，對用金國則用金幣為支付，對用銀國則用銀幣為支付，故匯價之變動可以取消。但設世界國家多數用金，我以複本位處其中，則我之支於外人者，率須以金，外人之支於我者，可以使銀，往返之間，豈不金幣日去，存銀日多，浸漸成為銀本位國，若是又豈能源源以金幣應匯兌上之需要哉。

(三)複本位制下物價變動之或有甚於單本位制下也　物價之騰翔，可因貨幣之增加而起。以二金屬為貨幣，貨幣增加之可能，定較祇用一金屬為貨幣者大，其理甚現。果爾，則於複本位制下，物價之騰翔，恐將有甚於在單本位制下也。

(四)物價變動頻而較緩和之為害之未必輕於變動寡而較猛烈也　吾人即承認主張複本位制者所言，謂於該制下物價變動雖頻，然每次變動之程度遠為和緩，但此之為害，果較輕乎。今日各種債務關係，其期限短者實遠多於期限長者。物價發生鉅大漲落，苟次數稀少，則大多債務關係，不受影響。若其變動期間，歷次距離甚近，縱每次程度緩和，然受影響之債務關係遠多。受影響者多，則工商業甚感不恆定之苦痛，且企業之將來，益難預測矣。

六　萬國複本位制

以上所述複本位制之缺點，乃祇就一國或少數國採取斯制言之。若萬國一致協力，於同一法定比率之下，採取複本位制，則補償作用，可得完全實現，金銀市價之高低，雖時有變動，然未幾即可復於原狀。具此意見者，為數頗多，故屢有萬國複本位制之運動。

吾人現可置萬國複本位制之理論方面不講，而研究其能否見諸事實，蓋如事實上決不能實現，則無論理論上如何完滿，亦無用也。嘗審度之，萬國複本位制有不能實現者五，茲縷述如下。

(一)國際猜心之未除也　萬國複本位制之持久，必乎參加各國誠心恪守條約，方克有濟。各國之能如此與否，殊一疑問。當貴金輕銀心理風行全世界之時代，一國如見其存金日減，銀幣日增，未有能不張惶失措者。達爾文(L. Darwin)之批評萬國複本位制有曰，即使該制一日實行，各國『將對金幣之鑄造，賦以較大於鑄造銀幣之便利，而以國際條約所難制止之方法行之。恐防別國暗中採取此政策之疑慮，深足使每國政府均懍懍不安，而即此已為一不鞏固原素。設有某強國貯藏巨額黃金，或收羅有多金於境內，其政府難保不因此而改採單本位，希藉此破壞複本位同盟團體，解除複本位制束縛，因而增進其金幣及準備之價值。當戰爭開始之時，此種舉動之可能性，尤其浩大蓋戰鬭國之一方，或企冀以此佔優勝地位也。」

（二）加入國家中途棄約之可能也　使金銀間之法定比率，必賴多數國家之合作，方能維持，則如一參加國中途棄約，使銀之市場突然縮小，其影響法定比率定必不淺。加入國之或中途棄約，非不可能，有實爲必要，有乃基於經濟原因出於必要者，例如當一國停止兌現，即不能繼續採用複本位制。停止兌現之事，各國貨幣史中司空見慣，毫無足異。設於一千八百六十年萬國複本位條約居然成立，則美國勢須棄之於一千八百六十一年，十八年後始能重新加入，俄國必須棄之於一千八百六十三年，四年後始能重新加入，奧國於一千八百六十七年後便須背約，法國於一千八百七十年起至一千八百七十五年止須一時棄約，意大利於一千八百六十六年須暫時棄約，待一千九百零二年始能再加入，西班牙於一千八百九十一年後便不能盡條約義務。觀此可證參加國卽心甘意願維持金銀間之法定比率，然有時乃力所不逮，蓋維持法定比率，必繼續不斷及無限制用金銀兩幣爲法幣也。基於經濟原因者，例如一參加國漸漸國富增進，經濟發達，感覺有使用效用較大之黃金爲貨幣之需要、長行複本位制深足阻其產業之發達，遂不得已毅然脫離複本位同盟團體，改用適合其國情之金本位。法國之經驗，卽若是也。

（三）恐因幣制改革而生經濟之擾亂也　一國從他本位制改採複本位制，必爲各種之改革，幣制上之改革，影響至大，紊亂貸借之關係，招致物價之動搖，財產亦將因之而呈增減，斯誠非各國所能堪也。

（四）加入國家之負擔之過大也　一國參加普通國際協約，如郵務協約，鐵路協約等，期限一滿，便不復有何負擔。縱使於條約有效期間內因條件之不利於己而感覺苦痛，亦非毫無補救辦法。萬國複本位協約之性質則不同一國參加斯約後，必對凡持請鑄造爲幣之生銀，均爲鑄造，認作法幣。故以後或條約期滿，或中途棄約，而前此所鑄銀幣，充斥國內，時時可爲幣制之隱憂。欲復有安全貨幣狀況，非先作一番大犧牲不可。故已用金本位之國家，若加入複本位同盟團體，繼又以各種原因，不克有始有終，則於再恢復其原來幣制後，其所受種種不利，必更有甚於當初用金本位時者，可斷言也。

（五）各國利害之不同也　世界各國中，有產銀者，有產金者，有存銀多者，有存金多者。因而有則喜銀價之騰貴，有則喜金價之騰貴；有則欲金銀比率之大，有則欲金銀比率之小。夫利害不同如此，又安能集之於一堂，使均按同一金銀比率，採取複本位制哉。

以上所述各點，即十九世紀萬國複本位制運動之失敗之原因。當時不少政治家，於未握國柄時，均熱烈主張採複本位制，迨既掌實權，便變易初衷，英之巴福爾（A. Balfour）德之勺慈（Adolf von Scholtze）皆其例也。勺慈曾云彼平生未見一萬國複本位草約堪爲有愛國心而無實國思想之政治家所能接受者，於此亦可見萬國複本位制之難於實施矣。

萬國複本位會議迄今曾開四次。第一次在一千八百六十七年，集於巴黎。第二次在一千八百七十八年，由美國發起，亦集於巴黎。第三次在一千八百八十一年，由美法共同發起，亦集於巴黎。第四次在一千八百九十二年，由美國發起，集於比京布魯塞爾（Brussel）。歷次均因革德之反對，未見成功。

七　拉丁貨幣同盟

一千八百六十五年，比利時、法蘭西、意大利、及瑞士四國會於巴黎，締結共同施行複本位制條約。世因四國俱係拉丁人種，故稱之爲拉丁貨幣同盟(Latin Monetary Union)。三年後希臘亦加入，該同盟遂成五國。

該同盟以一與一五·五爲金銀間之法定比率，約定各者所鑄銀幣得通用於彼此之境內。但成立未久，世界銀價大跌，遂成爲銀貨之尾閭，而金幣外流不已。於是先不得已限制銀幣之鑄造，後竟完全停止之，而相率改用跛本位或金本位制。然拉丁貨幣同盟，名義上猶繼續存在，直到一千九百二十七年始正式解散焉。

第六章　跛本位制

一　跛本位制之性質

跛本位制者，自複本位制或銀單本位制進而爲金單本位制之過渡制度也。於複本位制下，主幣有金銀兩種，均爲無限法幣，且均得自由鑄造。而跛本位制則銀幣雖仍享無限法幣之資格，然不得自由鑄造。譬之人體，金銀如左右兩足，其上半部由無限法幣之資格而成，下半部由自由鑄造之資格而成。停止銀幣之自由鑄造，不啻刖一足之下半，而成一跛行者，此即跛本位制之所以名也。今請以圖示之，庶幾其得名之由，可以更現。

跛本位制 ┌ 金主幣……無限法幣……自由鑄造
　　　　　└ 銀主幣……無限法幣……[自由鑄造]

二　跛本位制之實例

跛本位制之自複本位制蛻化而來者，例如法美等國。法國於一千八百六十五年與比利時、意大利、瑞士等組織拉丁貨幣同盟，共採複本位制。但未幾銀價大跌，五佛郎之銀幣充斥市場，而德意志、瑞典、挪威、丹麥等國，又相繼改用金本位制，致所有金幣均被銷毀。於是不得已與各同盟國迭開會議，講求補救之道，最後遂停止五佛郎銀幣之自由鑄造，而惟保留其無限法幣資格。此法蘭西之由複本位制進而爲跛本位制也。美國一千八百七十三年前，以金一銀十六之比率，採用複本位制。斯年停止一圓銀幣之自由鑄造，而制定一重量二三·二二格蘭純金之金幣，爲貨幣之單位。但當時擁銀之徒，勢力猶甚鞫張，五年之後，政府復重新鑄造銀幣。屆一千九百年，頒布金幣本位條例後，始確定金單本位制。然一圓銀幣仍有無限法幣資格。此美國之由複本制進而爲跛本位制也。

跛本位制之爲自銀單本位制漸移於金單本位制之過程者，例如德意志，荷蘭。德意志於未統一前，各邦幣制互異，然大體皆以銀爲本位。一千八百七十一年統一之後，卽謀統一幣制，停止銀主幣之自由鑄造，而爲採用金單本位制之準備。一千八百七十三年，制定德意志帝國貨幣法，鑄造馬克金幣，從來流通之達來爾（Thaler）銀幣，以一達來爾合三馬克之比率，與金幣同爲法幣，惟不得自由鑄造。是其時固採行跛本位制也。當是時，德政府汲汲收回銀幣，一千九百年改正貨幣法，增馬克輔幣之鑄造，由人口一人十馬克之比例，增至一人十五馬克，卽以收回達來爾所得之銀爲增鑄之材料，約三億六千萬馬克之達來爾銀幣，不數年遂絕跡於市場。一千九百零七年起，禁止達來爾銀幣之通用，凡執有銀幣者，令以兌換馬克，以次年九月三十日爲兌換之終期。自此之後，德國幣制，遂入於純淨金單本位矣。荷蘭自一千八百十六年至一千八百四十七年，爲複本位國家。一千八百四十七年改用銀單本位制，銷毀所有之金幣。後因銀價之跌降，一千八百七十三年復禁止銀幣之自由鑄造，而入於無金屬本位之時期者，二年有幾。一千八百七十五年，制定基爾德（Guilder）金幣，與從前通用之銀幣同爲無限法幣。於是其幣制成爲跛本位制，至今猶然。

三　跛本位制之所以發生

觀上述可見跛本位制乃一時權宜之辦法，而非永久之制度。夫黃金量小値大，便於轉運，最合爲國際貿易及銀行準備之用，世人已共認其比較上乃最良之貨幣，各國改革幣制，孰不欲一躍而至金本位。然有各種阻力，不得不暫取此折中辦法。阻力爲何。曰人民用銀之習慣。曰流行於市面之銀幣，一時難卽收回。曰如銷毀銀幣出賣生銀，則市場猝多此偌大生銀之供給，銀價必大受打擊，陷政府於絕大之犧牲。曰改鑄貨幣所費不貲，且不免擾亂金融。然則此種種原因，卽跛本位制所基而發生也。

四　跛本位制之利弊

跛本位制有左列各優點：

(一)可免複本位制之多種困難，而同時維持銀幣之使用。

(二)可免銀價之暴落及國庫收回銀幣變賣之損失。

(三)金銀主幣並用，可減少金銀比價之劇變。

(四)節省黃金之使用，使較多之資本勞工，得用於他生產事業。

(五)可使金貨缺乏之國家,亦享金本位制之利益。

跛本位制之弊點如左:

(一)當銀主幣之法定價值大於其銀質之市價時,僞造者必多;美國昔時卽曾患此甚烈。

(二)於經濟發達之國家,銀幣值小,不能適應貿易之需要,反足爲商業之障礙。

(三)銀主幣之供額,如逾於社會之需要,則金幣有被驅之虞;例如美國一千八百九十三年之恐慌,卽半由銀幣充斥,金幣被驅之所致也。

比較跛本位制之利弊,實利多於弊。所云跛本位制之弊,如政府能力充裕,克摘奸發伏,則私鑄之患,可不必過慮。經濟發達之國家,信用制度通常亦莫不甚發達,現金之使用不廣,故雖銀幣值低,實無大礙。至於金幣被驅之危險,銀主幣既不得自由鑄造,若政府處置有方,何至底於充斥。故總而言之,跛本位制,苟於其實施上爲嚴密之注意,則可謂由複本位制或銀單本位制移進金單本位制之過渡時代之一最良便辦法,我國今日改革幣制,殊有加以參酌之必要也。

第七章　單本位制

一　單本位制之性質

單本位制者，單有一種主幣之制度也。古時有以銅鐵爲貨幣本位者，近世則言單本位制者，不出金銀兩種，蓋經濟程度發達，幣材不得不捨賤用貴故也。

主張單本位制者謂物價之變化，既有視於貨幣之價值，故每多一種貨幣本位，物價即多受一價值之影響，其變化必因而較烜，此單本位制之優點一。單本位制之下，惟一種貨幣具有無限法幣之資格，故一切信用交易之舉行，交易者雙方均確知將來之以何物爲支付，無疑點在，故所有預算皆穩定可靠，此內則可助長貿易之發達，外則可鼓勵外資之流入，此單本位制之優點二也。

單本位制之下，通常於主幣外，別以較賤金屬，鑄造輔幣，以便利日常零星之交易。一切輔幣，其價值均以主幣爲標準合算，無獨立價值，於一定範圍內得用爲法幣云。

二　世界大戰前之金本位制

十八世紀以前，白銀爲最通行之貨幣。自十八世紀以至十九世紀中葉，爲金銀並用之時代。十九世紀最後之二三十年，各國相率捨銀用金，潮流所趨，一時風靡。首先確定金本位制爲英國，時爲一千八百十六年，後葡萄牙、德國、丹麥、瑞典、挪威、荷蘭、日本等，相繼效踵。法國及其他拉丁同盟國家，則改採跛本位制，美國亦如是。而俄羅斯及奧匈帝國等，則改採金匯兌本位制。要而言之，屆二十世紀，世界之重要國家，幾無一不已捨銀用金，其尚因循使銀爲本位者，計惟中國而已。

當時之金本位制，雖各國之實施方法，略有不同，然均具下述四特點。（一）貨幣之單位，含一定數量之黃金。（二）主幣之鑄造，爲無限制，人人均得申請造幣廠代鑄。（三）其他一切支付工具，均得自由變易金幣。（四）金貨之進出口，得完全自由，不受限制。此四點簡括戰前所謂金本位制，吾人須特別注意，蓋因戰後各國所恢復之金本位制，與此有重要之不同也。

當時各國之相率捨銀用金者，溯其原因，有下列諸端。

（一）銀價之降跌也　自十九世紀中葉以降，銀價日跌。其採用複本位制諸國，金幣日逝，銀貨日增，金貨有盡將外流之勢，故不得不限制銀幣之鑄造，而改用金本位也。

（二）世界經濟情形之日以發達也　十九世紀以來，世界經濟程度，日以發達，如工資物價等，俱傾向漲勢。故爲便利交易起見，以爲貨幣之金屬，有不得不捨賤取貴之勢。且此時社會財富增加，有較多剩餘資本可投用於交易媒介也。

(三)黃金之值大量小也　黃金值大量小，易於搬運，以爲鉅額及國際貿易之支付工具，他金屬皆莫與京。此亦其被擇爲貨幣本位之一原因也。

(四)黃金產額之增加也　十九世紀中葉以降，舊金山、澳大利亞、南菲洲、克龍帶克(Klondick)等處金鑛，先後發見，黃金供給大增，足供多國之用，不虞匱乏。故卽財力不甚充裕之國家，如俄羅斯、日本等，亦能購用之也。

(五)黃金價值之比較確實也　黃金價值，較白銀遠爲穩定。此有因金之產出，多爲純砂，不含他種鑛物，而銀乃多自鉛、銅、鋅等鑛砂中煉得，故其生產每依該各金屬之時價爲增減，不以本己之需要爲標準之故。前述以爲貨幣本位之物品，當求其價值最穩定者，然則無怪黃金之入選也。

(六)潮流之所趨也　採用金本位制之國愈多，則其他尚未採用者，效尤愈爲有利，其故有二。(一)外幣匯價，可免劇烈之變動，而國外貿易遂易於發展。(二)用金國家愈衆，則金之市場愈廣，由是其供需之變化，對其價值之影響愈微。申言之，世界每多一金本位國家，則每年出產之金，卽多一銷路可去，而凡需要現金者，亦多一市場可向收買。任何事物，其勢力所加，集中愈甚，則影響愈烈，分散愈甚，則影響愈末。黃金供需之增減，對其價值，亦係如是。故採用金本位制之國家愈衆，則黃金價值愈趨穩定，而採用金本位制愈爲有利也。

三　世界大戰以還之金本位制

世界大戰發生後，各國名義上雖不放棄金本位制，仍保留其原有貨幣單位，然停止兌現及現金之貿易，事實上卽等於放棄。戰後因日內瓦會議之決議，各國又相繼恢復金本位制，但與戰前之金本位制，有數不同要點如下。(一)消滅金幣之流通，以紙幣替代之。(二)主幣不復得自由鑄造，惟中央銀行得請造幣廠代鑄之。(三)紙幣之兌現，不以金幣而以金塊，每次兌現有最低額之限制。此數改革，均以節省金貨之使用爲目的。然同時中央銀行現金之需要，則較前增加，蓋戰後之傾向中央銀行不特須置紙幣準備金，且法律亦強其對存款維持現金準備也。戰後金本位制之恢復之尙堪注意者，爲法國進爲純粹金本位制國，取消五佛郎銀幣之法幣資格，及意大利之確定金本位制。

在上述之改換形式下，金本位制相安無事者數年，但不堪環境之摧殘，不久便露窘狀，至一千九百三十一年而幾完全瓦解，最近卽美國亦以放棄金本位聞矣。現全世界國家中其尙保留金本位制者，計祇有法、意、比、荷、瑞士等寥寥數國。美國放棄金本位制後，此幾國能否久持，尙未可知，斯誠金本位制之空前厄運也。

此次金本位制之瓦解，原因至長並至複雜，非本書所勝細述。追究其遠因，維爾賽之不公平條約，不得辭禍首之咎，而年來各國關稅之戰爭，通貨之澎漲，工商業之衰落，現金分配之不平均等等，又從而促之。至其最近原因，則爲各債權國欲收回短期放款，而債務國不能應命之故。

以奧國言，該國經戰敗之餘，精華已喪失殆盡，而最饒富之省區，又被割削而去，生產能力，幾降於零。故除各國源源不絕給以接濟外，經濟上無存在之可能。外援一停，幣制卽潰，乃勢所必至，無足怪也。德國肩重大賠款之負擔，而戰勝國又關稅壁壘高築，阻止其貨物之進口。加以該國又借有鉅額短期信用，將之投於長期用途。故當他國信任未衰之時，其金融之弱點，差可掩蓋，外國債權者一從事收回放款，其勢不能維持。其所以不得不放棄金本位，即以此也。英國之放棄金本位，乃因倫敦向處國際銀行家地位，收有鉅額外國短期信用，其一部份係放於長期投資。一千九百三十一年各國競收回信用，羣將票據變易現金，倫敦窮於一一應付，遂不得不停止兌現。美國之停止金本位，半因欲提高國內物價，移轉工商業之不景氣局面，半以抵抗英國因貨幣跌價所享國際貿易上之利益。觀上述諸例，可見此次金本位制之瓦解，並非其本身有何固有大弱點，乃環境使之然也。

現世界已不復有安定之國際貨幣矣。猶憶十年之前，各國齊集於日內瓦，謀解決貨幣問題，曾幾何時，此問題又起，重待吾人解決矣。無安定之國際貨幣本位，世界經濟情形，難望能即復原。而欲恢復安定國際貨幣本位，必先修改各國之戰後經濟政策及經濟關係。日內瓦會議對此不能解決，所以有此次金本位制之崩潰也。現時頗多提倡管理貨幣(Managed Currency)者。然大戰之後，何國中央銀行不曾對其貨幣加以管理乎。而成績乃若是，故吾人終當設法恢復各通貨與金之關係也。

四　銀價之降跌

百餘年來，世界銀價，除當歐戰末期因白銀需要之驟增，曾呈一度之回漲外，無日不在降跌之中，而近年之降跌尤慘。茲將一千八百三十五年以來紐約每盎斯淨銀之平均價格，列為下表，以資參考。

銀價變動表（單位美金元）

年別	銀價
一八三五	一・三〇
一八五五	一・三四
一八七五	一・二四
一八九五	〇・六六
一九〇五	〇・六一
一九一五	〇・五一
一九一七	〇・八四
一九一九	一・一二
一九二一	〇・六三
一九二三	〇・六五
一九二五	〇・六九
一九二七	〇・五七
一九二九	〇・五三
一九三一 正月九日	〇・二六

年別	銀價
一八四五	一・二九
一八六五	一・三三
一八八五	一・〇六
一九〇〇	〇・六二
一九一〇	〇・五四
一九一六	〇・六七
一九一八	〇・九八
一九二〇	一・〇二
一九二二	〇・六八
一九二四	〇・六七
一九二六	〇・六二
一九二八	〇・五八
一九三〇	〇・四〇
一九三一 六月四日	〇・二七

銀跌卽爲金貴，近年一般物價與金價比較，固俱呈跌勢，然未有如銀價之甚者。茲姑置金貴銀賤原因之關於金者不論，而究其關於銀者。

(一)銀貨需要之減少也　銀價之決定，要亦不出供需之法則，近來銀貨之需要銳減，銀價自難免於慘跌。至於銀貨需要減少之原因，有六端如下。

(甲)輔幣成色之減低也　英國於一千九百二十年春，首將銀輔幣成色自〇·九二五減至〇·五〇〇，其結果使英國在過去十年中流至世界市面上之銀，達七十五兆盎斯。其殖民地繼之而減低銀幣成色者，有澳大利亞及新西蘭，而其後歐洲及南美重要國家，亦起而效之。德國於一千九百二十四年將銀幣成色自〇·九〇〇減至〇·五〇〇，比利時於一千九百二十六年將銀幣概行廢止，而其後二年間波蘭、意大利及法蘭西亦均通過法律，減低銀幣成色。凡此諸國，除因此大減少銀貨之需要外，並均流出大批餘銀。就一千九百二十八年至一千九百三十年三年論，由此流出之銀，約達一百數十兆盎斯，其中在一千九百二十八年及一千九百二十九年所售出者，各在五十兆盎斯以上，一千九百三十年所售出者近七十五兆盎斯以上。若是，銀價安得不慘跌哉。

(乙)銀幣替代之漸盛也　近世各國，以紙幣替代銀幣者，日漸盛行。如日本等國，向之小角，素爲銀質者，今已全用鎳幣替代，而吾國中央、中國、交通等銀行，復發有一角、二角、五角等輔幣劵，替代銀幣。此亦銀貨需要之減少之一原因也。

(丙)印度之採用金塊本位也　印度雖於一千八百九十三年卽開始廢除銀本位，但國內仍用銀幣，現銀之需要事實上並未減少。一千九百二十六年議改金塊本位，該消息傳出後，銀價卽隨之爲一度之猛跌。自此印度需銀日少，且將所有存銀陸續出售，是由生銀之消費者一變而爲生銀之供給者，世界銀價之受其影響，概可想見也。一千九百三十年二月二十八日，印度宣佈開始徵收生銀入口稅，銀價又隨之發生慘跌，蓋此舉雖能維持印度國內之銀價，然適足使世界他處益失對銀之信任心，而減低生銀之通常需要也。

(丁)安南之採金匯兌本位也　安南於一千九百三十年一月，改採金匯兌本位制，規定其原用披亞斯特(Piastre)銀幣每枚合金幣十佛郎。自此安南自須出售儲銀，購入金貨，而生銀之需要，又少一去路矣。

(戊)生銀工藝上消耗之減少也　生銀工藝上之消耗，近世亦漸形減少。蓋經濟程度升高，昔用銀製造之器飾，今不少皆用金代替。而化煉技術進步，如銅、鋅、銻、白銅等現皆能煉到光澤煥爛，而價又甚廉，亦替代白銀之用不少也。

(己)我國情形之混亂也　我國向與印度爲世界生銀之最大消耗者。印度既轉而爲供給者，而我國年來因戰爭之頻仍及商業之蕭條，生銀需要，亦大減少，大宗白銀，聚藏於上海一隅，此之影響世界銀價，甚易見也。

(二)銀貨供給之增加也　所謂增加，不重於絕對增加，而重於相對增加。蓋生銀需要，既呈銳減，除其產量比例減少，卽不免過剩之患也。普通物品，當銷路減退，通常產量卽隨之減少，銀獨未必然，蓋其所由來多自鉛銅等鑛，故其生產乃視該各產物之需要爲轉移也。據美國造幣廠廠長之報告，過去五十年世界生銀產額有如左表。

世界生銀產量表（一八八一——一九三〇）

年別	產量（淨銀盎士）
一八八一——一八九〇（每年平均）	一〇〇，四五七，七〇〇
一八九一——一八九五（同上）	一五七，五八一，四〇〇
一八九六——一九〇〇（同上）	一六五，七九三，四〇〇
一九〇一——一九〇五（同上）	一六七，九九五，四〇〇
一九〇六——一九一〇（同上）	一九七，二五一，六〇〇
一九一一——一九一五（同上）	二〇二，四七五，〇〇〇
一九一六——一九二〇（同上）	一八四，六四六，六〇〇
一九二一——一九二五（同上）	二二二，三六一，八〇〇
一九二六	二五三，七九五，〇〇〇
一九二七	二五三，九八一，〇〇〇
一九二八	二五七，九二五，〇〇〇
一九二九	二六一，七一五，〇〇〇
一九三〇	二四三，七〇〇，〇〇〇

據紐約生銀經紀人哈爾門（H. A. Harmen）之銀市年度報告，一千九百二十年至一千九百三十年每年

世界市上生銀之供給，有如下表。

世界市面生銀供給估計表（一九二〇——一九三〇以百萬盎斯計）

年別	
一九二〇	一九一・三
一九二一	二〇二・三
一九二二	二五二・八
一九二三	二九一・〇
一九二四	二五九・五
一九二五	二五二・一
一九二六	二五四・五
一九二七	二七二・四
一九二八	三一七・三
一九二九	三二七・九
一九三〇	三一五・二

五　銀價降跌對於銀本位國之影響

銀價之降跌，於銀本位國，利害參互，其害如左。

(一)物價之騰踊也　銀賤金貴，則凡自金本位國輸入之物品，自然騰貴，而由是一般物價，亦受其影響，趨於澎漲矣。

(二)生活程度之增加也　物價騰躍，人民生活程度，必將提高。夫生活程度提高，在健全之社會，本爲進化之表徵，然於經濟衰頹失業人衆之國家，則大爲可憂也。

(三)商業之凋敝也　物價騰躍，商業各項之開支，必然增加，而人民之購買力，則必減退。若是商業受兩重之壓迫，欲不凋敝得乎。

(四)外債擔負之增加也　若銀本位國家欠有以金幣核計之外債，則銀價跌落後，外債之擔負將無形中驟增，與國庫以重大之損失。

(五)進口商之受損失也　現今國際貿易，概以金幣計價，故銀賤金貴，其不利於銀本位國進口商，不必待言。我國習慣，進口商訂購洋貨，多不即時結價，待貨物到手時，始匯貨款。如在此時期內，銀價又跌，則昔日所期必贏之貿易，將反貽虧累矣。

(六)激動投機也　銀價不定，徼倖之徒，乘此投機。投機若過濫無度，不特擾亂金融，亦爲生產事業之蠹也。

(七)擾亂分配之秩序也　銀價低落，債權者及有定額之所得者，皆受損失，而債務者及有定額之負擔者，則享利益。凡社會上有不正當之損失及不勞而獲之利益，皆非經濟民生之福也。

至銀價降跌之利，則有下列幾端。

（一）鼓勵出口之貿易也　金貴銀賤，銀本位國家之出口貿易，可得增加，蓋一方面以售貨所得之金幣，換兌銀幣，可獲巨利，一方面金本位國人民購買力無形中增加，必多來採貨也。然如銀本位國輸出者多屬原料品，似中國之今日，設其乃係剩餘，自有利無害，若因貪目前之利，輸出過度，則將陷國內實業於萬劫不復之地矣。

（二）促助工業之振興也　外貨價貴，人民蹙額，實爲銀本位國家振興工業之良好機會。蓋避貴買廉，人之常情，斯時若有價格較低之本國貨，可替代舶來品，人未有不樂於購用者。然欲工業之振興，尚有賴於其他優良之環境，非金貴銀賤單獨所能爲力。如其他情形不利，雖銀價銳跌，亦何益哉。

綜觀上述，金貴銀賤，貽害於銀本位國家者，遠過於其所利。世界國家幾全捨銀用金，而銀價一時又無恢復之希望，故此時如尚用銀本位，誠非計之得也。

第八章 金匯兌本位制

一 金匯兌本位制之緣起及性質

金匯兌本位制(Gold exchange standard)一名虛金本位制。十九世紀中葉以還，銀價日跌，而複本位制又宣告失敗，於是世界國家相率改採金本位制。而有財力不足，不能不暫繼用銀，然同時又欲與金本位制收同一之效果，於是遂有金匯兌本位制之發明。

由銀本位制一直改爲金本位制，除事實上之困難外，尚有理論上之缺點。改革幣制，財政上絕對不能免發生一番混亂。吾人雖不宜因噎廢食，然要使此混亂程度，縮至於最小範圍內。今若於旦夕之間，突由銀本位制改爲金本位制，混亂程度，必有不可言狀者。此一也。改採金本位制，政府必鑄有鉅額金幣以供流通。人民好奇及利慾心重，此項金幣有被死藏及鎔化之危險。例如印度，其爲貧國，無可諱言。然乃有成百成千之金銀匠，日夜孜孜不息，製造裝飾之品，其原因何在，不難想像知之。又如菲律濱，初美海陸軍在彼付出之金幣，不下一千萬美金元，乃屆一千九百零三年時，市面所餘寥寥無幾，蓋或被死藏，或遭鎔化，或運出口，此二也。如一國生活程度低下，交易單位，爲數甚微，則使用金幣，匪特不經濟，且滋不便，此三也。

金匯兌本位制之下，國內仍用銀幣或紙幣，而對外則用金幣，故上述諸不便，皆不至發生，而銀本位制下國際匯兌之困難，仍可解決。慣用銀幣之東方民族，斯制最適其宜。使用紙幣之國家，亦爲相合。至其實施之辦法，當於下詳之。

二 金匯兌本位制之發展

首先對金匯兌本位制作理論上之講述者爲李嘉圖（D. Ricardo），首先實行之者爲荷蘭。一千八百七十七年，荷政府以一定匯率發賣外國金幣匯票，以俾其當時所使用之銀幣紙幣，能有固定黃金價值，此可謂金匯兌本位制之權輿也。荷蘭之後，有俄羅斯與奧地利亞匈牙利，亦曾採取斯制，爲一時過渡辦法。然迨一千八百九十三年印度之採用後，金匯兌本位制之爲幣制，始爲大全。前此其原則以及操縱方法，尚未爲學者所深悉也。自是菲律濱、墨西哥、海峽殖民地、巴拿馬以及南美各國，相繼效踵，俱著良績。世界大戰之後，金匯兌本位制益爲時行，日內瓦會議對之深表嘉許，而各國之整頓幣制，亦盛採其原則，以節省現金之用。我國籌備改革幣制，多數專家，亦均欲以該制相餉也。

三 金匯兌本位制施行

金匯兌本位制之施行，方法如下。

(一)指定一定量黃金，如若干格蘭姆等，以爲國內通用之銀幣，或紙幣之法價。或於通用之銀幣或紙幣與經濟上有重大關係之外國金幣之間，設一法定比率。上述定量黃金，無須鑄造爲幣，只有其名義可矣。

(二)從來通用之銀主幣，仍予流通，爲無限法幣，但廢止自由鑄造，以限制其供給，俾其價值得維持與其法定價值相等。

(三)於母國或經濟關係密切之外國，預存充量匯兌基金，以便對之發行支付金幣之匯票。人民須對外國爲支付者，可以銀主幣按照法定比率向政府購買金匯票。凡欲送款到本國者，則可直接或間接以金幣向駐外匯兌基金經理處購買匯票，向政府支換銀主幣。

(四)在本國貯存一項銀貨，俾能應市場之需要，伸縮銀主幣之供給，無使有過剩或過少之現象，致價值與法定者不一致。

(五)在本國儲一金準備，以保護銀主幣之法價。銀主幣價值達於其法定價值時，可許其互相交換生金。

施行金匯兌本位制所不可不注意者有三。其一，金銀二貨之法定比價，不可失之過高，亦不可失之過低，適中方可。失之過高則銀幣贋造者必多，以其利甚厚故也。失之過低，則銀幣倘有升騰，市上銀幣必致絕跡。前者之例，見於印度。後者之例，見於菲律濱、墨西哥、及海峽殖民地等處。其二，銀幣之供給，須適應市場之需要。故凡由兌換或發售金匯票所收入之銀幣，不可任意發出流通，而當有以金匯票支取銀幣者，則宜發出新銀幣，增加其流通數量。其三，金匯票之賣價，切莫高於輸運現金之勞費，否則本國商人寧將銀幣兌換金貨以付外債，而國內存金，將以日減，銀幣法價，馴至動搖矣。

四　金匯兌本位制與跛本位制之異同

綜觀上述金匯兌本位制，頗以跛本位制爲模範，其相同者，有以下各點。

(一)同爲最後採用金本位制之過渡辦法。

(二)以金定價值之單位。

(三)銀幣爲無限法幣。

(四)停止銀幣之自由鑄造，以限制其數量。

然金匯兌本位制與跛本位制固自有異，其不同者如下。

(一)金匯兌本位制與跛本位制雖同由晚近銀價下落而起，然前者實爲自銀本位制進而爲金本位制之自然過渡辦法，而後者乃爲自複本位制或銀本位制達於金本位制之自然手段。

(二)跛本位制，有金銀二幣相並流通，而金匯兌本位制則只以銀幣爲國內通貨，不以發行金幣爲必要。卽定有金單位，亦僅以爲兌換銀幣之標準，實際上可不鑄造。

(三)跛本位制爲欲達於金單本位制而窮於處置已有之銀幣之術時，始採用之。金匯兌本位制則以銀幣爲最適於國內之行用，但欲避免對金本位國貿易上之不便時，乃採用之。

五　金匯兌本位制之施行之實例

金匯兌本位制之實施，其在爲他國之附庸者，可以菲律濱爲例。菲律濱於一千九百零三年採用金匯兌本位制，以重十二格蘭成色九成之金配素（Peso）爲價值之單位，但不鑄造，而別鑄造新銀配素代表之。該項銀配素暨美金元同爲無限法幣。其一向流通之舊幣則收銷毀之。設一金本位基金（Gold standard fund）以維持銀配素之法價，一部份存於紐約，一部份存於馬剌尼（Manila）。凡有外國債務須以金幣支付者，除另付約相等於現金輸送費之手續費外，可以銀配素準一金元二配素之比率向指定銀行購買紐約匯票。其須在菲島支付銀配素者，祇須寄來美金匯票向指定銀行兌換銀配素。原始所發一千萬美金元之外，凡鑄造新配素以及買賣匯票之利益與夫政府所撥以充整頓幣制各收入等，皆當撥歸金本位基金下。但當其數目超過貨幣之流通及能付諸流通之數量之百分之三十五時，則其超過部份，可移歸國庫，任作何用。蓋以爲百分之三十五足敷一切之需要也。原始所定銀配素對於金配素之比率，爲金一銀三十二。是時生銀行市大抵爲二十四便士乃至二十八便士，即金銀之市場比率爲金一銀三十四乃至三十九。三年之後，銀價暴漲，至每盎斯三十一便士八分之三，即金銀之市場比率降至金一銀三十以下。於此情形下，銀配素作貨幣使用，不如作銀塊使用之有利。爲防銀配素之喪失，菲政府亟改正貨幣法，改鑄銀配素，減其成色自九成至八成。輔幣之成色，則減至七成五，同時並禁止銀幣之出口。此特一例，然可以見金銀幣間之適當法定比價，非易定也。

其在獨立國家，近來金匯兌本位制之實施，大抵如下。中央銀行設一金貨準備，一部份爲庫存現金，一部份爲他國金幣匯票，一部份爲國外存款。此項金貨準備，卽以擔保鈔票及存款債務，同時亦以充匯兌基金。設若鈔票及存款擔保品統爲庫存現金，則蘊藏無用，不經濟綦甚，且以戰後各國財政之百孔千瘡，殆亦非力所能堪。今以一部份購買外匯及存於外國，既可生利，又能對之發行匯票，斯一舉兩得矣。中央銀行對人民盡供給金塊及匯兌之職，但每次兌出金塊有一最低額限制。外國匯票之定價，常使人民購買金塊，運往外國，不如購買匯票之有利，以此抑減現金之出口。中央銀行既源源供給外匯，本國貨幣與外幣之金平價，自能維持，無大變動也。

六　金匯兌本位制之優點

金匯兌本位制之利益有以下五端：

(一)減除用金及用銀國家間匯價之變動，蓋對外支付，既係用金，則金銀比價之變動，不復有影響也。

(二)金匯兌本位制之下，國內貿易，仍用銀幣，故銀貨之需要，得以維持，其價值不至大減。

(三)文化低下之國家，如猝改用金幣，金幣必被死藏，或鎔化改製裝飾品，致須時時補充糜耗鉅費。今繼續使用銀幣，而賦以一法定金值，則此費完全可免矣。

(四)金匯兌本位制下，中央銀行不必藏過多現金準備，有充額之外國金幣匯票，卽足以資應付。此不特減少中央銀行不生利之資產，且減少世界貨幣上金貨之需要，俾用於開採金鑛之一部份資本勞工，得移於他生產事業而金貨之價值亦得彌趨固定。

（五）後進國家無採用金本位制之財力者，採用金匯兌本位制，可收金本位制之利益，而無金本位制之勞費。

七　金匯兌本位制之缺點

金匯兌本位制之缺點，有左列諸端：

（一）金本位制之下，現金之移動，對國際支付之不均衡，有自然挽回效果。金匯兌本位制之採用，大減此種勢力，蓋於此資金之移動只有偏面影響故也。申言之，卽資金之自一金本位國流入一金匯兌本位國，澎漲後者之信用，然對前者並不發生影響，蓋因金匯兌本位制下金貨能同時用於兩處之故。存於金本位國之金貨，例如美國，可用爲該國信用之基礎，又同時可用爲金匯兌本位國信用之基礎，例如奧國也。

（二）就世界大戰後之經驗言之，金匯兌本位制能引起信用之澎漲。大戰之後因黃金使用之節省，短期資金之供給，大以增加，引起世界各大金融中心點利率之低落。由是債票價格升騰，債票之發行，不知凡幾，用以造成澎漲之局面，吾人至今猶感受其貽禍。世界大戰之役，財產之損失，何啻數千萬萬元，理應卽隨之一商業衰落之時代，工資廉賤，生活程度低下，然事實竟與此相反，蓋澎漲之局造成繁榮之假印象也。

（三）金匯兌本位制之採用，既能引起澎漲之局面，故金匯兌本位制之放棄，使緊縮成爲必要。當一千九百三十一年夏歐洲全體陷於金融恐慌之時，各中央銀行爭將其外國存款及匯票兌爲現金。於是英國不堪壓迫，爲自全計，放棄金本位制而世界金融基礎，發生搖動。奧國之兌其外國存款爲現金也，其信用基礎，並不因是加增，蓋不過其中央銀行資產，改換形式而已。然付出現金之金本位國，金準備因此減少，不得不行緊縮之策，致增甚其商業之衰落。一千九百三十一年夏各中央銀行之羣將外國匯票兌爲現金，實使所以資助國際貿易之全體國際信用，因而減少，其對於物價之影響，不言可喻也。

(四)當戰雲彌漫之時，金匯兌本位制卽不免動搖，蓋金匯兌本位國，不能保金本位國之必照付其匯票也。試思設當一千九百十四年，俄國尙用金匯兌本位制，有匯兌基金存於德國，德國其肯照付俄政府之匯票，其肯人民運金入俄乎。不肯則俄之幣制，立卽瓦解矣。

(五)金銀幣間之法定比率，難於決定，此節已詳述於上，茲不復贅。

第九章　不兌換紙幣本位制

一　不兌換紙幣之釋義及概念

不兌換紙幣者，不得兌現之紙幣通貨也。一國無論原有何種貨幣本位，一行用不兌換紙幣之後，該紙幣終將成爲事實上之貨幣本位，一切交易及債務均以爲支付之具。蓋不兌換紙幣較之他幣，乃係劣幣，故葛雷欣法則之施展，使之必然也。

然不兌換紙幣既不兌現，如何得流通於社會乎。曰，是有視民衆之肯用之與否，但合政府及葛雷欣法則之勢力，不難使人民自然使用之也。何以言之，每一社會，均必需若干交易媒介，以事交易。於使用金屬貨幣之社會，此項需要，即由金屬貨幣供應之。苟政府發行不兌換紙幣，並與以法幣之資格，則凡須爲支付者，必以此爲支付之具，而他幣浸漸至於絕跡。社會不有交易媒介及法幣之需要則已，有則斯項紙幣之闖入市場，殆勢所必至。故曰，合政府與葛雷欣法則之勢力，不難使人民自然使用之也。

雖然，民衆之勢力亦不可忽視也。若民衆一力同心，堅決拒絕不兌換紙幣不用，政府亦不能爲力。例如美國當綠背紙幣時代，該紙幣充斥各地，而獨於加尼福尼亞(California)，始終莫得其門而入。蓋該邦人民，堅拒不收，凡偶行使之者，則羣視爲敗類，列其名於報紙上，以示大衆，全體與之斷絕往來。此亦可證輿論之勢力，有時尤大於法律也。

申而言之，不兌換紙幣之能流通，乃因民衆願用之爲交易媒介，而民衆所以願用之者，又因其爲法幣及葛雷欣法則之施展之結果。一貨幣所以能流通者，基於其可以爲債務之支付之原因居多。給一貨幣以支付債務之資格，其流通速度及流通範圍，定優於他幣。故各國之發行不兌換紙幣，莫不賦以無限法幣之資格，以誘啓人民願得該幣之思念。此舉固可引起極不公平之結果，然不發行則已，發行則必如是，然後方可達到發行目的也。

二　不兌換紙幣之發生

不兌換紙幣大抵盡係戰爭之產物，如昔日法之亞西納（Assignat），美之綠背紙幣，以及近年德之紙馬克，奧之紙克藍，俄之紙盧布等等皆是也。戰爭之所以引起不兌換紙幣之發行者，乃因掌管度支者之欲以最方便方法，籌給軍需。籌給軍需，政府亦可行加稅及借款之法。但借款不能爲之無已，而租稅如增加過多，必遭人民之反對。惟發行不兌換紙幣，其阻力最少也。實際上發行不兌換紙幣，無形中亦是增稅。惟普通增稅，政府特將私人之購買力，移歸諸己，無大增加社會之購買力，故對物價不至生大影響，厥爲籌餉之一良策，而發行不兌換紙幣，則有種種流弊也。彼掌管度支者，何嘗不知此。但加稅之增加人民之負擔，甚爲明現，人盡知之。發行不兌換紙幣之剝奪人民之財力，不形於表面，惟明眼人知之。掌管度支者懼民衆之反對，故每避難就易，明知發行不兌換紙幣之不妥，而甘爲之也。

發行不兌換紙幣之法有二。(一)政府自爲發行，用以支付各種用費，如兵餉、薪俸、材料價等，此爲美國發行綠背紙幣所用之方法。(二)政府先蠲免中央銀行兌現之義務，然後源源以期票向之抵押借款，而中央銀行即根據此期票增擴發行，此乃世界大戰之役德法等國所用之方法。自表面上觀之，利用印刷機籌措軍費，似無更便宜辦法，其實大不然。蓋濫發不兌換紙幣，結果物價必騰翔不已，戰時政府乃各物之最大買主，物價騰翔，必損失不貲也。美國米恰爾教授(Prof. Mitchell)曾計算美政府南北戰爭之役，因發行綠背紙幣而多擔負之用費達七萬九千一百萬美金元左右之鉅。但他時若吾人計算世界大戰之役各國政府因發行紙幣所受之損失，則連上述數目亦將相形見絀矣。

最近各國之不兌換紙幣之歷史，有一奇異之點，即該紙幣之大部份，非發於戰爭之中，乃發於停戰之後。例如法國，一千九百十八年初，其紙幣之流行額，僅三百二十萬萬佛郎有奇，而於一千九百二十八年六月二十五日，即法國會通過法國現行貨幣條例之日，竟增至五百八十萬萬佛郎而強。換言之，即其戰後紙幣之增加，竟達百分之八十而不止。茲將一千九百十五年至一千九百二十八年六月二十五日之時期中法蘭西銀行鈔票之發行額，編爲下圖，以供參考。

又如德國，當戰爭停止之時，其紙幣之發行額，在二百三十萬萬馬克左右，五年之後，竟增至四九六·五〇〇·〇〇〇·〇〇〇百萬馬克之駭人之數。茲將一千九百十四年至一千九百二十三年歷年德國中央銀行之鈔票發行額，列爲下表，以資參考。

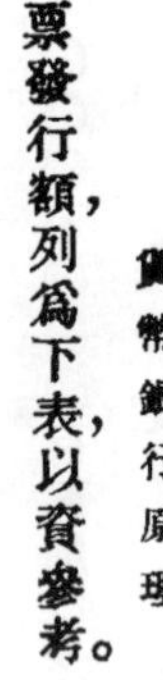

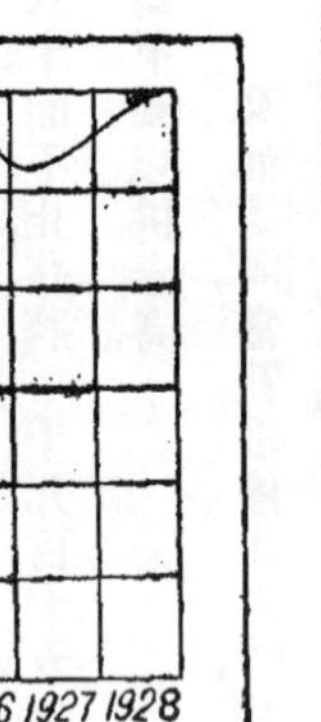

法蘭西銀行鈔票發行額自一九一五至一九二八六月（單位十萬萬佛郎）

德國中央銀行歷年鈔票發行額表（單位百萬馬克）

年度	發行額
一九一四	五，〇四五
一九一五	六，九一七
一九一六	八，〇五四
一九一七	一一，四七六
一九一八	二二，一八七
一九一九	三五，六九八
一九二〇	六八，八〇五
一九二一	一一三，六三九
一九二二	一，二八〇，〇九四
一九二三	四九六，五〇七，四二四，七七二，〇〇，〇〇〇

此外比利時、奧地利亞、波蘭等，其紙幣之增減，亦具同態。篇幅有限，姑不細述。

吾人理想，必以爲鎗聲一停，印刷機亦可停止工作，然事實竟大相反，其故何耶。是有二故，其一，各國政府不能立時卽將軍隊及戰時所用人員解散，半恐共產黨此時出而搗亂，半恐如失業軍人充斥，易引起禍端。其二，各國斯時皆倉廩空空，須輸入巨量食料及他種必需品分給人民。平時進口物品，大都用出口物品償付，斯時則情形特異，有所不能，故惟有發售大額紙幣於匯兌市場，以濟目前之急，雖明知是不啻火上添油，然較之革命之禍，則較勝一籌也。

法德二國於上述原因外，尙有他故。法國北方各省，爲該國之精華所在，戰時被毀殆盡，急須再造。法政府原期以德國賠款，充再造之經費，但不克如願，遂又取給於發行紙幣。至於德國，其時馬克跌價已甚，頗有不少無知之徒，冀其恢復，競購之爲致富之捷徑。德政府樂利其愚，又大爲發行，以籌措一部份之賠款，藉以稍減國庫之擔負，故馬克紙幣竟躐增如彼也。

三 不兌換紙幣之影響

不兌換紙幣之影響，請分以下數種討論，(一)其對於通貨之影響。(二)其對於物價之影響。(三)其對於財富之分配之影響。

甲 對於通貨之影響

不兌換紙幣之對於通貨之影響，以上已述其梗概，卽他種通貨，將先後被驅，而惟剩不兌換紙幣充交易之媒介及債務之支付也。例如英國大戰之役，巨量現金，流往美國，以致金銀實幣，非常缺乏，不得已遂發行通貨紙幣(Currency note)，供給人民交易上之需要，當時英國之通貨，一大部份即此通貨紙幣也。又如法國，當戰時即小值輔幣，亦被不兌換紙幣驅逐殆盡，於是各商店紛紛發行即期手票，應付零星之支付，法政府並許准各處商會發行小面值之紙幣，於限定地方內流通。又如美國於綠背紙幣之時代，其金銀實幣缺乏之程度，至迫美政府發行面值二角半之紙幣，供民間使用。由此觀之，一國如發行過多不兌換紙幣，不止金銀主幣，將逐漸絕跡，即輔幣亦有被驅之危險，而陷交易於重大不便也。

乙　對於物價之影響

不兌換紙幣，對各種物價皆有絕大影響，但其中有緩速之等差，茲以此為標準，分類論述之。

(一)外匯之價格　不兌換紙幣影響外匯行市最速，蓋因匯兌市場乃最有組織及消息最靈通之市場之故。一國發行不兌換紙幣，外幣匯價，必日趨升漲。以下二圖，一為英國一千九百十四年至一千九百二十四年之時期內美金匯價之趨勢，一為法國一千九百十四年至一千九百二十七年之時期內美金匯價及法蘭西銀行鈔票流通額之比較。觀該兩圖，當大戰期內，英鎊及佛郎與美金之比價，雖皆在匯兌平價下，然尚為穩定，無大升落。蓋是時英法政府皆力維持匯價，故克若是。一千九百十九年後，停止維持政策，而金鎊及佛郎價率，便依自然之傾向，一落千丈矣。

(二)現金之價格　不兌換紙幣增加現金之價格。當不兌換紙幣時代，現金成為價格時漲時落之一種貨物。

例如美國當綠背紙幣時代，紐約組織有一現金市場爲現金之交易，其價格之漲落靡定，亦有如一班證券之交易

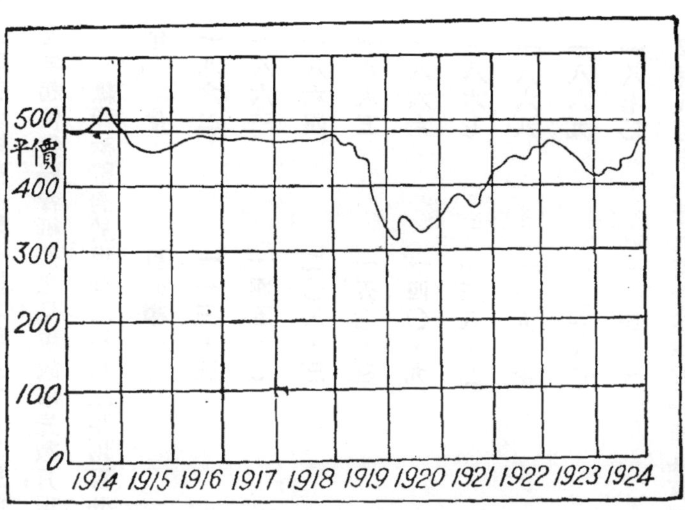

英國一九一四年至一九二四年美金匯價圖

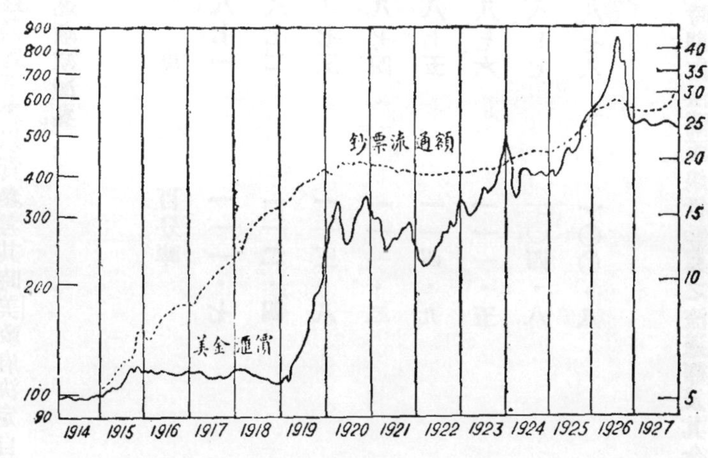

法國一九一四年至一九二七年美金匯價與法蘭西銀行鈔票流通額圖

也。世界大戰時各交戰國幾無一不禁止現金之買賣及出口，故其外匯行市，不能正確表示紙幣與現金間之比價。

但吾人幸有以綠背紙幣合價之現金價格之統計，甚爲正確，茲列爲下表，以資參考。其時美政府決定自一千八百七十九年起恢復綠背紙幣之兌現，故事先數月，現金貼水，即逐漸減滅矣。

綠背紙幣對於現金之貼水之平均百分率表

年度	百分率	年度	百分率
一八六二	一一三·三	一八七一	一一一·七
一八六三	一四五·二	一八七二	一一二·四
一八六四	三〇三·三	一八七三	一一三·八
一八六五	一五七·三	一八七四	一一一·二
一八六六	一四〇·九	一八七五	一一四·九
一八六七	一三八·二	一八七六	一一一·五
一八六八	一三九·七	一八七七	一〇四·八
一八六九	一三三·〇	一八七八	一〇〇·八
一八七〇	一一四·九		

又吾人可自一千九百十四年至一千九百二十七年之時期內法蘭西銀行鈔票之流通額及其金值，上以見

不兌換紙幣對於現金價格之影響。茲將該項統計編爲下圖，以資參考。觀之可知不兌換紙幣發行額愈大，則金價愈漲也。

（三）物品之價格　一國發行不兌換紙幣，必致金幣外流，結果或使世界物價平線發生變化。但屆金幣被驅已罄，如不兌換紙幣尚增發不已，則其影響轉而集中國內，不復涉及外國。於是國內物價將澎漲飛騰，如火燎原，不可向邇矣。物價變更，社會財富之分配定隨之發生變化。苟各種物價之增加同其遲速，同其大小，則爲害尚淺。但不幸各種物價之騰翔，至參差不齊，有速者，有緩者，有大者，有小者也。下表爲德國一千九百二十一年至一千九百二十三年之時期內批發物價與生活費增加之程度，內有二點至堪注意，即（一）一千九百二十三年批發物價比生活費約高百分之四十，（二）兩者增加之率均至偉速可駭。吾人試閉目一思維持同樣之生活程度，一千九百十三年八月至次年七月需費一馬克者，一千九百二十三年十二月竟需費一萬二千四百七十萬萬馬克，能不目瞠心駭乎。奧國物價之升漲，不如德國之甚，而法國英國又遜於奧國。但雖有大小

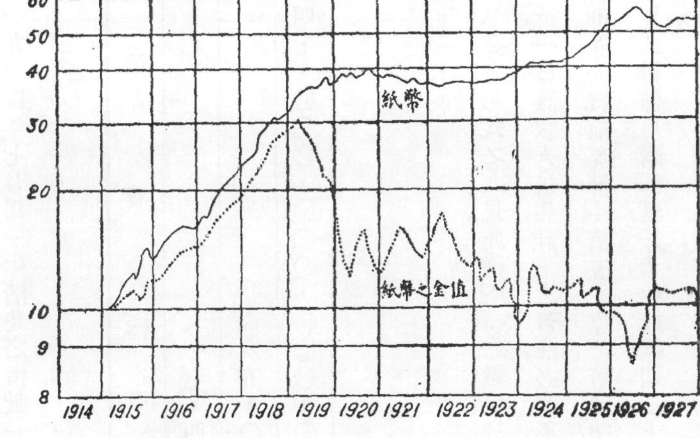

法蘭西銀行所發鈔票之金值

之不同，凡用不兌換紙幣之國家，在此時期內物價均有鉅大之增加，此則一也。

德國批發物價及生活費用指數表（批發物價之指數，於一九一四年七月爲一，生活費之指數，一九一三年八月起至次年七月止之期中爲一。）

年度	批發物價指數	生活費指數
一九二一	三一·六〇	一七·四六
一九二二	一，四四八·〇〇	六八五·〇六
一九二三	一，六一七，八〇〇，〇〇〇·〇〇	一，二四七，〇〇〇，〇〇〇，〇〇〇·〇〇

丙　對於社會財富之分配之影響

各界人民，其最受不兌換紙幣之禍者，厥爲所得完全爲租金或息金之形式之人民。此種所得之數目，於租借契約未滿之時期內，無法使之增加，故斯時若物價騰翔，貨幣之值日低一日，該級人民生計上之苦痛，必有不可言狀者也。不特此而已，本金上之損失，尤可痛心也，請舉一例以明之。當世界大戰前，奧幣一萬五千克蘭，可值美金三千元，以維持奧國一家人之生活，綽有餘裕。而屆一千九百二十三年夏，此數僅可購郵票三十枚，或紙烟三十枝。然則奧人凡戰前做出放款戰後始期滿收回之者，其所受損失，曷可勝言。上例並非極端之例，在戰時濫發紙幣諸國，似此情形，極爲普通也。

薪俸之階級，其處境之惡，亦不亞於地主及投資家。蓋薪俸之增加，恆不及生活費之速，且有歷久不增者。當一千九百二十三年八月，衡以該時柏林之物價，任銀行主任者普通一日之薪俸，實僅敷購一鎊牛油。斯時德國此等人民，皆靠販賣首飾器具等物，以度生活也。

勞動者之地位，略優於薪俸階級，蓋工資之增加，恆較速於薪俸，然亦不及零賣物價之猛。故際政府濫發不兌換紙幣時代，勞動者亦莫不怨聲載道也。

資本、土地及勞工所支配之社會所得，既皆不隨物價共增，則企業家所支配之部份，勢必比前爲大。事實上各國當發行不兌換紙幣時代，贏利之數目及其所占全國所得之百分率，均非常浩大也。然此贏利乃紙幣之贏利，爲保存其價值計，企業家率用其大部份購置器械及建築工場。德國此風最甚。蓋若留紙幣贏利不用，其價值將日減一日，而器械房屋等物之紙幣價值，則日增一日也。

贏利雖增，然人民從事生產之熱誠，並不因此而增。蓋人之從事生產，爲贏利也。贏利係以貨幣量算，而不兌換紙幣之價值，毫不足靠，然則亦何樂於胼手胝足，換此價值毫不足靠之贏利乎。

基於同一原因，於不兌換紙幣本位下，人民之積蓄，亦必不如前之踴躍。蓋苟一元之幣，其明日所能交換之物口，只有今日之一部份，則孰願藏之明日，而不急急用之飲食遊玩，且盡今日之歡乎。故不兌換紙幣深阻資本之積聚，爲害匪淺也。

四　金本位制之恢復

世界大戰既告段落，經濟之恢復，成爲各國之要圖。但恢復經濟，必先有安定之貨幣，於彼時之混亂不兌換紙幣情形下，經濟萬難恢復。一千九百二十二年之日內瓦會議，議決各國宜同恢復金本位制，其後各國之整頓幣制，確均依此。一國自不兌換紙幣本位恢復金本位之方法，不外三種。(一)恢復舊平價，卽按面價收回紙幣，(二)抵賴所發之紙幣，(三)減少貨幣之原來金價，卽折價收回紙幣。三法何者最善，視於一國情形之如何，如外匯之行市，進出口貿易之狀況，國富之大小，政府之勢力，紙幣之流通額，存金之多寡，人民納稅之能力及意願等等。合於甲國者，未必合於乙國，不能一概論也。

五　恢復舊平價之方法

恢復通貨之舊時平價，按面值收回紙幣，政府可以昭大信於天下，卽此一端，已足爲採行該法之說。惟若紙幣發行已久，市價低下，苟如按面價將之收回，在債權者則收鉅利，而債務者則大蒙損失，殊有欠公允。況紙幣輾轉流通，易手次數，不知凡幾，其初受跌價損失者，未必卽今日之持票人，是又不可不察也。採行第一辦法者，可舉英國爲例。大戰爆發未幾，英格蘭銀行卽停止鈔票之兌現，英政府又發行巨額不兌換通貨紙幣，救濟硬幣之缺乏。故雖一千九百十四年之通貨鈔票條例（Currency and Bank note Act of 1914）規定凡通貨及鈔票均得立刻兌換現金；實際上英國自該年起至一千九百二十五年中止，皆處於不兌換紙幣本位制下也。一千九百二十五年四月英政府決定恢復金本位制，頒布金本位條例（Gold Standard Act of 1925）其主要規定如下。

（一）凡以金塊向英格蘭銀行請賣者，英格蘭銀行須依每盎士合三鎊十七先令九便士之比率購買之，不得拒絕。而凡以各種法幣（卽英格蘭銀行鈔票、通貨紙幣及金鎊）向之兌換現金者，必依每盎士合三鎊十七先令十便士半之比率兌換之，但每次兌換，最少須在四百盎士以上。

（二）英格蘭銀行得請造幣廠鑄造金幣，依每盎士合三鎊十七先令十便士半之比率，民衆則否。

英國新幣制之異於舊者，有二要點。（一）英格蘭銀行不復負以金幣兌換鈔票之義務。（二）民衆不得向造幣廠請求鑄造金幣。何以有此異點乎。據當時英國經濟家之意見，行用金幣，雖可鞏固金本位制之基礎，然究竟甚不經濟。戰後國用浩繁，各種企業，急需資金，金幣如可節省，當力加節省。且此時人民已慣於紙幣之使用，儘可繼續使用紙幣，只須銀行有充量之準備金，紙幣便有充分信用，可不至跌價。如是民衆既不至吃虧，而金幣又可集中於銀行爲準備金，用於經濟用途。此所以英國廢除鈔票兌換金幣之習慣，停止民衆直接要求鑄幣之權利，使民衆不易得到金幣，因而節省金幣之流通也。

依此辦法，民衆雖不易得到金幣，然可以鈔票及通貨紙幣向英格蘭銀行兌取金塊，故國際貿易上不至發生困難，而恢復後之金本位制，並不見有何缺陷也。

六　抵賴紙幣之方法

抵賴紙幣之辦法，亦例有可援，德國即是也。德國自開戰後，便不間斷大發紙幣。其初一馬克可值美金二三·八分，其後一元美金竟可換六，〇〇〇，〇〇〇，〇〇〇，〇〇〇馬克以上。於斯情形下，欲歸復馬克之原始金值，萬不可得。故德政府毅然不顧一切，一千九百二十四年改組德國銀行（Deutch Reichsbank）發行一種新馬克，名萊赫斯馬克（Reichsmark），其重量成色與舊馬克相等，規定每新馬克值舊紙幣馬克一萬億，將舊紙幣一概收回。此舉即等於抵賴舊紙幣馬克，自然人民大蒙損失。但德國當時內外患交迫，金融崩潰，有立將破產之虞，實不能顧慮及此。夫一國從事改革，際太平無事之秋，自應從容顧慮理論上之得失，求一最妥方法。於大難臨頭之時，則只得單顧事實上之需要，急圖救濟，縱有不周，亦不能斤斤較計也。

七　減低貨幣之原始金值之方法

減低貨幣之原始金值，折價收回紙幣，其剝削民衆，與不承認紙幣相等。特有百步五十步之差。法國即採用此方法之一者。其初法佛郎含金〇·三二二五八格蘭姆（Gram）成色九成。一千八百二十八年六月恢復金本位，改佛郎之含金爲六五·五米里格蘭姆（Milligram），成色如舊。據此新金值，約一百二十四佛郎可換英金一鎊，此即前是十八個月來法政府所慘澹維持之佛郎匯價。法政府所以改佛郎之含金爲六五·五米里格蘭姆而不爲他重量者，即以此爲據也。

第十章　銀行鈔票

一　鈔票之地位

銀行鈔票者，銀行所發行之有求卽付之不記名票據也。銀行鈔票之地位，有一番沿革當銀行事業之肇始也，一般人咸視發行鈔票爲銀行之首要業務，社會上大有非發行鈔票銀行無存在之可能之心理。故英國之皮爾條例（The Peel Act）對銀行一切他業皆默無所言，獨娓娓於發行鈔票一事，而美國內戰以前所成立銀行，亦無一不以發行鈔票爲成立目的，反視存款，爲無足輕重支票制度發達之後，鈔票之地位日漸淪落，尤於英美二國，有被支票取而代之之概。此時商業銀行咸視存款爲營業之命脈，發行鈔票，殆成無可無不可也。世界大戰發生後因兌現之停止，鈔票幾或各國獨一之通貨，用之旣久，漸成習慣。加以戰後各國經濟凋零，皆主節省金屬貨幣之用，以避勞費，故雖和平已久，而鈔票之用，未見稍衰也。現世界除六七國外，均停止金本位制，一時尙無恢復之朕兆，而管理貨幣之呼聲，又盛極一時，故一二十年之內，鈔票諒能維持其目前之重要地位也。

二　通貨說與銀行說

當十九世紀初葉鈔票問題在英國有一番激烈爭執。當時對鈔票之發行，有兩派主張，一爲通貨說派（Currency principle）一爲銀行說派(Banking principle)。皮爾條例，係根據於通貨說，但至今猶有不少銀行家及學者爲銀行說辯護也。試研究二說之內容。

爲通貨說者以爲政府對於銀行鈔票之權利，須加以約束，不然恐底於濫發之流弊。鈔票爲一般人永久相授受之通貨，輾轉流通於無時間及無訓練以鑑別其良窳之良民之間，又如發行過多，即可引起物價之騰躍。故其發行，必加限制，然後人民方不至無辜受殃，物價方不至澎漲也。限制之道，其法不一，或使發行銀行將其一般資產爲抵押，或使其以特別資產爲抵押，或交發行權利歸某一定銀行獨享，或用其他方法，如此濫發之弊，庶可免矣。發行若無限制，銀行勢將任意發行，造成物價之升騰。物價升騰，則國內市場利於售貨不利於採貨，遂必進口貿易盛而出口貿易衰，金貨日趨外流，結果將成一紙幣本位國家。紙幣本位當然係不良本位，然鈔票發行苟無限制，殆勢所必至。通貨說之理由如此。

銀行派之理論則完全相反。彼以爲苟使銀行負兌現之義務，則於事已足，不必更有何特別監督，蓋銀行既對鈔票須有求即付，則爲本身之利害關係計，必不敢濫發，因發行者多，兌現亦必多也。且銀行之發行鈔票，乃應借款者之需求而起，非得任意爲之。需要消滅，借款歸還，鈔票便將當然流回。然則有需要然後方生鈔票，故鈔票之增減，乃隨商業之數量爲轉移，安至有過多之患乎。銀行說之大要如此。

自理論上較之，銀行說似強於通貨說，但事實上則通貨說佔獲優勝。英國一千八百四十四年之皮爾條例，即依憑通貨說之理論，其他國家之鈔票發行制度，亦莫不帶有限制也。

三 鈔票之要素

一完善之鈔票制度應具下列三要素，(一)平價行使，(二)安全無虞，(三)有伸縮彈性。平價行使云者，謂鈔票能按票額流通無一元祇作幾角行使之事是也。安全無虞云者，謂持票人斷不至遭受損失，縱使發行銀行失敗倒閉，亦可以十足兌現是也。有伸縮彈性云者，謂鈔票之發行額能隨社會之需要爲增減是也。三者俱具，然後發行制度方無缺陷，請次第討論所以致之者之道於下焉。

四 維持鈔票之平價之方法

維持鈔票平價之最簡單及最有效之方法，厥爲使發行銀行有求即須兌現，蓋如銀行有求即付十足現金，鈔票萬不至不能平價流通也。但兌現不當祇在本行行之，必於全國通商鉅埠俱有兌現代理處，方能鈔票在全國各地均平價行使。蓋譬如上海某銀行之鈔票祇可在上海本行兌現，在廈門不能兌現，則在廈門未必克平價行使，因廈門人之欲將之兌現者，必寄往上海，然後又必設法將所兌現款運回，往返之間，勞費不貲也。美國國立銀行(National bank)之鈔票，可在中央國庫兌現，此亦爲維持平價之一法。當然各銀行必先存兌現基金於國庫也。該鈔票又可當法幣繳納某項租稅，而政府之爲某項支付，亦可以之爲法幣。若政府肯受一鈔票爲法幣，不折不扣，人民斷不至不願照其面價行使，故此又是維持鈔票之平價之一法也。

以上祇就平時言之，但銀行不能絕無倒閉之事，倒閉之後，如何可維持其鈔票之平價乎。設不維持，則縱使將來清算後可以如數兌現，而此時折扣行使，持有之者已受犧牲矣。此之法不一。一，可如加拿大一千八百九十年之法律，設立保證制度。原來加拿大各銀行之鈔票，對安全一點，毫無問題，但於一銀行倒閉清算未畢之期間內，其鈔票往往跌價，不能照面額流通。故是年起，加政府制各銀行須合力鳩集一項保證金，專用以贖收倒閉銀行之鈔票。此法實行之後，效果甚著，加拿大銀行即有倒閉者，其鈔票亦不復有折價行使之事矣。二，可立法規定凡倒閉銀行之鈔票，其過若干日未贖回者，即附帶利息。如此則此項鈔票成爲有利之投資，銀行家將爭相搜羅，持票人可隨時持往銀行換現矣。此法亦行於加拿大，效績亦甚佳。三，可使政府爲鈔票之保證人，遇銀行倒閉時出爲兌現。此法之下，通常銀行須繳存證券於政府，以俾其屆時變賣爲兌換之資，美國國立銀行鈔票及聯邦準備銀行鈔票（Federal reserve bank note）之發行，即依是法也。

五　鈔票之安全之問題

鈔票之安全，與其克平價行使，判然爲二物，不可不別。平價行使，謂其能照面值流通，而安全則指其終得一日十足兌現。鈔票有甚安全而不能照面值流通者，此亦如政府公債雖還本毫無問題，而市價則祇數折而已也。所以保鈔票之安全之道不一。或限制發行之權利於中央銀行，中央銀行資產豐足，管理謹愼，且爲衆目所注，其報告書自銀行家以至學子，無不孜孜研究，稍露弱點，便舉國譁然，故非有異常之變，政府橫施迫逼，強使濫發，其鈔票諒不至不能兌現也。或限制鈔票之發行額，使不得超過一定數目，如此則不謹愼之銀行家便不得恣意發行，以至超溢於其資產所勝淸贖之數矣。或與持票人以對發行銀行之一切資產之最優先抵索權，蓋一銀行雖倒閉，鮮有資產蕩然，單以淸償鈔票而不敷者。此雖與存款人之利益大有妨礙，然存款人與銀行之關係，係生於自願，而持票人之與銀行之關係，每生於勢所不得不然，故兩者不能同日語也。或規定銀行發行鈔票，必置特別準備爲擔保，此準備或即讓發行銀行自爲保管，或必交指定機關保管，後者之例，如美國聯邦準備銀行之必以聯邦準備鈔票（Federal reserve note）之準備，交聯邦準備經理人（Federal reserve agent）代管，國立銀行之必以擔保鈔票之公債，交國庫代管是也。或使某機關保證銀行之鈔票負最後兌現之責任，美國國立銀行及聯邦準備銀行之鈔票，率由美政府保證，而加拿大特許銀行（Chartered bank）之鈔票，則由銀行自己聯合保證，是其例也。

現世界主要國家大抵悉已採行單一發行制度，以發行權利歸中央銀行獨享，蓋大多數之思想，悉承認此制下鈔票之較安全也。德國雖除中央銀行外，猶有四銀行享發行權利，然其發行數目，極爲有限，毫不足以妨礙中央銀行鈔票之勢力。美國頒行聯邦準備條例（Federal Reserve Act）後，亦謀統一鈔票之發行，歸之於聯邦準備銀行手，國立銀行之鈔票日漸減少矣。

至於設置準備爲鈔票之擔保之方法，就其曾經各國採用者言之，又可區分爲下述諸種。

（一）單純準備法（The simple deposit method）此法之下，發行銀行須貯與鈔票同額之現金，意大利之古代存款銀行，安姆斯得丹（Amsterdam）及漢堡（Hamburg）之發行銀行，以及倫敦之金匠等，昔時之發行兌換劵，卽採是法。自安全方面言之，此法可稱完善。然鈔票之一切利益，如伸縮彈性及節省現金等，均被剝奪無餘，且發行鈔票徒有勞費而寡利益，誰願爲之。此所以近世不復有採用之者也。

（二）一部準備法（The partial deposit method）此法英國卽其一例，在於某一定數額以下之發行，得以有價證劵及商業票據爲擔保，過此則須有十足現金爲準備。其弊在於過於拘泥，使鈔票不能自由伸縮，以應付社會之需要。例如恐慌發生，通貨需要大增，設此時無可當準備之金貨，則束手無策。英國曾屢驗此，其政府曾數次下令停止銀行條例也。

（三）比例準備法（The proportional reserve method）此法鈔票發行額與現金準備之間，設有一定比例，如三分之一或百分之四十等是，比利時荷蘭等國曾用之。其缺點有二。其一，適當之比例，難於決定，蓋金融情形變化不定，有時二成之現金準備，已有餘裕，有時五成尙嫌不足。今不問時勢之如何，而預設一定比例於其間，其難適合時宜，無待論也。其二，鈔票之伸縮彈性，遭受牽掣，蓋當恐慌之襲，現金之供給，往往難驟增加，有此準備之束縛，則銀行或至瞠目無策，不能應付通貨之增加需求也。

（四）伸縮限制法（The elastic limit method）此法之下，一定數額之發行，只需有價證劵商業票據等之保證準備，超過此限者，則必有十足現金準備，但於非常之時，經該管官廳之許准後，復得作無正貨準備之發行，惟須準之繳納規定之租稅。首採此法者爲德國、後奧地利亞、匈牙利、日本等效之。此法當金融緊張，通貨需要增加之際，發行之額，雖已超過保證準備數額，而銀行祇須照繳租稅，仍得繼續作無正貨準備之發行，以應商業之需要，而此時利息高昂，繳付租稅，並不爲累。迨市面平靜，利息低落，銀行因租稅之關係，無能不亟亟收回增發之鈔票者，故能與商業之需要相呼應，較優於上述各種也。

（五）證券儲存法（The boud deposit method）此法銀行發行鈔票，須以公債存於政府，設銀行破產，不能兌現，則政府變賣公債代兌之，行之者有美國。此法流弊孔多，就其大者言之，有以下諸端。第一，鈔票失却伸縮彈性，蓋其發行額將以公債之供給及價格爲轉移，而不管商業之需要。第二，銀行之倒閉或不能兌現，往往在金融緊張之際方有，而此時證券市價，每呈鉅跌，出賣公債，必爲犧牲。第三，銀行之資金，死藏於公債，不能復以爲貼現放款等業。第四，設有特別事故，政府信用動搖，鈔票即受不良影響。

六　鈔票之伸縮彈性

一完善鈔票制度，應具二種伸縮彈性，（一）平常伸縮彈性，（二）非常伸縮彈性。平常伸縮彈性，謂鈔票之供給，能隨各季節及商業循環之各時代之通貨之需要之增減爲伸縮。非常伸縮彈性，謂其當非常情形下，如當恐慌之時，能頃刻伸縮，以應時勢之需要。茲分別論之。

何以致鈔票之平常伸縮彈性，是莫若使鈔票之發行，根據於商業票據。吾人悉知商業票據之增減，乃隨商業之盛衰爲轉移，而通貨需要之消長，又視商業之盛衰以爲衡。故根據商業票據發行鈔票，鈔票將自然隨需要之消長爲伸縮也。第欲縮減鈔票於需要減退之後，不如擴充之於需要方張之時之易。蓋增發鈔票，權在銀行，兌回鈔票，權在一般持票者，如持票者不將以兌現銀行奚能強迫之。惟不易之中亦有數法可用，以激促鈔票之歸返。此爲限制鈔票之流通區域禁止銀行付出他行鈔票，禁止銀行以鈔票作準備，及不與鈔票以法幣資格等是也。

關於鈔票之非常伸縮彈性。當恐慌或恐慌將現之時，欲擴張鈔票之發行額，可用二法。其一，如有最高發行額之限制，則增擴該額，否則減低法定之鈔票現金準備之百分率。前者英法等國屢行之，後者德美等國現奉爲規律。其二，增進鈔票之地位，如政府認之爲其債務等類。蓋當恐慌之時，人民或不願受普通銀行之鈔票，若政府出爲擔保，則可無此慮也。至於促速此非常發行額之收回於恐慌之後之方法，莫若按該鈔票距發行日期之遠近，而科以累進之發行稅。蓋有此稅，除非有迫切之需要，銀行必不願意增發鈔票，亦必亟亟設法收回之於需要消落之後，以避免其擔負也。例如美國一千九百十四年根據奧德立赤甫里蘭法規（Aldrich-Vreeland Act）所發行之臨時鈔票，凡發行一個月之久者，須納周年五釐之稅，此後每多流通一個月，則稅率增加一釐，以達於周年一分爲限。於該年之冬，是項鈔票之發行額達十萬萬元美金左右，次年末卽銳減，又次年末竟完全收回，說者皆謂此乃完全因於有稅也。

七　鈔票之利益

鈔票之使用，有數利益如下。

（一）節省金銀之使用　金銀爲貴重物品，得之匪易，須耗巨費。今有鈔票，則金屬硬幣，可以少鑄，而貨幣上金銀之需要，可大大節省。於是世界資本勞力可由開採金銀礦方面移一部份於其他較有利之用途，有造於生產事業匪淺也。

（二）減省硬幣磨損之損失　金屬硬幣，既經節用，則其磨損之損失，自然減少，無待論也。

（三）搬運之輕易　金屬貨幣，笨重難搬，而鈔票則輕便易挾，我國宋朝交子之發行，卽因鐵錢過重。俄羅斯一千七百六十八年發行紙幣，亦因當時銅幣太重，不便行使之故也。

第十一章　黃金之移動

一　起語

大戰以來，世界黃金發生極劇烈之移動，造成至不平均之黃金分配之情況，醞釀而有金本位制之崩潰。黃金移動之原因爲何、有何法可以制止其移動、及其此次移動之程度如何，斯厥吾人所欲知者，茲於本意述之。

二　黃金分配之狀況

黃金分配之不均及其大戰來移動之程度，可自啓秦氏(J. Kitchin)所製下表見其大略。

各國存金表(單位一百萬美金圓)

國別	一九一四年			一九三一年		
	在中央銀行及國庫	在流通中	共計	在中央銀行及國庫	在流通中	共計
法國	六七九	一，〇二一	一，七〇〇	二，〇九九		二，〇九九
德國	二九六	六九九	九九五	五四四		五四四

英國	一七〇	六〇〇	七七〇	七二二	八	七三〇
美國	一，二九〇	六三四	一，九二四	四，二二五	三六八	四，五九三
南美各國	三四四	七六	四二〇	五五〇	一四	五六四
日本	六七	一九	八六	四一二		四一二
世界	四，八一一	三，八一八	八，六二九	一〇，九〇五	六四一	一一，五四六

又據啓秦氏，大戰來吸收現金最多之國凡五，卽美、法、瑞士、荷蘭、比利時是。美之吸收世界黃金，多在一千九百二十四年前，法多在一千九百二十八年恢復金本位制後，而其他三國則其現時所藏現金之半數乃於一千九百三十一年中得之。當一千九百十三年，世界藏金共九萬八千九百萬鎊，五國合計共得四萬三千五百萬鎊，佔全體百分之四十四。大戰停止時，世界藏金爲十五萬三千三百萬鎊，五國共得七萬八千九百萬鎊，佔百分之五一．五。一千九百三十一年末，世界之黃金爲二十二萬九千四百萬鎊，五國共得十六萬二千六百萬鎊，佔百分之七十一。觀此統計，現金集中之現象昭昭若揭。除美國外，吸收現金之國，卽爲維持金本位制國，其喪失現金者，均停止金本位制。

一千九百二十九年至一千九百三十一年，上述五國吸收之黃金，共計五萬一千六百萬鎊，法得二萬九千六百萬鎊，瑞士得七千二百萬鎊，美得六千四百萬鎊，比利時得四千七百萬鎊，荷蘭得三千七百萬鎊。各該國在此時期內新獲之黃金與其在一千九百二十八年底之藏金額相較，其增加之百分率，法國爲百分之一一五，瑞士爲百分之三四三，美國爲百分之八，比利時爲百分之一八一，荷蘭爲百分之一〇三。此三年中，除俄國外，世界其他國家所喪失之黃金達三萬零三百萬鎊之多。

三　黃金移動之原因

現金移動之原因，至多不一。其於產金國家，如南非洲亞拉斯加（Alaska）等，每年必有鉅金輸出，此乃事之自然，無足怪者。除此之外，其引起鉅金之移動之最大原因，常爲不兌換紙幣之發行。例如英國當一千七百九十七年至一千八百二十一年停止兌現期內，美國當綠背紙幣時代內，德國當紙馬克時代內，皆有鉅金出口也。一國如貿易差額失其均衡，久之不利，亦常引起現金之移動。大戰中美國所獲之金，大部份乃係歐洲諸國以付軍火、糧食、材料等物之代價者也。一國自銀本位改採金本位，或自不兌換紙幣本位恢復金本位，常須購進鉅金，以充實準備。例如日本於採用金本位先，盡以中日之役中國之賠款，作購買現金用，德國於恢復金本位時，借外債八萬萬金馬克以購買現金。此時國際間之必有現金之移動，可想而知也。當恐慌之際，一國每運入現金，以鞏固幣制，擴充信用，救定人心。例如美國一千九百零七年之恐慌，其初曾試行種種救濟方法，俱無大效，卒待向歐洲輸入九千餘萬美金元之現金，恐慌始漸平定。最近國際間之發生鉅額現金之移動，一大半亦由於各國之經濟之恐慌也。如民衆對一國之貨幣或政治情形，發生不信任心理，則斯時該國之資本必滔滔外遊，因而引起現金之移動。當一國利率升騰遠高於他處之時，亦可引起現金之移動，蓋此際外人或利其高利率，而將資金運入投資故也。除上述經濟原因外，國際現金之移動，常含有政治背景，則其緣起更爲複雜紛紜，不能衡以一定之理論矣。

四 黄金移動之約制

前曾云在於中央銀行之現金，乃一國信用之基礎。於美此則爲聯邦準備銀行之存金，於英爲英格蘭銀行之存金，於法爲法蘭西銀行之存金，以此類推。苟一國現金滔滔外流，存金日減，則信用制度有崩潰之虞，而須設法阻止之或吸收現金。普通所用方法，爲提高中央銀行貼現利率。利率增加，則凡利率較低各國之銀行家或資本家，其有資金在此者，當不急急於提回之，蓋以之出借於此，較爲有利之故。其有剩餘資金者，亦可誘之將資金移到於此。既可以撓止現金之繼續外流，又足吸引現金之輸入。英格蘭銀行當一千九百二十五年，卽用是法也。是年四月英格蘭銀行恢復兌現，始有支付準備金約百分之二十二，但兌現恢復後，現金便不斷外流，以至該百分率減至甚低。於是英格蘭銀行提高利率，使紐約銀行家移其資金到倫敦出貸成有利。果結果如響斯應，約三萬萬美金元流入倫敦云。

提高貼現利率尙能引起他種影響，以吸收現金，卽使有價證券跌價是也。有價證券之交易，大部份係爲投機交易，投機家以購買證券之資金多自銀行借來。當利率升騰之際，投機家必比較不願意借款。於是證券之需求減少，其市價必隨之下跌。於此外國投資家見其便宜合買也，必有心癢眼熱者。苟果前來購買，則本國對外國獲得要求現金之權，可以利用之以充實金準備矣。

但提高利率之有效，必以各國同採金本位制爲前提。苟一國不兌換紙幣充斥，其價値日趨於跌，則雖高擡其利率，外國銀行家亦不願將資金匯至，蓋恐將來收回之時，反不能換到此際所匯往之數目之本國貨幣也。又苟他國羣維持金禁，則擡高利率亦不能吸收若干現金進口也。

阻止現金外流之第二方法，爲禁止外人之在國內發行債劵。如倫敦等國際金融市場，外人常在彼發行債劵。苟發行之後，卽將所得賣價變爲現金提去，則英格蘭銀行之金準備，將立呈外流，其勢甚現。卽使此時不提去現金，經理發行之投資銀行家亦須出而收買發行者之國之匯票，將款匯往。此足使倫敦市場該國之匯價趨於升漲，該國市場英鎊之匯價趨於下跌。於是該國之擁有倫敦匯票者，將要求運送現金，蓋將匯票出賣比較不利之故，而英格蘭銀行之金準備，至此亦不能免外逝之患矣。故當情勢嚴重之時，一國或須公然禁止外人在本國發行證劵，或暗中示意銀行家使停止爲外人經理發行之事。當一千九百二十四年及一千九百二十五年，英格蘭銀行之曾採用後法無疑也。

金匯兌本位制之施行，亦可減少現金之外流，故戰後各國多採之。一國採行斯制，要在使外國匯票之價格，常在現金輸送點以下，如是進口商之須對外爲支付者，斷無不買外匯而輸出現金之理，故現金之外逝可望減少。但此制之下，各國中央銀行之收買鉅額外國匯票，以當準備金之一部，及其儲存鉅款於外國，實亦爲國際現金大移動之媒。蓋設有經濟恐慌，或國際上發生何變故，則金匯兌本位國或競將其所執之外國匯票兌爲現金而提回之，因而引起更嚴重之局面。一千九百三十一年國際現金之移動，卽半以此也。

阻止現金外流之最後手段，爲禁金出口，英國此次之停止金本位，卽其一例。英國自一千九百二十五年解除金禁之後現金不斷外流，爲數甚鉅。結果倫敦之自由金市完全動搖，英格蘭銀行之金準備發生危險徵象。英國之宣布金禁，爲一千九百三十一年九月二十日事。前此四日之間，流外之現金達三百五十一萬鎊而强。十六日爲三十四萬七千鎊，十七日爲四十八萬一千鎊，十八日爲一百七十七萬七千鎊，十九日爲九十萬零八千鎊。十六日之後，英鎊價値呈現動搖，不能維持對美平價，爲恐現金因此外流更甚起見，二十日遂又宣佈金禁矣。

第十二章 貨幣之價值

一 貨幣價值之意義

貨幣學中最繁難之問題，厥爲研求貨幣價值之變化之原因。於討論此問題先，吾人須曉悉貨幣價值之意義及糾正數錯誤之解釋。第一貨幣之價值，不指短期貸借之利率。普通銀行家談貨幣價值時，每指短期貸借之利率，此於事固無妨礙，然其係誤解則不可諱也。第二，貨幣之價值與其價格有別，不可混爲一致。貨幣之價值，時有變動，而貨幣之價格，則定諸法律，非法律修改，絕不變動。例如我國二六·六九七一公分成色八成八之銀，不論何時，皆得購換一元銀幣，非政府再修改銀本位幣條例，此價萬不至變更也。第三，貨幣價值變動之徵象及其原因，每被視爲一物，不可不辨。吾人常聞人言物價騰貴，以此貨幣跌價，此實大謬。物價之騰貴，乃貨幣跌價之徵象，而非其原因。吾人以物價計量貨幣價值之變動，而物價之變動，並非基於學理之事情，安得視爲貨幣價值變動之原因哉。

簡單言之，貨幣價值，卽貨幣之購買力是也。凡物皆含有一數量之價值，其多寡吾人卽以貨幣衡之，以元、角、分等權衡價值，亦有如以斤、兩、錢等量算輕重也。於上海，民國十五年可以一百元購得之貨物，二十年須以一百二十六元七角，二十一年一月須以一百十九元九角。此乃根據實業部所編製之物價指數，可表示上海貨幣之價值，或購買力，民國二十年不如十五年，二十一年一月亦不如十五年，但較高於二十年也。

二　貨幣價值之絕對變動與相對變動

貨幣之價值，有絕對之變動，與相對之變動之別。物價基於貨幣方面之變化而生變動者，謂之貨幣價值之絕對變動。其爲跌勢也每因於貨幣供給增加，致使人民視之不若先前之重之故。大戰時德、奧等國物價之騰翔，乃因於不換紙幣之濫發；十八世紀末葉世界物價之增加，厥由於南非洲、克龍帶克等處金礦之發現，是皆貨幣價值之絕對變動之例也。

物之價值，亦可因貨物本身發生變化而變動也。斯種變動，可謂之貨幣價值之相對變動。於此人民重視貨幣如前，但對貨物之觀念變更，故願以較多或較少貨幣交換同量之貨物。貨物價值之高下，除原因乎貨幣者外，可以致成於多種其他事情，如政治上及社會上之革命，新地方之墾殖，市場之擴充，人民嗜好及時尚之變遷，機器及較優製造方法之發明，運輸勞費之減省，原料產源之發現等等。美國於一千八百七十三年之恐慌後，物價大落，乃由於密士失必江（Mississippi River）流域各地之墾殖，橫東西大陸鐵路之建築，鋼鐵製造方法之改良，及蘇彝士運河（Suez Canal）之開放，致貨物產量大增之故，是卽貨幣價值之相對變動之一例也。

由此觀之，物價之變動，有原因乎貨幣者，有原因乎物品供求之關係者。今如不細辨乎此，當物價之發生變動，惟於貨幣方面孜孜考求原因及補救之道，鮮有不至於誤者也。

三 貨幣價值變化之測度

通常用以測度貨幣價值之變化者爲指數(Index number)指數者，一表示某幾貨物之價格之變化之數也。吾人可編製指數充多種用途，如預測商業之將來，量度證券市場交易之數量量度生產之數量等等。其編製之法，依用途而異。故若以供某用途之指數，移以求他目的，其所得結果未有能正確者也。

編製測度貨幣價值之指數之法，第一步先定一定時期爲標準時期，然後選擇該期內若干種貨物之價格作爲基本價格(Basic price)各命爲一百。第二步將所欲比較之時期內同種貨物之價格，各各與基本價格相比，即以基本價除時價，一一求其百分率。第三步，再將所有之百分率一一相加，而除以貨物之數，其結果便爲指數。例如基本米價每石爲二十元，而時價爲三十二元，則相比之百分率爲百分之一百六十。又如嗶嘰之基本價格爲每碼五元，而時價爲三元五角，則相比之百分率爲百分之七十。此項每種物價單獨相比之百分率謂之比價(Relative price)。如比較之貨物祇此兩項，則平均計算，其得數爲百分之一百十五，是即爲指數也。

再假定民國十年糖價爲二角一斤，白煤價爲十六元一噸，猪肉價爲四角一斤，羊毛價爲三角半一磅，麥價爲一元半一斛，民國十一年糖價減爲一斤一角，白煤價漲至十八元一噸，猪肉價降至三角一斤，羊毛價爲三角一磅，麥價爲二元一斛。吾人如以民國十年爲標準時期，則該兩年之物價指數，有如左表。

簡單之算術均數指數表

貨別	民國十年		民國十一年	
	基本價格	基數	時價	比價
糖每斤	$ .20	100	$ .10	50
白煤每噸	16.00	100	18.00	125
猪肉每斤	.40	100	.30	75
羊毛每磅	.35	100	.30	86
麥每斛	1.50	100	1.00	67
		5)500		5)403
		100		80.6

據上表物價之指數，由一百減至一百之八十又五分之三。以祇包含五種物品之指數，一年之中，降百分之二十左右，殊不少矣。

上表僅包含五物品，若包含五十物品，則所得之指數，當更精確。若包含五百物品，則尤精確矣。但此乃以所擇物品能顯示物價之變動並能代表其同類貨品之性質為前提，不然數目雖多，無所用也。

上表之指數乃簡單之算術均數(Ariithmetical average)。此種指數有偏重巨數及物價之騰翔之弊，故又有用幾何均數(Geometric average）者，用中間均數（Median）者，用調和均數（Harmonic average）者。衆物價相乘，再以其項數求其根數，所得者卽幾何均數也。衆物價排列自小至大，其最居中之一數或兩數之均數，卽中間均數也。各物價反數之和除其項數，其結果卽調和均數也。茲設例以明之。假定五日中棉花之價為每磅五分、六分、八分、九分、十一分，則依算術均數，其價格為七分八釐，依幾何均數為七分五釐，依中間均數為八分，依調和均數為七分二釐。幾何均數計算手續比較繁難，且側重微小之數。中間均數，計算固易，然每與實際物價相距甚遠，且不易操縱。調和均數，惟當諸物價中低者居多數高者居少數時，較爲適用。雖然，適用之問題，究不視乎各種均數數學上之性質，而在於用者之經濟上之目的之爲何。由數學上之性質而論，四者殆無一不有缺陷也。若兩時期中各物之價格，相差不遠，吾人欲決定購買同量物品各需貨幣若干，則算術均數最爲適宜。若吾人欲計算貨幣對於一羣物品之購買力，而不顧各物數量比例之大小，則幾何均數最爲適用。若在一羣物價中，變動小者居多而變動大者甚少，則調和均數用之最宜。

各種物品之重要，不盡相同。有產量大者，有產量小者，有消耗多者，有消耗寡者。今若取小麥與胡椒同列入物價表中，毫不區別其輕重，則所得結果必失物價之眞像，殆無足疑，於是遂有加權(Weighing)之辦法。加權者，權衡各物品之輕重，而乘其比價以相當之數之謂也。設假定吾人費二倍於購猪肉之數以購糖，四倍於購猪肉之

加權後之物價指數表

貨別	民國十年			民國十一年		
	權數	基數		時價	未加權時比價	加權後之變化
糖	2	.20	200	.10	50	100
白煤	4	16.00	400	18.00	125	500
猪肉	1	.40	100	.30	75	75
羊毛	2	.35	200	.30	86	172
麥	3	1.50	300	100	67	201
	12		12)1200			12)1048
			100			8733

數以購白煤，二倍於購猪肉之數以購羊毛，三倍於購猪肉之數以購麥，則按加權方法，糖之比價，乘之以二，白煤之比價，乘之以四，羊毛之比價，乘之以二，麥之比價，乘之以三，其所得結果，有如上表。

據上表，物價指數自一百落至百分之八十七又三分之一，較再上一表少跌約百分之六有奇。該兩表所用物品及價格完全相同，是則其指數之差異，全由於加權所致也。

四　貨幣價值之決定

貨幣之價值，亦如其他貨物之價值，乃定於供需之原則，第影響貨幣之供需之情形，比較複雜，故略加以討論。需要者，謂願欲一物並且有力量購買之之謂也。貨幣之需要，可以人民所肯以交換之之貨物或服役之數額計量之。貨幣之需要係有限制，並較他物為甚。鐵麥等物其為用不一而足，貨幣則除以充交易之用外，無他何重要用途也。人之營求貨幣，即為可以交換他物之故。西哲曾云，貨幣除以供揮霍外，毫無他用，非過言也。

黃金之需要其源有二，一為工藝方面，一為貨幣方面。黃金耗於工藝者多寡，無從確計，惟據啓秦氏（J. Kitchin）於經濟統計評論（Review of Economic Statistics）第八卷第三號所發表之論文，一千九百二十年初至一千九百二十四年末，全世界產金三萬五千八百萬金鎊，內八千七百萬金鎊，係耗於工藝用途。又謂自一千四百九十三年至一千九百二十四年，全世界共產金約一百萬萬美金元，內耗於歐美工藝方面者約百分之三十一，耗於印度工藝方面者約百分之十五，耗於中國與埃及工藝方面者約百分之二。據此計算，則此時期內約百分之四十八之黃金，乃用於工藝方面也。

貨幣方面黃金之需要，不祇包含交易媒介之需要，並亦包含準備金及備以爲將來交易之貯藏價值之需要。交易媒介之需要，視交易數量以爲衡，特吾人須記信用亦重要交易媒介。交易數量，又繫於多種情形。通常人口增加，商業數量必隨之增加，但人口繁密而商業清淡，人口稀少反商業隆盛者，亦時有之。貨物產量增加，交易數量通常亦必增加，因而增加貨幣之需要，惟此增加，可因信用擴充而減殺。商業組織改良，使介於生產家及消耗者間之中間人減少，則貨幣之需要，可望減少。而分工制度行之愈厲，愈增依靠他人爲生之人數，其勢必使交易媒介之需要增加也。

又一影響交易數量及貨幣需要之事，爲貨幣之流通速度，卽貨幣在一年或一時期中交換貨物之次數。假定商業數量及物價平線均無變更，如貨幣流通速度增加，則祇需較少貨幣，便可處置該定數商業，反之如貨幣流通速度減退，則必有較多貨幣也。然商業數量，非爲不變。商業亦有流通速度，此乃視商情、民好、立法、收穫、及衆多他情形爲轉移也。

貨幣流通之速度，各處快緩不同。例如法、荷等國，因信用機關未甚發達，加以人民節儉成風，窖藏貨幣甚多，故貨幣流通之速度，遠遜英美。事物之足以轉移貨幣流通速度者，又有交通之情形，人口之增減，貨幣之多寡，商業之盛衰，以及鑄之是否合用，人民所得之豐薄等等。

信用制度發達，及票據之行使普遍，則貨幣之需要，可以減少。在信用制度發達之社會，當交易媒介需要增加之時，其救濟之方法，通常首着手於增加及改良信用機關。信用制度愈擴充，則用爲準備金之貨幣，愈佔重要部份。

以上所述者，爲貨幣之需要，現請論其供給。影響貨幣供給之情形，比較影響其需要者簡單遠甚。要而言之，金屬貨幣，在無限鑄造之制度下，其供給終久係視其邊際生產成本爲轉移，強行貨幣則視發行政府之意指也。

資本勞工，常奔趨於利益最厚之事業。苟一貨物賣價高昂，獲利優厚，資本勞工，必不脛而至，爭爲製造，馴致供給日增，價值減退。反之，苟一物之價值，落至於其成本下，生產家勢定抑減其產額，由是供給漸少，價值復升。由此言之，凡物之價值，定趨向與其成本相等，成本與供給間，有密切關係，此之謂成本原則，金銀之供給，亦不能逃此原則也。當夫金銀價值升漲，則開採金銀之利增，人民爭趨斯業，而金銀之供給，遂日漸增加。反之，當夫金銀跌價，則邊際生產家，首停止開採，資本勞工，日以引去，而供給遂漸減矣。

吾人須辨別貨幣之供給與貨幣效用或貨幣價值之供給。貨幣之功用，係隨其價值爲增減，此爲貨幣特有之點，他物無之也。以小麥爲例，言小麥之價值，係生於其滋養功用，此種功用，毫不隨小麥之價值爲增減。設一斗小麥，價值一元，可食一人，則即其價增至二元，仍祇可食一人，並不因其價值之增倍而能食二人也。貨幣則不然，其功用係視其價值爲轉移，價值愈大，則所能交換之貨物愈多，故貨幣價值之變更，其影響較任何物之價值之變更皆大，蓋因其對一定量貨幣供給之功用，立時發生影響也。

貨幣價值或功用之供給，係貨幣需要之結果，與貨幣單位數目之多寡無何關係，而常趨向與其需要相等。質言之，社會上所願欲之數目之貨幣價值，係無時不在，蓋因其乃產於需要。設一社會之人口財貨，增多一倍，需要加倍之貨幣，可並不須增加貨幣之供給，蓋此時已有貨幣之價值，能增加一倍，即物價減跌百分之五十是也。

五　貨幣數量說

關於貨幣價值之問題，有一極重要學說，即貨幣數量說（Quantity theory of money）是也。該說謂貨幣之價值，如其他情形無變，乃比例於其數量爲增減。數量增則價值落而物價升騰，數量減則價值增而物價降跌。創斯說者爲陸克（J. Locke）約翰老（J. Law）孟德斯鳩（Montesquieu）休母（D. Hume）哈利斯（J.Harris）等和之，米爾（J. S. Mill）亦信此說者也。

貨幣數量說之初倡也，頗爲學者所推崇。歷史學派勃興後，一時殆無顧及之者。迄於近年，經斐夏教授（Prof Fisher）之推闡及提倡，復形活動。據斐夏氏，貨幣之價值或物價平線，乃視於以下五事，即（一）在於流通中貨幣之數量，（二）該貨幣之流通速度，（三）存款通貨，（四）存款通貨之流通速度，及（五）貿易數量。此五者之與物價之關係，斐夏氏以左列方程式表示之。

$$MV + M'V' = TP$$

上列方程式，M係代表貨幣，V代表貨幣之流通速度，M′代表存款通貨，V′代表存款通貨之流通速度，T代表貿易數量，P即物價。如貨幣就其廣義觀之，則右列方程式又可縮爲下列方程式。

$$MV = PT$$

據上方程式，物價與貨幣及貨幣流通速度之增減爲正比例，與貿易數量之增減爲反比例。故如他事情毫無變化，則物價乃隨貨幣之數量而騰落。此爲斐夏氏理說之大要，亦謂新貨幣數量說也。

爲貨幣數量說者，舉有各種事實以證實其說。例如十六世紀物價之變化，則以爲係因於南美及墨西哥銀鑛之發現與夫鉅量新銀之流入歐洲。十九世紀中葉物價之升騰，則以爲係因於舊金山及澳大利亞金鑛之開採。一千八百七十三年至一千八百九十六年之期間中物價之萎靡，則以爲係因於黃金產額之不能追步貿易而增加。世界大戰前二十五年中物價之高漲，則以爲係因於南非洲及克龍帶克（Klondick）金鑛之發現。總而言之，貨幣數量派乃以貨幣與貿易數量之增減之比較，爲物價變化之獨一解釋也。

六　貨幣數量說之缺點

(一)上云貨幣價值有絕對之變動，有相對之變動，貨幣數量說祇承認絕對之變動，置相對之變動完全於不顧，此其缺點一也。

(二)貨幣數量說假定貨幣數量，祇影響物價，殊不知貨幣數量之增減，與其他情形，亦有關係，尤於其流通速度及貿易數量爲然。換言之，貨幣數量如有增減，則其他情形，亦不得不受其影響而變動。此貨幣數量說之缺點二也。

(三)衡以最近之事實，貨幣數量說之不能實用，更彰明較著。例如法國自一千九百十八年十一月至次年三月之間，紙幣發行額不斷躍增。據貨幣數量說，物價應亦隨之比例增加。然躉售物價，並無升漲。反之，自一千九百十九年十一月至次年七月之間，紙幣發行額並無何變化，而躉賣物價，乃呈偉大之增加。又如英國，自一千九百十七年末至次年末之間，紙幣增發甚多，然躉售及零售物價，均無何升漲。反之，當一千九百十九年減縮紙幣發行額之際，物價竟呈鉅增。又如據國際聯盟會之統計，自一千九百十九年起至一千九百二十二年止，各國物價之跌降，大抵皆在於其減縮通貨數量之先，於英、美、法、西班牙、瑞典、南非洲、日本等國，爲象尤著。以日本言，迨一千九百二十一年底，始停止增發鈔票，然物價自一千九百二十年正月起，便已開始下降。該時其物價指數爲百分之一百十一，至一千九百二十一年十二月，降至百分之七十二又三分之二。又如自一千九百十九年至一千九百二十二年，各國通貨數量及物價均傾向減勢，但物價之減遠甚於通貨數量。若以一千九百十九年之指數爲一百，則於一千九百二十二年末，通貨數量之指數，瑞典、加拿大約爲百分之八十，瑞士、新西蘭、奧地利亞、丹麥約爲百分之九十，法蘭西、荷蘭約爲百分之九十八，日本、南菲洲、西班牙則最後反較一百略高。反之，物價之指數，瑞典、英國、丹麥、荷蘭降至百分之五十至五十五之間，南菲洲、日本降至百分之六十左右，美國、加拿大降至百分之七十左右，法國、西班牙降至百分之八十左右。是物價之降，皆較通貨數量爲多也。又如德國，若以其一千九百十九年指數爲基數，則一千九百二十二年十二月其物價指數升至一八，三七七，而物價指數，僅升至二五八七。其相差如是之鉅。再其紙幣發行額自一千九百二十三年二月至同年四月，幾增兩倍，而物價不特無增，且反傾趨跌勢。又如美國，自一千九百二十年五月起至一千九百二十四年十二月止，國內存金約增百分之七十三。其有報告到聯邦準備委員會之會員銀行之活期存款，約增百分之十四，在此情形下，躉售物價，匪特無增，反跌落約百分之三十七。又如捷克，其戰後貨幣改革政策大致係奉貨幣數量說爲規律。然當厲行減縮通貨之際，物價反竿頭日上，於一千九百二十年末其指數達一五〇〇之高。反之，於其紙幣發行額達一百二十億克郎（Crown）之最高點時，物價乃起始下降，其下降速度，遠甚於紙幣發行額。又如奧國，其紙幣發行額，當一千九百二十二年九月至一千九百二十三年底，增加三倍。然此時其物價之升騰，並不加甚於同時貨幣數量無大升落之國家。觀上述諸事實，物價與貨幣數量之關係，殆與貨幣數量說之理論背道而馳，然則貨幣數量說之不足盡信明矣。

（四）貨幣數量說所謂銀行信用與貨幣之增減爲一正比例一節，亦未能令人深信，試舉一事實衡之。美國各聯邦準備銀行於一千九百二十五年六月之最後星期五，共有剩餘準備金十七萬萬美金元左右，放款七萬萬美金元左右。此較一千九百二十年十二月之最後星期五，放款少二十三萬萬，而剩餘準備金則多三倍以上，是與貨幣數量說之理論，枘鑿不相入。固吾人不能執一例以概論一切，但若必謂貨幣增加，銀行信用定隨之增加十倍左右，貨幣減少，銀行信用定隨之減少十倍左右，如貨幣數量說之持論，則未免武斷過分，此又貨幣數量說之缺點也。

（五）不兌換紙幣之價值，一大半乃視於人民對之信任如何。昔美密恰爾教授（Prof. Mitchell）曾對綠背紙幣問題，下一番詳盡研究，據云該紙幣之價值，有視以下數事，（一）其數量之增減，（二）國庫之盈絀，（三）政府借款能力之大小，（四）財政要員之更動，及（五）軍事之勝負。蓋五者皆對人民之信任心有鉅大影響也。是數量特衆影響中之一，今貨幣數量說專以之決定貨幣之價值，未免偏傾過甚也。

七　物價變動之何以生有騷擾

物價變動之所以引起騷擾者，有四大原因。一曰信用之使用，一曰生產之需時，一曰物價變動之不劃一，一曰信任及恐慌之心理之作用，茲分別述之。

使人無借貸之事，則物價之變動，所影響尚小。但今日社會上債權債務之關係，非常複雜，故物價每有升落，債權者債務者間之關係，卽因以變動。其增也，則債權者收回之價値，不及其所借出者之大。其減也，則債務者償還債務，須付出遠大於其所借入之價値。故物價無論係增加或減少，定有一方面受損失，此關於信用之使用者一也。

農民借款以爲工作資本者，如穀價跌降，必甚爲意爽，蓋其還債能力，日以減落故也。其損失之重，實際上有如前借入一百斗穀而現歸還一百斗，須用較大之斗以爲量。製造商之假借款項，其情形亦無異於上述農民。製造商必需相當時日，以週轉其資本，換言之，卽自借款日起必經過若干時後，方有製成品可資變賣。今若在此時期內，物價平線變動，其產品價日以跌，則其所收利潤，卽不及其所希望者之多，而其還債能力，遂因此橫受打擊矣。故生產之需待時日，亦乃物價變動之所以引起騷擾之一大原因，此關於生產之需時者二也。

設一切物價，均同時降落，又其降落之程度，毫無大小之殊，則生產家尙可忍受損失，不發怨言。蓋其產品雖跌價，假定爲百分之五十，因以所得減少一半，然其購買一切用品，亦可以半價得之也。但事實上物價之降跌，至參差不一。上述生產家於所得減少一半後，其所購物品，固亦有價跌百分之五十者，然其他則昂貴如舊，或跌價而不及百分之五十而工資一項通常降落最晚。斯所以當物價降跌之時，每怨聲載道，此關於物價變動之不割一者三也。

物價變動所生之心理上之影響，至爲重要。企業家之能預先確知將來能獲利若干者，爲數至鮮，財貨之生產莫不含有冒險性也。有時人對此冒險甘之如飴，有時則躊躇莫敢嘗試，蓋視當時社會上心理如何耳。心理之爲物，富含傳染性，流傳甚速。當夫物價之增加，首先身受其利者，自先覺樂觀，但樂觀心理，不遂止於此，由此而流傳散佈，不久遍於全社會。由是生產事業，勃興猛進，平均每人之購買力皆呈增加。如生產家均能確測消耗者之需要及其嗜好之變遷，則生產過度之弊不至發生。不幸此係不可能之事，故企業家時犯錯誤，而商業繁榮，遂不能長久繼續，而繼之以恐慌或衰頹時期也。當物價呈現跌降，悲觀心理亦如上蔓延散佈，致一切企業，均入於頹喪之態。故工商業上心理之作用，影響極大，而該心理實爲物價之產物，此關於信任及恐慌之心理之作用者四也。

八　物價變動之影響

吾人既知物價變動之何以引起擾騷，便不難知其影響之奚若。物價變動，凡個人企業以及政府，無不受其影響，茲分述之。

（一）個人　凡有定額收入者，皆利於物價之跌落，而不欲物價之升騰。蓋物價騰貴，彼所得既有定額，購買力卽因減少，生計陷於困難；物價跌落則情形正與此相反也。債權者利於物價之落，債務者利於物價之升，其故已見於上，茲不贅述。企業家在物價升騰時，收入蒸蒸日上，在物價跌落時，則江河日下，故利於前者而不利於後者也。

(二)企業　無論何種物品，其生產至出售，或買入至轉賣之間，類經過若干月日。而多種營業開支，如利息、工資、租金、雜用等，其增減之速度，每遠遜於物價。故物價升騰，則企業利益必日以增加，因以產業勃興，財貨日滋。反之，物價降跌，則企業利益日以減少，因以產業蕭條，市面頹敗。惟當物價騰貴企業利益蒸蒸日上之時，人民每樂觀過度，濫事投機，以引起悲慘之收局。故物價騰貴，亦未必盡為企業之利也。

(三)政府　物價騰貴，對於政府收入方面頗有利益。一般官營實業，其收入定有增加，而一切租稅，無論從量從價，亦必加豐。惟此時收入雖豐，支出亦必增加，或且過之。蓋事實上國家收入之增加，決不能與物價增高率平行也。物價下跌，國庫收入必形銳減，一國財政，每因此入不敷出。當企業不振，失業繁多之時，欲增加租稅或發行公債，均非易易也。

綜觀上述貨幣價值，無論其下落或增高，若時生變動，定非社會之福。務當求其固定，能如度量衡之標準之不易，方為完備。現代多以金為本位貨幣，而金之本身價值，時有起落，不能為眞確之標準。由是遂發生各種改革貨幣之提議，或主改用他本位，或主以人為之手段操縱金幣之價值。下章當擇其要者次第論述之。

第十三章　貨幣改革之提議

一　槪説

改革貨幣之提議，歷數古今人所作者不下十餘種。有主張完全廢除現時所行金屬貨幣制度，有主張對現行幣制，加以某種管理性質至爲不一。但其中有屬明日黄花，不復有討論之價値，有純偏理想，毫無實施之可能者。茲以篇幅關係，祇擇其重要者論之。

二　計表本位制

計表本位制（Tabular standard）者，以多數物品價格之指數爲償債之標準之制也。此制曾得多數經濟學者之贊許，其法當債務關係發生時，卽據當時某若干物品之價格，製一指數，以定其時貨幣購買力之大小，迨還債時，復按此時該各物品之價格依同様方法製爲指數，以見此時貨幣之購買力，視昔者有無變動，以定應償還貨幣之多少。例如借債時物價之指數爲一百，還債時降至百分之九十，則一百元之債務，祇須以九十元淸之，蓋此時九十元卽可購昔者一百元可購得之貨物也。此制之下，國家須每月公布物價指數，以便人民隨時能知其債務値貨幣幾何。

倭克爾（G. Walker）於其所著政治經濟學(Political Economy)中舉下例說明計表本位之如何實用，茲譯錄之以資參考。『假想我賣一屋得價二萬元，議定買主先付該價之半，二年後付十分之三，五年後付十分之三，並對最後二數須付周年六釐利息。據此約定，買價之一半須即時交付，故以貨幣交付，即付現金或鈔票一萬元。關於其餘，我與買主乃查閱政府最近所公布之物價表，見計表本位一單位之價值爲十二元五角，即十二元五角可購所視爲標準之一批物品，於是買主遂與我二張手票，一爲三百二十個計表本位之單位，其期二年，一爲四百八十個計表本位之單位，其期五年，各帶周年六釐之利息。屆第一年末，雙方當事人又查閱政府物價表，見此時一單位之價值爲十二元七角五分。據此本年每手票應付之利息，第一張爲一九・二單位合貨幣二百四十四元八角，第二張爲二八・八單位合貨幣三百六十七元二角。

『第二年末計表本位之一單位之價值，可假定爲十三元或十二元二角半。如爲後者，則第一張手票之利息，須付二百三十五元二角，第二張手票之利息須付三百五十二元八角。如係十三元，則第一張手票之利息合二百四十九元六角，第二張手票之利息合三百七十四元四角。

『第一張手票三百二十個單位之本金現須償付。依同樣之算法，如計表本位一單位之價值爲十二元二角半，則發票者須付三千九百二十元以淸其債務，如其爲十三元，則發票者須付四千一百十六元。』

計表本位制一方面使債權者能收回等於其借出之數量之貨物，一方面使債務者只須償還等於其借入之數量之貨物，似極公允。然經詳細考慮之後，其實施上及理論上俱有困難，茲分別論之如左。

(一)今日通常之貨借，短期者居多，而在短時期內物價恆不見若何巨大之升落，無採用此本位之必要，採用之徒增繁重之手續。

(二)計表本位不能盡取貨幣地位而代之，故商人記帳，勢必用兩種本位，於是收支兩方，不能對照，而計算盈虧，甚爲困難。

(三)於計表本位制下，雖期限相差不遠之票據，亦不克互抵。蓋依計表本位制，票據係以計表本位之單位計，其所值貨幣，變化無恆，不便於貼現故也。再者，設某商人有一六十日滿期之票據之債務，又有他人所欠一票據，先七日到期，即兩者係作於同日，代表同額貨幣之轉移，及包含同量之計表本位單位，該商人亦不能依後者以償前者，蓋因其到期有先後，所換貨幣即不免有多寡之殊故也。

(四)計表本位制之目的，在使債務者返還恰等於所借之絕對效用，此麥利亞姆(L. S. Merriam)之言也。不知效用乃生於物品之物能及其心能。使物品之效用，全生於其滿足人類肉體上之慾望之能力，則計表本位制可謂極公平之至。顧多數物品之效用，亦半起於其能滿足人類精神上之慾望。例如衣服，其可以禦風日，是爲其可以滿足吾人肉體上之慾望之處。至於其能否滿足吾人精神上之慾望，則視乎其式樣之是否時髦，花色之是否新穎，而衣服之全部效用，乃構成於二者之併合之能力也。今如民國元年借人一套衣服，民國二十年以一切相同之衣服一套還之，固其抵禦風日之能力無絲毫之異，然民國二十年之衣服式樣大異於前，故該套衣服之效用與價值，早已減少，然則此豈得謂公平。故謂無論何物，無論何時，還以相等之物，相同之量，即謂效用相等，價值不異者，非正論也，然則計表本位制之實行，貸借關係，物品之效用與價值在物能上，或可相等，而達公平之目的，在心能上，不定可相等。換言之，卽全部效用，全部價值，不必能相等也。

三　勞力時間本位制

勞力時間本位制者，以勞力時間爲延期支付之標準之制也。主張勞力時間本位制者，以爲勞力乃價值之發生之獨一原因，同時間之勞力所產之物品，其價值必屬相等，故淸償債務，不問其債務爲何物，以同時間所用勞力產出之物品爲償，卽爲公允也。殊不知各勞工之巧拙不同，卽於同一時間內，同從事於同種物品之生產，其所得結果，亦未必相同，如所業不同，更不必論矣。更有進者，一人工作之效能，時有異殊。普通人早上精神氣力最足，晚間則疲倦生焉，故晚間工作之速度與品質，每不及早上。又勞力之效能，乃隨時勢之進步而變遷。例如十年前每小時一人能紡十磅之紗，今則因環境器用之改善，能紡一百磅。依勞力時間本位制，則現必以一百磅紗償還十年前所借十磅之紗也。綜觀上述，此制之不適用，昭昭若揭矣。

四　勞工費用本位制

勞工費用本位制（Labor-cost standard）者，以同一生產費用爲延期標準之制度也。此制主之者有亞丹斯密（A. Smith）及一部份社會主義者，其大旨係以勞力償勞力，以犧牲償犧牲。斯密曰：『笨拙勞動者一日之工作，各時代無大差異，故以爲比量價值之單位，頗爲適宜。」斯密之意，固非必謂同量之勞力，比諸他物恆有同一之交換價值，特以爲一定量之勞力，其所感不便，可視爲恆相等不變。顧苟各時代人類之智識能力，皆無差異，又一切工作，其所感不便，均能以精確物理學方式表示之，則此主張，未爲無理。第此兩推想，均不切事實。吾人不能以何似尺寸斤兩等之度量衡權量勞力，又不能認對一定量之氣力上之工作，其所費精神心思，今古皆一致也。夫一日之勞力之費用，有何法可以估計。處今日機器時代，勞力價值之固定性，更遜於斯密之時。當人各仰給於天然產物之野蠻時代，勞力費用本位或可適用，以彼時一日之勞力，與資本主義時代一日之勞力相比較，則萬無其理。以同時異種之勞力相較，亦無理可言也。

五　勞工反效用本位制

勞工反效用本位制(Disutility ot labor standard)倡於美教授克拉克(Prof. Clark)，蓋以期債權者與債務者得均沾工業進步之利益，使無偏側之弊之一計畫也。所謂勞工反效用者，今昔稍有不同。往昔不外工作上直接所感之苦辛勞碌，今則因物質文明之進化，此種感覺日漸減差，而一部份變爲當工作時被阻享受世間樂事之間接犧牲矣。勞工反效用本位制之下，貨物之假貸，將來所以爲償還之貨物，必其邊際效用相等於從事新生產之直接及間接反效用。凡邊際勞工之反效用，無論直接或間接，莫不隨工業之進步而漸減。故此制實行，一定量之勞工之反效用，其得換取之貨物，可逐漸增多，而由是人類支配天然之能力之增進之所生利益，可均分於債權者與債務者間設如於借貸之時，債權者貸與債務者可換一百件卽代表一百小時之勞力之貨物之購買力，而於三十年後，債務者償還債權者可以購買同樣一百十件第祇代表九十小時之勞力之貨物之貨幣，則債權者與債務者，對社會進步所生之利益得彼此均分，其公平孰有以加乎此卽勞工邊際反效用制說之所由生也。

勞工邊際反效用本位制之不能實施，亦有如上述二制蓋反效用無從量度及比較也。又此制對於價値心能之要素，未稍注及。今如時尙嗜好變遷，卽令債務者償還之貨物，其生產之反效用，無異於假貸之原物，亦豈必能均衡債權者與債務者之利益哉。

以上三制，均必以勞工爲價値獨一之起因爲前提。但貨物之生產，資本土地亦與有力，豈可盡置其功不道，是乃三者之通病也。

六 買者剩餘本位制

買者剩餘本位制（Purchaser's surplus standard）爲斐夏（I. Fisher）所擬議。欲知該制之要旨，須先悉何謂買者剩餘。買者剩餘云者，購買貨物所得超過於所感犧牲之滿足之謂也。社會上買者之貧富以及交易能力大小不一，故以同量貨幣購買貨物，所得剩餘，亦有多寡之差。買者剩餘本位制之目的，卽在使債務者償還債務，其所還之額，能俾債權者耗費該額所得之買者剩餘之與債務者耗費該額所得之買者剩餘之比例，可與債務成立時兩者之剩餘之相互比例相等也。此制以債權者曁債務者所處之相互地位於債務期間內毫無變動爲前提，其理想中所有獨一之變動，祇貨幣之購買力而已。

當物價平線發生變動，各買者之剩餘，必隨之變更，蓋現購買同量貨物，每人所付貨幣，必或較多或較少於前也。自個別買者方面言，其所買貨物之邊際效用之大小，係比例於該貨物價格之低昂，物價每有變動，貨物之邊際效用卽隨之爲比例之增減。於此情形下，故物價變遷後各個人之買者剩餘之與其已前之買者剩餘之比例，猶之新物價之與舊物價之比例，而一買者之新剩餘之與另一買者之新剩餘之比例，亦猶之兩人之舊剩餘之比例，毫無差異也。

總而言之，依買者剩餘本位制，償還債務之最公平方法，爲使償還之額，其等於所借之額，與債務成立時之物價平線之等於新物價平線有相同之比例。此制之缺陷，亦有如上述諸制，卽純重理論而難於實施，買者剩餘量之難於決定，可不言而喻也。

七　補償主幣議

補償主幣議(Compensated dollar plan)，亦倡於斐夏教授。此議本作於歐戰之前，中間曾趨沈寂，但自歐戰發生後物價劇變以來，又囂然塵上，現凡討論貨幣改革問題之著作，莫不涉及之也。此議之目的，爲倡使一重量可變而購買力不變之主幣，替代現今通用之重量永久不變而購買力時生變遷之主幣。此制如果能實行無礙，則主幣可恆購買一定量之貨物，易言之，卽其購買力永遠趨於一致是也。

依補償主幣之計劃，當物價上增，則增加主幣之含金以減殺其勢，反之，當物價下跌，則減少主幣之含金以擡高之。為節省現金之使用計，可無須鑄造金幣，而用紙幣代表之，許准人民得隨時以紙幣兌取金塊，其量視物價之變動為轉移，而政府所貯以為紙幣後盾之金，亦當如是。假定現擇一千九百十三年之物價為基價，即為一百，設次年正月之物價指數升至一百零一，則增加主幣之含金百分之一，反之，如跌至九十九，則減少主幣之含金百分之一，以此類推。據斐夏教授之意，每月增減主幣之含金之量，最多宜限於百分之一。蓋此增減為累積之式，即設增加主幣之含金百分之一後，次月物價指數仍為一百零一，則又增加之百分之一，直至物價指數恢復至一百然後已。故雖一時增減之量不足以抵抗物價之趨勢，終必能牽掣物價使之就範也。

綜觀上述補償主幣之方略，頗與計表本位制相似，蓋主幣之含金重量，將定於若干種物品之平均價格也。有如他策，其實施之時，頗多困難，茲縷述如左。

第一，所需要之物價指數，將根據於批發物價，抑根據於零售物價乎。使根據於批發物價，則可較精確。然一般消耗者之購買物品，則概行零買之法也。使根據於零售物價，則不免欠於精確，然較切於一般消耗者之習慣。又各種物品之比價，應施以加權否乎。吾人可想像中國北部各省定欲對於煤、麥加以重權，江浙二省定欲對於絲、帛加以重權，長江流域諸省定欲對於米加以重權。設如古巴採用此議，其對於糖宜如何加權乎。諸此問題，俱難獲完滿之解決，雖不足為補償貨幣之策之礙，實足使其施行不克如斐夏教授所希望者之順利也。

第二，補償之施，嫌於大緩。蓋主幣含金重量之增減，乃行於物價已呈升跌之後，而非行於物價未見變動之前。

固主幣終能追越物價，牽使就範，然最速須在一個月後，而吾人所欲防範之物價，乃將來之物價，而非過去之物價也。

第三，物價之升騰或跌降，其程度固常超過一月百分之一之範圍。就斐夏教授之父母邦論，據勞工統計局(Bureau of Labor Statistics)之物價指數，一千九百十七年三月四月之間物價平線升騰百分之七，同年四月五月之間，升騰百分之六，一千九百二十年九月十月之間，跌降百分之七，同年十一月十二月之間跌降百分之九。今斐夏教授限制主幣之含金之增減於每月最多一分，不時有不及之弊耶。

第四，若一國單獨施行此議，其外匯行市必時生劇變。蓋其主幣之含金每有一次之增減，卽其貨幣與他國貨幣間之匯兌平價有一次之變更，由是其外匯市價必呈一次之搖動。設主幣之含金，一年更改十二次，則外匯價格勢必一年呈十二次之變動矣。夫一國之外匯行市如變動過頻，其國際貿易必大受打擊，此已論述於前，不必復贅。故此計劃必各國一律採用，方爲有利，然此種國際合作之難成，有國際復本位之運動可鑒，安可恃乎。

八　管理貨幣說

管理貨幣說(Managed currency plan)倡於英經濟家鏗士(J. M. Keynes)，年來爲各國關於貨幣政策之討論之中心。鏗士之發表斯說，在於英國未恢復金本位制先。鏗士以爲金本位乃陳腐不堪之制度，無事恢復，可就當時紙幣制度改良發展之。鏗士之此種主張，蓋有所激於一千九百二十四年英國物價之情勢。該年英國之物價平線，據云較美國猶爲穩定，然斯時美國乃行金本位制，而英國則處於紙幣本位制下，此所以鏗士爭持可能管理紙幣，致其價值於較穩於金幣之域也。

據鏗士之主張，金本位制乃信用與通貨初發達時代之遺物，今可束之高閣，黃金價值不穩，又極昂貴，大可以兌換紙幣代替而管理紙幣之發行額，使物價平線得底穩定。管理云者，卽謂增減紙幣之流通額，迎合工商企業之需要。他種勢力自然亦可同時利用，以達穩定物價之目的也。

現時交易媒介銀行信用佔大部分。故主張管理貨幣者謂銀行信用額亦須約制，而委其責於中央銀行及國庫。此派認兩國貨幣間之匯價，係定於其購買力平價（Purchasing power parity）換言之，卽定於兩國之物價平線。向來討論貨幣政策者，莫不注重對外匯價之安定，而鏗士以爲國內物價之安定，乃首要目的，外匯價格，尙居其次。於達到第一目的後，無妨再設法安定外匯價格，倘若國幣價值穩定，外幣自身價值亦穩定，外匯行市將自然安定也。

貨幣如何管理，鏗士以中央銀行之貼現政策，其公衆市場買賣交易（Open market operations），及國庫之政策爲賴。在於中央銀行方面者，當其感覺有增加通貨與銀行信用之數量之需要時，便應降低其貼現利率以鼓勵銀行之前來借款，並人民之向銀行借款。若此不能奏效，則同時並應在公衆市場收買匯票，用以增加一般銀行之準備金，激勵之多作放款。反之，當其感覺應減縮通貨與銀行信用之數量時，則宜升高其貼現利率以阻抑借款之狂熱，又同時並可在公衆市場拋賣匯票，用以減少一般銀行之準備金，使之不得不採取緊縮信用政策。在於國庫方面者，當欲貨幣與銀行信用之增加，則可收買短期庫券，用以加添金融市場所得支配之款項，當欲其反，則可發賣短期庫券，用以吸收同額之貨幣與銀行信用，藴而藏之。蓋貨幣與銀行信用之供給增，如其需要無比例之增，則物價必趨於漲。反之，如兩者之供給減而其需要無比例之減，則物價必趨跌勢。故管理貨幣暨銀行信用之數量，卽可約制物價之趨勢也。

中央銀行及國庫之行動，必有所據，其第一物卽爲物價指數。政府應編製精確物價指數，以爲標準，然後用其全力，調節物價，不使其變動至一定比率以上或以下。再此外如勞工界之狀態，生產之數量，人民之需要，銀行信用之緩急，各種投資之利率，新發紙幣之數量，貨幣之流入市面之趨勢，國外貿易之統計，外滙之時價等等，亦須加以參考，以定管理之方針。總而言之，肩負管理之責者，當殫精竭慮，以致物價於安定而已也。

以上爲管理貨幣說之理論，現請察其利病。此說完全以貨幣數量說爲根據，必貨幣數量說的確眞實，卽增減貨幣及銀行信用之數量，便立能招致所欲之結果，方能成立。今卽貨幣數量說之信徒，亦有不敢堅持該說之行施能迅速奏效者，陶西格教授（Prof. Taussig）卽其一例。然則管理貨幣之價値，殊未可遽信也。

物之價格，有相互關係，此不特國內物價爲然，卽國際物價亦然。例如麥、糖、銅、鐵、棉花、羊毛等物之價，均定於世界市場。此數物佔各國輸出品及輸入品大宗，故一國欲安定其國內物價平線，必不能置該幾物之進口價於不顧。例如英國，其國外貿易非常浩大，人民之業此爲生者非常繁多，每年輸入棉花、羊毛、麥、茶等物，數在不貲，若此各物漲價，必有大影響於其國內物價平線，無足疑者也。

鏗士於英國會作證時，曾謂於管理貨幣制下，不能必使外滙之價格，不發生劇烈之變動。如果如是，則國內物價，奚有安定之可能。蓋當英幣價格降跌之時，美德以及他國商人之售貨於英以英鎊計價者，必增加其價以抵消其匯兌上之損失，而英國進口商之轉賣斯貨，遂亦必高擡其價以圖轉嫁其增加成本於消耗者。英商如不爲此，便不能維持其營業。故國內物價之安定不能與國外物價之安定，分道而馳，此又管理貨幣說之不完者也。

管理貨幣說以爲貨幣之數量，中央銀行之貼現利率，及其公共市場之貿易，與夫國庫之政策，能完全操縱物價之傾向，此亦未必然。物價固常不顧貼現利率之升高而扶搖直上者，美國當一千九百十九年與一千九百二十年卽迭呈斯象。又貼現利率與物價間之關係，究密切何似，亦難確說。擡高貼現利率誠可阻撓人民借款，然必擡高百分之一，或百分之二，或其他百分率乎，此爲管理貨幣說者亦未能道，故又爲該說之一缺陷也。

再者吾人必須增若干貨幣，方可置物價於穩定之域乎。貨幣數量加添而物價反呈跌勢者，不乏其事。法國當一千九百十二年六月至八月之間，亞西納紙幣（Assignats）之金值，自百分之五十七升至百分之七十二，然此時其發行額乃有增無減。德國於一千九百二十三年二月，紙馬克之流通額約爲二萬二千六百六十億，一萬一千二百紙馬克可換一金馬克，迨三月其流通額增至四萬九千五百六十億，而僅四千九百五十紙馬克卽可換一金馬克，由此而觀，貨幣數量與其價值間關係之如何，有非人所能捉摸者，然則貨幣必如何管理，方能達到安定物價之目的乎。

九　約制世界黃金產量說

雷斐特教授(Prof. Lehfeldt)主張約制世界黃金之產量，以安定物價。其所建議方法，爲集世界國家共同購進世界所有金礦，然後組織一委員會，使之視世界貨幣需要之情形，而約制黃金產量，無使過多或過少。據雷氏之說，物價之變動，可分短期與長期二種。短期者與商業循環相輔而行，其程度常不出百分之五或百分之十，可以銀行之貼現及公共市場政策補救之。長期變動乃由於黃金供給之過剩或過絀，例如一千八百七十三年至一千八百九十六年中物價之長趨跌勢，與自一千八百九十六年後至歐戰發生時物價之長傾升勢等是。蓋前期物價之跌，卽因於黃金之供不敵求，後期物價之升，卽因於黃金增添之過甚也。於長久期中，苟黃金繼續有供不勝求或供溢於求之狀，必有大影響於物價，而銀行政策無所施其力。必如以黃金爲貨幣本位，不可不約制黃金之產量，使之適應需要之情形也。

此計劃之大患，亦在於其難實行，蓋其必得各國之協作，而此之不易，殆不啻於挾泰山而超北海也。陶西格教授(Prof. Taussig)於批評斐夏教授之補償主幣計劃時，曾對於國際協作發以下之議論，吾人恰可借用於此。陶氏曰『以吾之見，此計劃能得各國同意採用，實至渺茫無望。吾人試憶於較近年所感覺者尤爲緊迫之情形下，求成國際復本位協約之運動，舉行何等之屢。物價及貨幣所得之降落，比較其升騰乃人尤所不歡迎之現象。且往時物價之跌降，不特債務者階級，卽凡主張保護主義者，亦皆痛心疾首。國際複本位運動於政界及經濟家中皆有強有力之扶助，然該運動乃尙無絲毫成功之希望。以各國競爭之猛，只顧本國利益之態度之甚，猜心之重，更有甚者，以其經濟政策之受利已與重商主義之支配之深，冀其能對於此種事採取協調，吾意殆無希望也。』

十 約制現金之需要之各計劃

貨幣購買力之變動現金需要發生變化亦一原因，故有主張約制現金需要之計劃，而一千九百二十二年日內瓦會議（Genoa conference）為其一。該會議之財政委員會所通過關於通貨之議決案第九條，建議訂立國際協約，其目的為『集中及均平現金之需要，以避免各國同時競致金屬準備所引起之劇烈黃金購買力之變動。』又謂該協約須擬具一使各國以國外差額為準備藉以節省黃金之使用之方法，例如金匯兌本位或一國際淸算制度等是。其第十條謂加入國家，卽於歐洲內，亦不必包含全體國家，惟多多益善，但若加入國家之貨幣本位同於美國則必邀請美國協作也。

和特利（R. C. Hawtry）在其貨幣改革（Monetary Reconstruction）一書內，亦主張約制世界現金之需要，以安定貨幣價値，而以為非各國協作，不克達此目的。此項協作第一步各國須訂立貨幣法，限制無現金準備紙幣之發行額。其額當限除預留一餘額以備不可免之不時之需外，連同其有現金準備之紙幣，僅足敷平常之需要，而又可使各者之外匯價格能常近於平價。此點既達，然後應採用金匯兌本位以維持之。金匯兌本位制之實行，普通為政府擔承隨時收買及發售外國信用交換本國信用，準備相當數量之外國匯票或其他外國資產以充是用。此項外國資產有時亦許視為現金準備。此種實行方法，不足適應吾人此處之需要。若欲金匯兌本位制產生一等於金單本位制下之現金移動之效果，所當互相交換者不當為信用，而當為有法幣資格之貨幣。其法卽為凡持一國之紙幣者，均許其以交換他國之紙幣，而後者當收藏此項繳入之紙幣，不容其後再流通。換言之，各加入國均可根據彼此之紙幣增發紙幣，此項增發紙幣既不溢於其背後之外國紙幣之準備，故各者之紙幣總流通額自依舊不變，依舊限於全體所有之現金準備也。設一國容縱澎漲政策，任其貨幣跌價，則其紙幣將源源流往他國，被藏爲準備，此將與現金之外流無異矣。

現今支付之具，不特法償之幣而已，信用亦居一大宗。故於限制紙幣之發行暨採用金匯兌本位外，尚當根據物價指數，約制信用數量。和氏甚相信貼現利率之效力，謂當物價騰貴及他種情形表示其必要時，中央銀行卽須擡高貼現利率，以縮減信用之數量。

何以此種計劃可約制現金之需要乎。蓋和氏以爲於此計劃下，各國金融不至復時生動搖，信用時底崩潰，因而時引起現金需要之躍增。一國當金融恐慌之時，其所以需要多金者，蓋因其乏他種可得人民信任及承認之通貨。今若有外國信用制度可資以增發通貨，則憑一交換制度以之爲用，較之輸入現金當利便遠甚，而於是現金之需要可減矣。

和氏亦承認國際合作之非易，但以爲如英美一旦攜手共行其計劃，則其他國家自先後自來參加，無須施以誘迫。再富足國家，如已結合，則財力較薄者，無論其如何垂涎現金，亦力不足以大搖撼黃金之價值，且此等國家必亦竭力保守其所有現金，不讓其流入市場，而世界富盛國家，英美之外，無一二也。

上述二計劃，均需要各國採行經濟上之協作。此之困難，前已詳述，無須復贅。和特利之計劃，一方面欲嚴限紙幣之發行額，一方面欲增加信用之數量，以迎合商業之需要，以使黃金之價値，一定不變，兩者豈不互相矛盾。和氏亦過於重視貼現利率之效力，此之不能必恃及不易施用，前亦已論述之矣。且金價之安定，豈單獨約制其需要，便能爲功，若然將置供給之勢力於何地耶。又此種計劃，一旦戰雲漫布，立必崩潰，若付諸實行，反使世界國家之幣制，時時冒傾覆之風險，誠未見其優於金單本位制也。

第十四章 各國幣制之簡史

一 英國

一千九百十四年至一千九百十八年之世界大戰，可謂世界空前未有之浩劫，各國物質上之損失，不可勝計，貨幣均陷於極紊亂情形，而戰前幾臻一致之金本位制度，亦土崩瓦解。本章略述近世紀各主要國家貨幣制度之變遷情形，藉以闡揚貨幣之眞理，並以爲我國改革幣制之借鏡，玆先自英國始。

英國初以銀爲貨幣之本位，一千七百十七年採用複本位制，一千八百十六年復改行金本位制。改行金本位制後，其硬幣分鎊(Pound)、先令(Shilling)、便士(Pence)及花星(Farthing)四種。凡四花星合一便士，十二便士合一先令，二十先令合一鎊。鎊爲主幣，含金一二三·二七四四七格蘭，成色十二分之十一。先令等爲輔幣，以銀銅鑄之。鎊爲無限法幣，銀幣之法幣資格以四十先令爲限，一便士及半便士之銅幣以一先令爲限，花星則以半先令爲限。金鎊得爲自由鑄造，不收鑄費，輔幣則否。至於紙幣，祇有英格蘭銀行鈔票，分保證準備及現金準備兩種。前者以有價證券爲擔保，後者以十足現金爲擔保。後者之發行額，設有限制，其超此限額之發行，均必有十足正貨準備。以上所述，乃英國戰前之貨幣制度也。

大戰發生，英政府一方面欲維持金本位制之尊嚴地位，而一方面又防現金之外流，故獨不正式停止英格蘭銀行鈔票之兌現，僅令英格蘭銀行利用救國之口號，勸使民衆停止要求兌現，以免準備金之減少。至對於現金之輸出，雖多方設法加以抑制，亦不明令禁止，直到一千九百十九年四月始禁止現金出口。爲救濟戰時財政起見，此時發行一鎊及半鎊之政府紙幣，至大戰停止時，其數計達三十二億三千二百萬鎊之鉅。

一千九百十九年四月，英皇勅令禁止現金之輸出，規定至一千九百二十五年爲此項限制之有效時期。自是倫敦即失其自由金市之資格，國際金融中心點之地位，有漸移於紐約之勢。此點英國朝野極爲關心，英政府於一千九百二十五年之即踐言解除金禁，此實一大原因也。但無論如何，禁金出口之限期既滿，英政府即踐言解除金禁，恢復金本位制，而頒佈一千九百二十五年之金本位法(Gold Standard Act of 1925)，其要點如下。

(一)英格蘭銀行不必以金幣兌換其所發行之鈔票。

(二)凡持鈔票或政府紙幣向其兌現時，英格蘭銀行須依每盎斯合三鎊十七先令十便士半之比率，以生金與之，但每次兌取生金，至少須四百盎斯。

(三)金幣之自由鑄造權，歸英格蘭銀行獨占。

此法與英國戰前固有之金本位制，有甚顯著之差異，其一爲英格蘭銀行不復負以金幣兌換鈔票之義務，其一爲人民不復有請求鑄幣之權利。蓋一千九百十八年康利夫委員會(Cunliffe Committee)之建議，以爲使用金幣，金幣必分散於市場，勢不能集中於英格蘭銀行之手，作準備金，且磨損滋多，殊不經濟。戰後國用浩繁，不應留此不經濟之制度。國民既已習用紙幣，除少數人赴外旅行者外，平時儘可使用紙幣，祇須銀行有充分之準備，紙幣卽有充分之信用。此於民衆既無所損，而現金又得集中於英格蘭銀行，誠為至當。一千九百二十五年之金本位法，卽根據此理論而生也。此法之下，人民仍可以紙幣向英格蘭銀行兌取金塊，故從事國外貿易者，並不感受何等困難也。

英格蘭銀行之發行制度，係採一部準備法，卽於法定保證準備發行最高額以上，此後繼續增加發行，須置十足現金準備之謂。此法將鈔票之伸縮彈性，剝奪殆盡，一遇重大之金融恐慌，卽勢不可維持。大戰之前，英政府曾停止此項法律規定者三次，戰時亦然。故大戰告終後，改革紙幣制度之議論，囂然塵上，至一千九百二十八年，英政府遂頒佈通貨及銀行券條例(Currency and Bank Note Act)，大大擴增英格蘭銀行之保證準備發行額，並許其必要時，經財政部長之許可後，得為超過保證準備發行額之發行。此節留待各國銀行制度章內再論，茲姑從略。

據康利夫委員會之報告，謂英格蘭銀行之金準備，此後決不可少於一億五千萬鎊。然自一千九百二十五年恢復金本位制以來，每年金之出口，均超於進口。至一千九百三十一年七月終，英格蘭銀行之金準備，僅存一億三千萬餘鎊。故是年九月，英政府又下令禁金出口，迄今猶未解禁也。

二　法國

法國於一千八百零四年前，其本位貨幣曰利尾爾(Livre)，一利尾爾合二十沙(Sou)，一沙合十二頓尼。(Denier)是年改行複本位制，以佛郎爲貨幣之單位，規定金幣及五佛郎銀幣均爲無限法幣，並均得自由鑄造金佛郎之重量爲〇・三二二五八格蘭姆，成色九成五佛郎銀幣爲二五格蘭姆，成色同上，金銀之法定比率爲一與一五・五之比。一千八百七十八年，因金貴銀賤，金幣日亡，銀幣日增之故，禁止銀幣之自由鑄造，惟仍承認五佛郎銀幣爲無限法幣，故遂由複本位制進而入於跛本位制也。

於跛本位制之下，法國之金幣共有五、十、二十、五十及一百佛郎五種，其銀幣共有一、二、五佛郎及二十、五十生丁五種，中除五佛郎者外，均爲輔幣，銅輔幣有一、二、五及十生丁四種。至於紙幣，惟有法蘭西銀行之鈔票，其發行係採最高發行額法，卽僅以法律規定其發行之最高額，於準備方面，毫無限制是也。

大戰發生後，法政府卽停止法蘭西銀行鈔票之兌現，迭增其最高發行額，並禁止現金之出口，此時其幣制可謂入於不兌換紙幣本位。當大戰期內，雖法蘭西銀行鈔票之發行額躍增至速，然因維持政策（Pegging of exchange）之施行，故佛郎匯價，得無劇變。大戰告終，法政府停止此項政策，於是佛郎匯價，如水之就下，日跌不已，至一千九百十六年七月，竟跌至一英鎊合二百四十佛郎之數。

法國朝野，愬然憂之，而安定佛郎價值，乃成爲此時法國一最切要之問題。先是法政府爲整理財政起見，曾設一專門委員會，研究整理方略。該委員會之報告，以爲本問題之中心，在於貨幣價值之不安定，而所以安定貨幣價值之各種條件，則略如左述。

（一）對外貿易之情形，並無不利於佛郎之安定，蓋有形之差額（Visible balance）自一千九百二十年以後，已將近平衡而在一千九百二十四年與一千九百二十五年，且略有出超也。
（二）國家之支出方面此時不能希望克有鉅額之節省，但在收入方面必須略增租稅方可。
（三）戰時所發行之短期國防債劵，應漸次換轉長期公債，以舒國庫之困。一俟有相當時機，卽應提出確實之擔保，發行整理公債。
（四）安定佛郎之責任，應由法蘭西銀行擔任，且須使其保有充分之金幣與外幣，以期發生實效。
（五）佛郎之安定價率須由下述兩比率中擇定一種。一爲當時之匯率，一爲依據當時生活費算出之比率。同時尤須考慮其他一切情形，務期達到如何方能留住或吸引外資及如何方能使已經外流之本國資本迅速歸還之目的。
（六）如安定佛郎之匯率須借用外款，無妨爲之，但須先有能引起外人信任之改革計劃，及先對現有外債決定一償還辦法。
（七）安定佛郎之程序，應分三步驟。（一）安定以前時期，在此期內，務使匯率漸次接近安定時之最後匯率。（二）事實上安定時期。在此期內，法蘭西銀行之匯兌交易，應依照預定之法定匯率爲之。（三）法定安定時期。至此時期，卽須以法律規定貨幣單位之金值。
上述委員會之計劃，大半得法政府之採用，而自普卡賚於一千九百二十六年七月組閣以來，佛郎價值，卽逐漸轉漲，日趨安定。屆一千九百二十八年六月，法政府認事實上安定時期已過，遂頒佈新貨幣法，正式釐定佛郎之價值，而安定佛郎之問題遂告一段落矣。該法之要點如下。

(一)廢止戰時所公布之不兌換紙幣強制通行以及禁止生金銀與貨幣輸出等法令。

(二)佛郎之重量改爲生金六五．五密里格蘭姆（Milligram），成色千分之九百。

(三)舊有金銀幣，均喪失其法幣資格。

(四)在金幣自由鑄造開始之時期及其辦法未經政府明令公布前，僅法蘭西銀行有請求鑄造之權。

(五)開鑄五佛郎及十佛郎之新銀輔幣，其重如舊，其成色減爲千分之六百八十。此項輔幣之總額，不得超過三十萬萬佛郎，其法幣資格限二百五十佛郎。目前流通之五佛郎、十佛郎、及二十佛郎紙幣，應儘一千九百三十二年末以新銀幣兌換收回之。

(六)戰時商會所發行之一佛郎、二佛郎等輔幣此後改歸政府發行。政府應舉行鑄造鮻劣金屬之一佛郎、二佛郎、及五十生丁等輔幣。

(七)廢止從前規定之紙幣最高發行額之制度，法蘭西銀行此後對其鈔票及活期存款應保有百分之三十五以上之生金或金幣以爲準備。

(八)法蘭西銀行對其鈔票須隨時以金幣或生金兌現，但可限兌現之地點於其總行，並可限制每次兌現之最少額，斯額由財政部與該行協定之。

上述貨幣法爲法國現時幣制之根據，其最可注意之點，爲減低佛郎之含金，消滅五佛郎銀幣之無限法幣資格及改革法蘭西銀行之鈔票發行制度。因五佛郎銀幣已不復爲無限法幣，故法國已成爲純淨金本位國家也。

三 德國

一千八百七十一年之前，德國各邦之幣制互異，無統一系統可言。北德以銀達來爾（Thaler）爲主幣，南德以銀弗羅林（Florin）爲主幣，漢堡以銀馬克爲主幣，而白利門（Bremen）則以金達來爾爲主幣。是年統一完成，即於十二月頒佈幣制條例，停止銀幣之自由鑄造，以馬克爲貨幣單位，規定每馬克合一百分尼（Pfennige）。二年後，又頒佈帝國貨幣法，確定金本位制，並明令鑄造五馬克、十馬克及二十馬克金幣。凡十馬克金幣一二五・五五枚，應重一磅，或五百格蘭，成色千分之九百，故每枚十馬克金幣應重三，九八二四七格蘭，應含純金三・五八四二三格蘭姆也。同時又規定五馬克、二馬克、一馬克及半馬克銀輔幣四種，十分尼及五分尼鎳輔幣兩種，與夫二分尼及一分尼銅輔幣兩種。銀輔幣之法幣資格，以二十馬克爲限，鎳銅輔幣以一馬克爲限，往者之各種銀幣，除達來爾銀幣外，一概不得爲法幣，而達來爾銀幣獨與金幣同爲無限法幣，一枚限定換三金馬克，但不得自由鑄造而已。

觀上述斯時德之幣制，實爲跛本位而非金本位，蓋達來爾銀幣猶爲無限法幣故也。至一千九百零七年，德政府始認完成改革之時機已熟，遂禁止達來爾之流通，限人民須於次年九月十三前將之兌換馬克，否則作放棄論，至是德國始入於純粹金本位制也。

關於紙幣，當一千八百七十五年帝國銀行（Deutoh Reichsbank）成立之時，有三十二家銀行亦享發行權利，惟後來以不堪法律之縛束故一一相繼放棄其發行權，現餘者祇四家矣。帝國銀行之發行制度，係兼比例準備及伸縮限制二法，卽於一最大限額以內得以保證準備發行鈔票，而須置三分之一現金準備，超過此最大限額，則必有十足現金準備，惟於必要之時，尙得作限外之保證準備發行，第須對此繳納五釐之發行稅於政府。是帝國銀行鈔票爲無限法幣。

大戰爆發後，德政府卽停止帝國銀行鈔票之兌現，禁止現金出口，並以種種方法，吸收民間之金貨，使集中於帝國銀行。德政府對是戰自謂可操必勝，初不料其竟延長四年許之久，又反一敗塗地。故迄大戰期內，並未設法增加稅收，惟賴發行公債及紙幣，籌指軍需，以爲不愁無兌還之資，將來可取給於聯盟國。其發行紙幣之法，爲設立押款銀行（Darleshnskassen）爲其樞紐。此項銀行，規定專營貨物票據公債等之押款，並得發行押款銀行券。凡以上述各物前來押款者，該銀行卽給以押款銀行券。此項銀行券雖非法幣，然可以兌換帝國銀行鈔票，而帝國銀行，據一新佈之條例，又可以之爲發行之準備，視等現金，故此法之下，公債及紙幣之發行，均變至便易。蓋公債既可以爲押款，人民自樂於承購，而帝國銀行既可以押款銀行券爲發鈔之根據，則政府每有增發公債，彼卽有所根據擴伸其發行額。事實上德國戰中之浩大經費，大部份均賴此法應付之也。

大戰期內德國紙幣之發行額，增加約一百九十餘萬萬馬克。大戰結束後，因賠款問題之糾紛，政治革命之騷擾，以及魯爾（Rhur）區域之被佔等，故財政益無辦法，結果紙幣之發行，較戰時增加尤猛，至一千九百二十三年末，其數達四六九，五〇七，四二四，七七二，〇〇〇，〇〇〇，〇〇〇馬克之鉅。

馬克紙幣之增加既駭人若是，其價值之跌，自意中事。戰前馬克對英鎊平價爲每鎊合二〇，四二馬克，一千九百十八年末跌至每鎊可換一八〇馬克，而至魯爾被法軍佔領後，一鎊竟可換一八，三四九，〇〇〇，〇〇〇，〇〇〇馬克。至是馬克已不復用爲價值之標準，市上價格之計算，俱先以外幣爲基礎，然後按匯價折合馬克。當一千九百二十三年末，在德國流通之外幣約計在十二萬萬金馬克左右，故是時德國實無幣制可稱也。

於此種情形下，改革自不容更緩，德政府遂於一千九百二十三年十月創設蘭丹銀行（Rentenbank），發行蘭丹馬克（Rentenmark）。斯項紙幣以全國不動產爲擔保，其最大發行額原限三十二萬萬蘭丹馬克，但後以被佔區域內之不動產不能作爲抵押之故，實際僅發行二十四萬萬。每一蘭丹馬克，其價值規定等一金馬克，而可換一，〇〇〇，〇〇〇，〇〇〇，〇〇〇紙馬克。

蘭丹馬克之發行，祇一過渡辦法，蓋此項貨幣，對外不能行使，而對內價值之維持，亦全恃於嚴格限制其數量，斷非能久用，故新國家銀行成立，卽停止發行，而逐漸收回也。

蘭丹銀行設立未二年，道威斯賠款計劃（Dawes plan）卽爲各國所通過，而帝國銀行，亦隨之改組。改組帝國銀行之法案，對於幣制之改革，亦有詳細之規定，其關於金屬貨幣者，略如下述：（一）本位貨幣改名萊赫斯馬克（Reichsmark）。（二）鑄造十萊赫斯馬克及二十萊赫斯馬克金幣，每純金一啓洛格蘭姆（Kilogram），應鑄十赫萊斯馬克二百七十九枚，而此項金幣成色仍爲千分之九百。（三）各種金幣俱爲無限法幣。（四）一赫萊斯馬克至五赫萊斯馬克爲銀幣，其法幣資格，仍以二十萊赫斯馬克爲限。（五）逐漸收回一千九百二十四年三月二十日以前所鑄造之各種銀幣。

關於紙幣方面新國家銀行法案規定發行萊赫斯紙幣，以收回原來各種紙幣。凡舊紙幣一，〇〇〇，〇〇〇，〇〇〇，〇〇〇馬克或一蘭丹馬克可換一新萊赫斯馬克。新紙幣之發行，須有四成現金準備及六成保證準備，但四成現金中四分之一得爲外國匯票。遇有特殊情形，經董事會(Direktorium)之提議及普通委員會(Generalrat)之核准後現金準備得減至四成以下，但如此種情形延長一星期之久者，則政府得課以累進發行稅。至於紙幣之兌現，或用金幣或用價值一千馬克以上之金塊，或用外幣匯票均可，可由國家銀行選擇之也。

要而言之，德國之最後幣制改革，實改戰前之金本位制爲金匯兌本位制。其對於金屬貨幣方面無何更張，卽單位之含金，亦仍以前之舊，特改馬克之名爲萊赫斯馬克而已。至對於紙幣方面，則大加刷新，不特將充塞市場之紙馬克，如大刀斬痲，全部消除，且更改發行制度，以杜絕紙幣之再有濫發之局。自是馬克之價值日趨穩定，其匯價亦能常密近平價矣。

四　蘇俄

俄國於共產革命前，係採行金本位制。其貨幣單位曰盧布，含金一七·四二四多爾雅斯(Dolyas)，而合一百戈比(Kopeck)。其金屬貨幣有五盧布，七盧布半，十盧布及十五盧布之金幣，五戈比、十戈比、十五戈比、二十戈比、五十戈比及一盧布之銀輔幣，與四分一戈比、半戈比、一戈比、二戈比、三戈比及五戈比之銅輔幣。其紙幣有政府所發之信用券與國家銀行鈔票，後者在六萬萬盧布以內，須有五成之現金準備，逾此則必置十足現金準備。按俄國於大戰爆發前十餘年中，幣制基礎甚爲鞏固，貨幣之對外及對內價值，均極安定。然在一千八百九十九年確定金本位制前，則貨幣情形綦爲混亂，政府紙幣充塞市場，時時停止兌現，其價值忽漲忽落，民衆極感不便。該年貨制改革之完成，乃十數年慘澹經營之效果，非一朝一夕之功也。

大戰爆發，俄政府卽明令停止國家銀行鈔票之兌現，增加其無準備發行額至十二萬萬盧布。其後又一加再加，行之無已。計自大戰發生起至一千九百十七年三月革命時止，國家銀行之發行額，由十六萬萬餘盧布增至九十餘萬萬盧布。結果匯價慘跌，物價飛騰，各種金屬貨幣，前後匿跡，先以金幣，次繼以銀幣，又次繼以銅幣。爲彌補銀、銅輔幣之不足，計俄政府於一千九百十四年末起發行小額紙幣，與銀、銅幣同認爲法幣。然此項紙幣之發行，適足以促速銀銅幣之藏匿。迨一千九百十六年起，俄國通貨已全爲紙幣矣。

三月革命所產之新政府，發行紙幣尤多，致盧布之價值，呈現更鉅之降跌。然每次擴張國家銀行之無準備發行額，猶必特頒許准條例，頗爲鄭重。至十月革命，蘇維埃聯邦政府成立後，則存意破壞貨幣制度，以實行其勞動本位制。故紙幣一味濫發，毫無顧慮，反冀以此消滅貨幣之價值，以達其破壞之目的。初國家銀行併歸於人民銀行，後人民銀行亦被取消，發行紙幣歸由貨幣部執掌。要而言之，自十月革命以至採行新經濟政策期內，蘇俄幣制，可謂完全瓦解，開亙古所無之情形也。

一千九百二十一年，蘇俄施行新經濟政策，決恢復貨幣制度。是年八月取消勞動本位制，十月設立新國家銀行。初原欲恢復戰前之金盧布爲計算單位，規定每一金盧布合當時通行之紙幣盧布六萬。但因紙幣市價，仍不斷繼續跌落之故，此種計劃，未能實現。遂於次年十月頒佈銀行兌換劵條例，授國家銀行以紙幣發行權，是可謂蘇俄幣制改革之第一步。該條例之大要如下。

(一)銀行劵之種類分一、二、三、五、十、二十五及五十余弗涅賚(Chervonetz)七種，每余弗涅賚，當舊金盧布十枚。

(二)發行額之四分一，應以貴金屬及安定之外幣爲準備，其餘則可以易於變賣之商品，短期票據，及其他之短期證劵充之，但此項準備之三分二以上，必爲商業票據。

(三)銀行劵暫不兌現，但於適當時期，亦可兌爲金幣，其時期由政府以特別法令公布之。

(四)銀行劵之發行數目及準備情形，應每月公布兩次。

(五)凡用銀行劵納稅及交付其他公款，皆應按額面價值收受。

(六)因對人民財政委員會放款發行之銀行劵，應有五成之現金準備，其餘半數，可用該委員會之證劵充之。關於對該委員會放款之事，國家銀行應先得政府之許可。

余弗涅賚銀行劵發行之後，其價值頗爲穩定。在一千九百二十三年及一千九百二十四年之間，其現金準備平均有五成左右，超過法定數額者蓋一倍。但此時俄政府雖以國家銀行發行余弗涅賚銀行劵以整理幣制，一面仍繼續發行盧布紙幣，與余弗涅賚銀行劵並行。其故一因余弗涅賚銀行劵發行伊始，人民未習其用，不能廢舊盧布紙幣絕對不用。一因當財用不給時，仍須借助於紙幣政策，而又不欲摧殘余弗涅資銀行券，是以留盧布紙幣爲增發之餘地。但盧布紙幣既不斷增加，故其與余弗涅資銀行券之比率時時變動，在一千九百二十三年一年之間，跌落至一百七十一倍之鉅，流弊不可勝言。蘇俄政府有鑑於此，覺設立一健全貨幣制度，尚須施行更進一步之改革，爰於一千九百二十四年二、三兩月之中，相繼頒行數種法令，以完成改革之計劃，其內容如左。

(一)關於小額政府紙幣之發行　此項紙幣，分一、三、及五盧布三種，爲俄國法幣，得通行全國。凡國家銀行及其他金融機關，均須按一余弗涅資合十金盧布之定率，無限制兌換之，其發行額每月第一日由人民財政委員會決定，但其總額不得超過余弗涅資紙幣流通總額之半數。人民財政委員會應於每月一日，公布其發行之總額。

(二)關於原有政府紙幣之廢止及收回　原有政府紙幣之印刷，於本年二月十五日停止。原有政府紙幣，於本年一月十五日起，一律停止發行。一千九百二十三年版之政府紙幣，截至五月十日止，得按五萬盧布合一金盧布之定率，認爲通用法幣，截至五月三十日止，應向人民財政委員會及國家銀行儘量掉換，至六月後完全作廢。其以前政府紙幣，亦均準此價格，按其與一千九百二十三年版之政府紙幣之比價，由政府收回之。

(三)關於新金屬貨幣之鑄造　第一種爲銀輔幣，共分十戈比、十五戈比、二十戈比、五十戈比、及一盧布五種。五十戈比及一盧布者，於二十五盧布內得爲法幣，其餘於三盧布內得爲法幣。第二種爲銅輔幣，分一戈比、二戈比、三戈比、及五戈比四種，其法幣資格均限三盧布。此兩種輔幣之重量，均襲戰前之舊，惟模型稍有更易焉。

經此第二步之改革後，蘇俄幣制，遂入正軌。自是其貨幣價值日趨安定，而對外匯兌亦常能維持其平價。故一千九百二十四年之幣制改革，實蘇俄經濟情形之一大轉機也。

五　美國

美國於一千七百九十二年前，國內流通之貨幣，率係外國貨幣，無幣制可言。是年始頒佈貨幣法，而有統一幣制。初採用複本位制。次當南北戰爭時曾經十餘年之不兌換紙幣本位制。又次自一千八百七十九年恢復兌現時起，金銀幣並爲無限法幣，但銀幣不得自由鑄造，有似實行跛本位制。最後至一千九百年始確定金本位制。

於金本位制下，美國之通貨，有下列諸種：

（一）金幣　此包含一元之本位金幣及二元半、五元、十元、二十元等金幣。一元金幣，重二五・八格蘭，成色九成。其他諸種，則按其倍數視此遞增。各種金幣均爲無限法幣。

（二）銀行本位幣　銀本位幣（Standard silver dollar）計重四一二・五格蘭，成色九成，亦爲無限法幣，而不得直接用以兌換金幣。此種銀幣，係根據白蘭德與愛迪生購銀條例（The Bland-Allison Act）及休門購銀條例（The Sheuman Act）所鑄造，以迎合用銀派之主張者。其實值雖較金幣爲低，然因數量有限之故，能常維持相當於金幣之價值。以有此種銀幣，故亦有謂一千九百年後美國之幣制，實猶爲跛本位制而非純粹金本位制也。

（三）輔幣　輔幣分銀、鎳、銅三種。銀輔幣爲半元幣，爲二角半幣，爲一角幣，其法償每次限於十元。鎳輔幣爲五分幣，銅輔幣爲一分幣，其法償均限於二角五分。

（四）金銀券　金銀券爲美政府所發以與人民交換生金銀之證券，其性質已於第三章內述之，茲不復贅。

（五）綠背紙幣　此爲南北戰爭之產物，中間停止兌現者，計有十七年，亦爲無限法幣。

（六）一千八百九十年國庫券　此係該年休門條例之產物，自金本位條例公佈後，已陸續收回，現已爲數無多矣。

（七）國立銀行鈔票　此係各國立銀行之所發，以規定之政府公債爲擔保，雖非法幣，然除進口稅外，可以無限額繳付其他一切國稅。

（八）聯邦準備銀行券（Federal reserve bank note）　此與國立銀行鈔票之性質相同，惟一則爲國立銀行所發行，一則爲聯邦準備銀行所發行。蓋據聯邦準備條例，凡國立銀行於該條例實施二年後二十年中欲收回其發行者，得以所存公債售與聯邦準備銀行，而聯邦準備銀行即可基之發行聯邦準備銀行券，與國立銀行等。故此項銀行券乃擬以替代國立銀行鈔票之流通，使發鈔之權，得漸漸集中於聯邦準備銀行也。

（九）聯邦準備鈔券（Federal reserve note）　此亦聯邦準備銀行之鈔券，以十成指定種類之票據與四成現金或十成金貨爲準備，雖非無限法償，然可以支付任何國稅。其發行之目的，乃在於補救國立銀行鈔票缺乏伸縮彈性之流弊也。

大戰發生後，美國輸出貿易，一躍千丈，頓自債務國地位變爲債權國地位。斯時現金入美之鉅，多開亙古未有之紀錄。計大戰爆發後三年之中，其存金數額增加約百分之五十，自十八萬萬美金元而至三十二萬萬美金元左右。故美金之對外價值，扶搖直上，成爲世界貨幣之單位，而世界金融中心點亦有移至紐約之勢。一千九百十七年對德宣戰之後，亦效尤歐洲諸國，禁止現金出口，至千九百十九年六月而始解禁。美人謂此爲黃金假日(Gold holi-days)，其實卽停止金本位制也。當金禁時期內，美金之對日反對西班牙滙價均曾跌至平價以下，但解禁後旋卽恢復，又成爲各國貨幣騰落之標準。

一千九百二十九年下半年以來，美國產業江河日下，對外貿易亦萎縮不振，失業者不可勝數，銀行倒閉之事，不絕如縷，卒以釀成一千九百三十三年二月之大恐慌。當此恐慌，銀行幾全體停業，全國證劵暨物品市場，均先後停市，其情形之嚴重，可謂空前未有。於是美政府爲救濟起見，禁止現金出口，並銀行之付出金貨或金證劵。由是世界最富足之國家，亦以放棄金本位聞矣。

美國卽無此次之恐慌，亦有放棄金本位之可能。放棄金本位之得失，一年來曾經其經濟家反覆辯論，並非一朝一夕所定者也。蓋美國欲救濟國內產業之衰頹，不得不採用通貨澎漲之政策，但採用此策而不停止金本位，則一旦兌現必感困難。又就對外貿易言之，停止金本位亦爲最迫切之需要。此次經濟恐慌，雖爲全世界之普遍現象，但美國受金本位之桎梏，比較他國實有更深之苦痛。英國停止金本位後，在國外貿易上卽利用金鎊之跌價，日本停止金本位後，亦利用日幣之跌價，以衝破他國之關稅壁壘，相競傾銷貨物於他國市場，而美國因維持金本位，故不但國內受其侵襲，國外市場亦被所佔奪，日益窄小。故若不放棄金本位，則決不能維持國際貸借之均衡及保護國內產業之繁榮也。有此二原因，所以謂卽無此次之恐慌，美國亦未必長保持其金本位也。

六 加拿大

加拿大之本位貨幣曰元，與美國金元之重量成色，一一相等。蓋加拿大與美接境，犬牙交錯，經濟上關係綦密，故捨母國之制度不用而傚美制。但母國之蘇委蘭(Sovereign)亦爲法幣也。

加拿大之有鑄幣始於一千九百零八年。前此雖有鑄幣之法令，然不啻具文，其通貨大部份盡爲領地鈔券(Dominion note)及銀行鈔票，當須運金出口則用生金及英美金幣。現其硬幣有五元及十元之金幣，五角、二角半、一角及五分之銀輔幣，五分之鎳輔幣與一分之銅輔幣。金幣爲無限法幣，銀輔幣於十元以內爲法幣，鎳輔幣於五元以內爲法幣，銅輔幣於二角半以內爲法幣。美國金幣亦法幣也。

加拿大貨幣制度與上述各國之幣制有一特異之點，即紙幣除銀行券外，尚有領地鈔券之發行是也。此項鈔券爲加政府之紙幣，其發行權與於一千八百六十八年。當時其最大發行限額定八百萬元，又定在五百萬元以下者，須有二成現金準備，在五百萬元以上者，須有二成半現金準備。一千八百七十年，加國會將二成現金準備之最大發行額增至九百萬元，並許政府於此外得作無限額十足現金準備之發行。自此第一次增加之後，無十足現金準備之發行額，又曾經若干次之增加，而所需現金準備之成數，每次亦均有增減不等。當大戰爆發時，前者已增至五千萬元，而後者則改爲二成半。

大戰爆發後，因歐洲及美國證券交易所之停閉，故加拿大金融情形，亦呈現緊張，人民爭向銀行提取現金銀行庫存現金有涸竭之虞。於是加國會通過理財條例（Finance Act），規定當恐慌或戰爭之時，特許銀行（Chartered banks）得以鈔票支付債務，並得以指定種類之證券及票據向政府借款，領取領地鈔劵，俾有所根據增發鈔票，而政府則可基於此項證劵及票據增發領地鈔劵。據此規定，領地鈔劵之發行額，變可伸縮自如，不復受以前之最高額之限制。故於大戰期內，日增月長，至一千九百十八年中，達三萬三千七百餘萬元。

理財條例之通過，本以救濟戰時之金融，但一千九百二十三年，加國會加以修改，使成爲永久有效。此可謂加拿大幣制之大變革，蓋前此特許銀行於平時可謂絕無方法可在加拿大境內增加其發行準備，今則能以迅速方法行之。自此加拿大銀行兌換劵之發行制度，較前尤富伸縮彈性，而領地鈔劵之發行額，亦永久隨商業上通貨需要之增減爲伸縮矣。領地鈔劵爲無限法幣，加政府對之有兌換現金之義務，其數量雖多，然大抵盡用充特許銀行之發行準備，所流行於市上者至寡也。

領地鈔劵之外，加拿大之紙幣，尙有特許銀行之鈔票。特許銀行發行鈔票，當未超過資本之額時，可以不必設置特別準備，過此則必以十成現金或領地鈔劵繳存於中央金準備（Central reserve fund）爲準備。但於收穫時季，即每年九月至二月，可增發無準備鈔票以至相當於股本與公積金之百分之十五之限度，惟對此須繳納五釐以下稅率之發行稅於政府，其率由財政部長定之。特許銀行之發行鈔票，雖受此限制，然觀上述理財條例，特許銀行可隨時以有價證劵或商業票據向政府假借領地鈔劵，故其鈔票發行額，實際上乃視商業之數量爲轉移，無何限制，至富伸縮彈性也。

加拿大政府於大戰發生後，即停止領地鈔劵之兌現，及禁止現金出口，至一千九百二十六年始恢復金本位制。一千九百三十一年英國停止金本位後，加拿大旋亦效踵，再度禁金出口，現尚未解禁也。

七　日本

日本於明治四年以前，私鑄劣幣及不兌換紙幣充塞市場，貨幣情形，紊亂不可言狀。斯年頒布新貨幣條例，始有統一之幣制。該例規定以金圓爲貨幣之單位，每圓含純金一·五格蘭姆，但同時於金主幣及銀、銅等輔幣外，又規定鑄造重二六·九五七格蘭姆成色九成之一圓銀主幣，得於通商口岸行用，爲無限法幣，以便貿易，每百圓等於本位金幣一百零一圓。

初明治二年，日政府曾頒佈銀本位制法，其貨幣始依十進法而有圓、錢、釐等名稱，但頒佈方及一年，大藏少輔伊藤博文以爲宜順世界之大勢，採用金本位制，故有上述新貨幣條例之頒佈。觀該條例雖規定有兩主幣，然銀主幣僅爲貿易銀，其通行限於通商口岸，其授受限於國外貿易，故此條例之下，日本幣制，應謂爲金本位制也。

銀主幣之流通，雖受限制，然既有金銀兩主幣，則複本位制之作用，其勢不能全免。按每百圓銀主幣等於一百零一圓本位金幣之兌換率，其法定比價爲一對十六。明治六年起，世界銀價日趨低落，故日本金幣滔滔外流，而墨西哥銀幣則源源內溢。日政府爲防止此情勢起見，於明治八年增加銀主幣之重量至二七·二一六格蘭姆，又於翌年將金銀兩幣之交換率改爲銀幣百圓合金幣百圓，然俱無濟。於是於明治十一年擴張銀主幣使用之範圍，規定凡租稅及其他公私交易上，准其一律通用，是卽改金本位制爲複本位制也。

然事實上此時日本之幣制，乃爲銀本位幣制也。何則，日政府改更銀主幣重量與金銀幣交換比率之後，金銀幣之法定比價不過改至一對十六・一七。然金銀之市場比價此時遠異於此。例如明治十一年爲一對十七・九二，二十二年爲一對十八・三九，十三年爲一對十八・六四，十八年爲一對十九・四一。故葛雷欣法則，於日本逐漸施展，金幣日亡，銀幣日增，最後市上幾不見金幣，銀幣充斥，此與銀單本位制何異乎。

自是銀價下跌日甚，至明治二十五年，金銀之市場比價，變至一對二十三・七二，翌年變至一對二十六・四七，又翌年變至一對三十二・五六。於是日本物價日騰，生計日蹙，歲出增加，公債跌落，一切貿易，俱含投機性質，改革幣制之呼聲，囂然塵上。會中日之役，日本得我國賠款及其他各費約英幣三千八百零八萬餘鎊，遂以此作金本位制之準備金，於明治三十年頒佈貨幣法，改採金本位制。

於敍述日本明治三十年新貨幣法之內容先，當補述其當複本位時期內一段紙幣歷史。日政府當明治初年，因內外之多事及稅入之不豐，故發行紙幣甚多。而國立銀行鈔票同時又充斥市場，兩者事實上皆不兌現。至明治十三年一月，政府紙幣達一萬三千六百萬圓，銀行紙幣達三千四百萬圓，而金銀貨幣，則幾乎絕跡。當時日政府曾行種種方法，如禁止銀幣之投機買賣，及散發國庫之積存銀幣等，以防止紙幣之跌價，然俱無效。遂於是年起毅然決定爲不兌換紙幣之收回，一方緊縮預算，一方增加租稅，於同年九月卽開始銷燬紙幣，十九年一月起實行以銀幣兌換。至於銀行紙幣，則於十五年設立日本銀行，二年後給以發行銀行兌換劵之獨佔權，而取消國立銀行之發行權，使其逐漸收回鈔票。經此各種整頓後，約明治二十三年左右，銀幣紙幣之間，便並行流通，無所歧異。國立銀行鈔票，至明治三十二年起禁止流通。

於明治三十年之貨幣法下，日本之幣制，略如下述。價格之單位，四圓含純金二分。金屬貨幣，有金、銀、白銅、及紅銅四幣。金幣分五圓、十圓及二十圓三種，銀幣分二十錢及五十錢兩種，白銅幣分五錢及十錢兩種，紅銅幣分一錢及五釐兩種。金幣爲無限法幣，其他各幣之法幣資格，銀幣限十圓，白銅幣限五圓，紅銅幣限一圓。貨幣之計算，概用十進法，一圓合百錢，一錢合一釐。舊日發行之一圓銀幣，以與金幣一圓相等之比例，由政府酌量掉換。在掉換未結束前，暫准作無限法幣，與金幣並用。若禁止通用，須於六個月以前明令公布，而自禁止通用之翌日起，五年之內，不請求掉換者，其後即以生銀論。人民得以生金請求造幣廠代鑄金幣，其數額可無限制。一圓銀幣，則廢止鑄造。

觀該貨幣法，日政府似本擬先行跨本位制，漸漸改入金單本位制，蓋則明治初年至三十年，其間鑄發之銀主幣，爲數達一萬六千五百餘萬圓，就中除損毀及流出者不計外，尚有六七千萬圓，若一旦悉使兌換金幣，則將更助長當時銀價之下落，於國庫不利甚大，所以原始決定採用逐漸收回之辦法。但其後銀價下落益甚，不知胡底。爲避免蒙受更鉅之掉換損失起見，日政府遂於明治三十年九月勅令銀主幣自翌年四月一日起禁止通用，又以同年六月法令，將其掉換時間縮爲三月。故銀主幣之掉換，僅以明治三十一年七月三十一日爲限，而於同年四月一日，日本即成爲純粹之金單本位國矣。日政府所收回之銀主幣，一部份係用以改鑄銀輔幣，一部份則以之輸入台灣云。

大正六年，英國禁金出口後，日本恐現金之源源外流，亦頒行同種禁令，自是起其金本位即失其效用。大戰告終，各國旋即先後解除金禁。而日本則獨以戰時經濟變態尚未恢復，又地震經濟恐慌等事相繼發生，不能迅速效踵，荏苒至昭和四年（一九二九年）十一月始正式預告解禁，定於翌年一月十一日起實行。但施行未及二年，滿洲變起，國內支出躍增，匯價暴跌，遂又再度禁金出口，迄今未解，故亦停止金本位國之一也。

第十五章 中國貨幣制度

一 古代之貨幣

甲 硬幣

我國貨幣之興，其來悠遠。伏羲氏聚天下之銅，仰視俯觀，以爲棘幣，好員法天，肉方法地，以蓋輕重，以適有無，是爲貨幣之權輿。大皞氏高陽氏謂之金，有熊氏高辛氏謂之貨。神農列廛於國，以聚貨帛，日中爲市，以交有無。黄帝制金刀，立五幣，設九棘之利，爲輕重之法，而財用自是作，刀棘由此顯。陶唐氏謂之泉。禹五年水，湯七年旱，人之無糧，有鬻子者。於是禹以歷山之金鑄幣而贖人之無糧賣子者。湯以莊山之金鑄幣，以救人之困。此時幣分三品，上者珠玉，中者黄金，下者白金，然錢幣之形式，尙無規定也。周興，太公立九府圜法，黄金方寸而重一斤，錢圜函方，輕重以銖，布帛廣二尺二寸爲幅，長四丈爲疋，由是貨幣始有定制，後世均以此爲法。此時周之錢制，只有一品。至景王時，更鑄大錢，徑一寸二分，重十二銖，文曰寶貨，肉好皆有周郭，採子母相權之道，小錢不廢，二品並行，百姓稱利，而周之錢法，遂一變焉。唐虞三代之世，錢幣甚少，當時民有常業，一家之用，自穀米、布帛、蔬菓、魚肉，皆因其力以自致，計其待錢而具者無幾。上又明令設禁，不使民窮力遠須，故書曰，惟土物愛厥心藏。老子曰，致治之極，民甘其食，美其服，樂其俗，鄰國相望，鷄犬之聲相聞，民至老死不相往來。論財賦者皆以穀粟爲本，九貢九賦，用錢幣爲課者極少，俸祿亦係頒田制祿，君卿大夫不過以采地爲多寡，未嘗以錢布爲祿。夫無所用錢如此，錢安得不少。

秦幷天下，幣爲二等。黄金以鎰爲名，上幣。銅錢質如周錢，文曰半兩，重如其文，下幣。珠玉龜貝銀錫之屬，只爲器飾寶藏，不爲幣。蓋至此而始採用純金屬貨幣也。漢興，以秦錢重難用，更鑄楡莢錢，重三銖。復周之制，以斤名金，禁止私鑄。錢改輕，物價騰貴，米至石萬錢，馬至匹百金。高后二年，以錢過輕，行八銖錢。孝文五年，造四銖錢，文爲半兩，除盜鑄錢令，使民放鑄。於是私鑄蜂起，吳以諸侯卽山鑄錢，富埒天子，鄧通亦以鑄錢財過王者。四十餘年之間，吳鄧錢布天下。遂乃復申私鑄之禁，而景帝時，更定鑄錢棄市律。武帝卽位，以連年匈奴寇邊，國用窘絀，乃壞四銖錢，而改鑄三銖。不數年，以新錢太輕，又罷之，而行半兩錢。旣而有司言半兩錢法重四銖，而姦或盜摩錢取鎔，錢益輕薄而物貴，遠方用幣煩費不省，於是銷半兩錢而重鑄三銖錢。未幾言者謂三銖錢輕，易作姦詐，遂令郡國鑄五銖錢，周郭其質，使不可得磨取鎔。蓋於是三銖錢已鑄而罷，罷而復鑄，復鑄而復罷矣。郡國鑄錢，民多姦鑄，錢多輕，遂令京師鑄官赤仄，一當五，凡賦官用，非此不得行。然鑄纔二年，又廢。於是悉禁郡國毋鑄錢，專令上林三官鑄之。所鑄旣多，禁非三官錢不使用，諸郡國前所鑄錢，皆廢銷之，輸入其銅三官。計武帝一世，錢法之變，凡四五次，民不堪其擾，而姦巧之徒，乘機盜鑄，不可勝數，雖嚴刑禁遏不絕。至此鑄錢權獨歸三官，民之私鑄者始漸少，計其價不能相當，唯眞工大姦乃盜爲之。五銖錢始鑄於武帝元狩五年，至平帝元始中，成錢二百八十億萬餘。

王莽居攝，變漢制，以周錢子母相權，於是造大錢，徑寸二分，重十二銖，文曰大錢五十。又造契刀錯刀，前直五百，後直一千，與五銖錢凡四品並行。郎眞，以書劉字有金刀乃罷錯刀契刀及五銖錢，而更作金銀龜貝錢布之品，凡五物六名二十八品行之。而民便安五銖錢，市買如故。莽患之下詔厲禁而貨貝慣亂終莫之能行。於是農商失業食貨俱廢，自公卿以至庶人坐錢禁抵罪者不可勝計，莽知民愁乃但行小錢直一，與大錢五十二品並行，龜貝布屬且寢。但天鳳元年，又申金銀龜貝之貨改作貨布貨泉而罷大小錢。莽數以意改作貨布所由無常，民莫知所守，不勝其苦。同時公孫述在蜀，亦廢五銖錢，置鐵官鑄鐵錢，百姓貨幣不行。時童謠曰黃牛白腹五銖當復，好事者竊言王莽稱黃，述自號白，五銖漢貨言天下當并還劉氏。

光武誅莽後，盪滌煩苛復五銖錢。靈帝鑄四出文錢，錢皆四道。董卓焚長安，悉毀五銖錢，更鑄小錢。盡取長安及洛陽銅人飛廉之屬以充鼓鑄。又錢無輪郭文章不便人用。由是貨輕物貴，穀一斛至錢數百萬。及魏武爲相罷之，還用五銖。是時不鑄錢既久，貨本不多，又更無增益，故穀賤無已。魏文帝黃初二年，以穀貴罷五銖錢，使民以穀帛爲市。明帝世，錢廢穀用既久，人間巧僞漸多，競溼穀以要利，作薄絹以爲市，雖處以嚴刑而不能禁。司馬芝等議用錢非徒豐國，亦所以省刑，今若更鑄五銖錢，則國豐刑省，於事爲便。明帝乃更立五銖錢，至晉用之，不聞有所改創。時吳鑄當五百、當千大錢兩種。蜀鑄直百錢。

晉元帝渡江，用孫氏舊錢，輕重雜行，大者謂之比輪，中者謂之四文。同時吳興沈充鑄小錢謂之沈郎錢。錢既不多，由是稍貴。宋劉裕受禪立錢署鑄四銖錢，輪部形制與五銖同，不爲盜鑄者所利。孝武帝更鑄孝建四銖錢，而錢形或薄，小輪郭不成。於是民間盜鑄者雲起，雜以鉛錫，並不牢固。又翦鑿古錢，以取其銅錢轉薄小稍違官式。雖重制嚴刑，民吏官長坐死免者相繼，而盜鑄彌甚。廢帝即位，鑄二銖錢，而開百姓鑄錢，錢形轉細，官錢每出，人間即模效之，而大小厚薄皆不及。其無輪郭不磨鑢如彼時之剪鑿者，謂之耒子，尤輕薄者謂之荇葉。其後沈慶之啟通私鑄，一千錢長不盈三寸，大小稱此，謂之鵝眼。比此更劣者謂之綖環錢，入水不沈，隨手破碎，數十萬錢不盈一掬，錢之低劣，莫過於此。明帝泰始初乃禁私鑄，始禁鵝眼綖環，其餘皆可通用，後又令僅用古錢。

齊高帝受宋禪，以錢貨轉少，議更廣鑄，令諸州郡大市銅炭，會宴駕事寢。梁初，惟京師及三吳、荆、郢、江、湘、梁、益用錢，其餘州郡，則雜以穀帛交易。交、廣之域全以金銀爲貨。武帝乃鑄五銖錢，肉好周郭，而又別鑄，除其肉郭，謂之女錢，二品並行。而民私以古錢交易者衆，當時有直百、五銖、女錢、太平百錢、定平一百、五銖雉錢、五銖對文種種之錢，輕重不一。帝頻下詔書，非新鑄二種錢不許用，而趨利之徒，私用轉甚。普通中乃議罷銅錢，更鑄鐵錢。人以鐵賤易得，並皆私鑄。及大同以後，所在鐵錢如丘山，物價騰貴，交易者以車載錢，不復計數，而惟論貫。商旅姦詐，因之以求利。自破嶺以東，八十爲百，名曰東錢。江郢已上，七十爲百，名曰西錢。市師以九十爲百，名曰長錢。至梁末年，錢百益少，以三十五爲百。梁末又有兩柱及鵝眼錢，同時雜用，但兩柱重而鵝眼輕，私家多鎔之。又間以錫鐵，兼以布帛爲貨。陳代梁，不用鐵錢。文帝天嘉三年，改鑄五銖錢，一當鵝眼之十。宣帝大建十一年，又鑄大貨六銖，以一當五銖之十，與五銖並行，後還當一，人皆不便，乃相訛言曰六銖錢有不利縣官之象。未幾遂廢而行五銖，竟至陳亡。是時嶺南諸州，多以鹽米布交易，俱不用錢。

關於北朝錢幣，魏初至於太和，錢貨無所周流，高祖始詔天下用錢，十九年冶鑄粗備，文曰太和五銖，詔京師及諸州鎮皆通行之。民有欲鑄，聽就官爐，銅必精練，無所和雜。宣武帝及孝莊帝亦皆鑄五銖錢。孝莊所鑄者曰永安五銖，流行至北齊初年。齊文宣受禪，廢永安五銖，而改鑄常平五銖，制造甚精。但至乾明皇建之間，私鑄漸盛。鄴中用錢有赤熟、青熟、細眉、赤生之異，河南所用者有青、薄、鉛、錫之別，青、齊、徐、兗、梁、豫等州輩類各殊，皆私鑄者也。至於齊亡，卒不能禁。後周之初，尚用魏錢。及武帝保定元年，乃更鑄布泉之錢，以一當五，與五銖並行。建德三年，又鑄五行大布錢，以一當十，與布泉錢並行。五年，廢布泉錢。宣帝大象初，又鑄永通萬國錢，以一當十，與五行大布及五銖凡三品並用。

隋興，以天下錢貨輕重不一，更鑄新錢，背面肉好皆有周郭，文曰五銖，重如其文，每錢一千重四斤二兩。開皇三年，付各關錢樣勘驗，從關外來錢，樣不同者，則壞以爲銅入官。四年，以前代舊錢繁雜，所在用以貿易不止，遂詔縣官仍不禁用者奪半年俸。五年以後，屢嚴錢制，錢貨遂漸統一，所在流布，百姓便之。惜乎大業以後，王綱弛紊，私鑄之風又熾，錢轉薄惡。初每千猶重二斤，後漸輕至一斤。或剪鐵鍱、裁皮糊紙以爲錢，相雜用之，貨賤物貴，以至於亡。

唐高祖初入關，民間用線環錢，其製輕小，凡八九萬纔滿半斛。武德四年，乃開鑄開元通寶，徑八分，積十錢重一兩，甚得輕重大小之中。於洛、并、幽、益、桂等州皆置監，而民間盜鑄者死。初出時，人甚便之，其後盜鑄漸起。高宗顯慶五年，以惡錢多，官爲市之，以一善錢售五惡錢，然弊仍不息，民藏惡錢以待禁弛。乾封元年，乃改鑄乾封泉寶錢，以一當舊錢之十。踰年，以商賈不通，米帛踊貴，復行開元通寶錢，而天下皆鑄私錢，犯法日蕃，有以舟筏鑄於江中者，屢禁不能止。惡錢充斥。武后長安中，令懸樣於市，百姓依樣用錢。未幾，以揀擇煩難，交易停滯，乃令錢非穿穴及鐵錫銅液皆得用之，熟銅排斗沙澀之錢皆售。自是盜鑄蜂起，江淮游民，倚大山陂海以鑄，吏莫能捕。先天之際，兩京錢益濫，郴衡線緶有輪郭鐵錫五銖之屬，皆可用之。或鎔錫摸錢，須與百十。元宗開元初，用宋璟言，嚴禁惡錢，斂而更鑄之，非重二銖四分以上者不得用。銅錫亦禁斷私賣，以杜盜鑄之端。然利之所在，人犯死趨之。加以其後出銅所在，皆置監鑄開元通寶錢，民盜鑄彌易。於是天下盜鑄雲起，廣陵、丹陽、宣城尤甚。京師權豪，歲歲取之，舟車相屬。江淮偏鑪錢多至數十種，雜以鐵錫，輕漫無復錢形。公鑄者號官鑪錢，一以當偏鑪錢七八，富商往往藏之，以易江淮鑄者。西京錢有鵝眼、古文、線環之別，每貫重不過三四斤，至剪鐵而緡之。唐代錢幣之亂，此時最甚，肅宗卽位，以經費不給，使第五琦鑄乾元重寶錢，徑一寸，每緡重十斤。與開元通寶參用，以一當十，亦號乾元十當錢，及琦爲相，又命絳州諸鑪鑄重輪乾元錢，徑一寸二分，每緡重十二斤，與開元通寶並行，以一當五十。是時民間行三錢，法既屢易，物價騰踴，米斗至錢七千，餓死者滿道。京師人私鑄併小錢，壞鐘像犯禁者愈衆。鄭叔淸爲京兆尹，數月榜死者八百餘人。上元元年，鑑於上述情形，乃減重輪錢一當三十，開元舊錢與乾元十當錢皆以一當十。代宗卽位，乾元重寶錢以一當二，重輪錢以一當三，凡三日而大小錢皆以一當一。自第五琦更鑄，犯法者日數百，州縣不能禁止，至是人甚便之。其後乾元重輪二錢，鑄爲器不復出，而自此迄唐之末，錢法亦無有更張者。五代十國之際，各方皆有鑄錢，因地制宜，各有不同。

宋初鑄開元通寶，輕重一準唐開元。太宗時，用紀元鑄錢，曰太平通寶。淳化改鑄，又親書淳化元寶，作眞行草三體。後改元更鑄，皆曰元寶，而冠以年號，然輕重率準開通。仁宗寶元中，特命以皇宋通寶爲文，但慶歷以後，復冠以年號如舊，而此皆爲銅錢也。太祖初年，禁用鐵錢，然未幾詔雅州百大縣置監冶鑄。自是終宋之代，銅鐵錢並用。諸路置監鑄錢，有銅錢監，有鐵錢監，而時增減其數。又隨時立制，錢有折二、折三、當五、當十、小平、夾錫等種，殽雜並行。而私鑄紛起錢法之紊難以縷述。遼之先代，以土產多銅，已有鑄幣。太祖以後，代有開鑄。有天贊通寶、應歷重寶、乾亨重寶、太平元寶、太平興寶、重熙通寶、清寧通寶、咸雍通寶、太康元寶、大安元寶、壽隆元寶、乾統元寶、天慶元寶等種。金初用遼宋舊錢，至海陵正隆二年，始置監鑄錢，其文曰正隆通寶，如宋小平錢，而肉好字文峻整過之，與舊錢通用。世宗大定時，又鑄大定通寶，字文肉好，又勝正隆之制，章宗泰和四年，鑄大錢一直十，文曰泰和重寶。金代多用交鈔，鑄錢無多。

元盛用鈔，錢幾廢鑄造極尠。武宗至大三年，始行錢法，立資國院泉貨監以領之。鑄錢曰至大通寶者，一文準至大銀鈔一釐，曰大元通寶者，一文準至大通寶錢十文。歷代銅錢，悉依古例與至大錢通用；其當五、當三、折二並以舊數用之。然未及期年，仁宗以鼓鑄弗給，新舊資用，其弊滋甚，又廢錢不用。順帝至正時，詔鑄至正通寶錢，與歷代銅錢並用，以實鈔法。但值世變尋即罷鑄。始元世祖嘗以錢幣問太保劉秉忠。對曰，錢用於陽，楮用於陰，華夏陽明之區，沙漠幽陰之域，今陛下龍飛沙漠，君臨中夏，宜用楮幣，俾子孫世守之，若用錢，四海且將不靖。故終元之代，絕不用錢。

明太祖初置寶源局於應天，鑄大中通寶錢，與歷代錢兼行，以四百文爲一貫，四十文爲一兩，四文爲一錢。及平陳友諒，命江西行省置貨泉局，頒大中通寶大小五等錢式使鑄之。既即位，鑄洪武通寶錢；其制凡五等，曰當十，曰當五，曰當三，曰當二，曰小錢。當十錢重一兩，餘遞降，各如其所當之數，而小錢重二錢。各行省皆設寶泉局，與寶源局並鑄，而嚴私鑄之禁。各局爐座及所鑄錢數皆有定額。其初寶源局鑄京字於錢背，後多不鑄，民間無京字者不行，於是洪武四年命改鑄大中洪武通寶大錢爲小錢以便之。六年，詔私鑄錢許作廢銅送官，斤官給價一百九十文。八年，推行鈔法。越二年，鑄小錢，與鈔兼行，百文之下只用錢，商稅兼收錢鈔，錢三鈔七。二十年，更定錢式，每生銅一斤鑄小錢一百六十，折二錢半之，當三、當四、當五、當十准是爲差。繼又改小錢每一文用銅二分，其餘各等依是遞增。成祖永樂九年，鑄永樂錢。宣德九年，鑄宣德錢。弘治十六年以後，鑄弘治錢。世宗嘉靖六年，又鑄嘉靖錢，每文重一錢三分，且令補鑄累朝末鑄者。三十二年，鑄洪武至正德紀元九號錢，每號一百萬錠，嘉靖紀元錢一千萬錠，一錠五千文。時禁止鉛、錫、薄劣諸錢，止許用嘉靖及本朝錢，而稅課抽分，諸廠專收嘉靖錢，民患錢少，乃發內庫錢折給俸糧，又令通行歷代錢，有銷新舊錢及以銅造像製器者比盜鑄。先是民間行用濫惡錢，率以三四十文當銀一分。狡僞者或剪楮夾其中，卒不可辨。既而詔公私用錢，惟以國初及前代相兼行使，凡嘉靖通寶錢，洪武諸紀元錢，與前代雜錢上品者俱以七文准銀一分，其餘視錢高下，或十文或十四文或二十文準銀一分，其一切私造不堪濫錢，悉禁不行，犯者置之法。小錢行用久，驟革之，民頗不便，又出內庫錢給文武官俸，不論何種，悉以七文折算。而諸以俸錢市易者，亦悉以七文抑勒予民，民益騷然。屬連歲大祲，四方流民就食京師，死者相枕藉。論者謂錢法不通，於是何建鈺請許民用小錢，上從之，且定嘉靖錢七文，洪武諸錢十文，前代錢三十文當銀一分。然諸濫惡小錢，以初禁之嚴，雖奉旨間行，竟不復用。而民間競私鑄嘉靖通寶錢，與制錢通行焉。越數年，從戶部之議，諸錢準折，聽民自便，不設文數。時所鑄錢有金背，有火漆，有鏇邊。議者以鑄錢艱難，工匠勞費，革鏇車，用鑪錫。於是鑄工競雜鉛錫，圖便剉治，而輪郭粗糲，色澤慘暗，姦僞仿效，盜鑄日滋，并金背錢亦沮不行，閭閻苦之。其盜鑄死罪，日報終不能止。帝患之，問閣臣徐階。階請停寶源局鼓鑄，從之。自是稅課徵銀而不徵錢，且民間只用制錢，不用古錢，而私鑄者多。穆宗初，錢法不行。高拱言錢有定制，而後可以通行，今朝議夕更，迄無成說，小民恐今日得錢，而明日不用，是以愈更而愈亂，愈禁而愈疑，臣惟錢法之行，當從民便，昔何以不議錢法而錢行，今何以議之而阻，願降明旨，一從民便，更不多爲之制，以亂人耳目。上深然之，而錢法復稍稍通。隆慶四年，鑄隆慶通寶。萬歷四年，詔準嘉靖錢式鑄萬歷通寶，金背錢一萬四千錠，火漆錢六千錠，一枚重一錢二分五釐。又鑄鏇邊錢，一文重一錢三分，頒行天下。俸糧皆銀錢兼給。天啓元年，鑄泰昌錢。既又仿漢武白金三品之制，鑄當十、當百、當千三等大錢。當是時，開局遍天下，重課錢息。崇禎時，錢式尤不一。乃更定錢式，每文重一錢，每千直銀一兩。而南都錢輕薄，屢旨嚴飭，乃定每文重八分。明初，歷代錢與本朝制錢通行。自神宗初，從龐尚鵬議，古錢只許用民間，輸稅贖罪，俱用制錢。啓禎時，廣置錢局，始括古錢以充廢銅。民間市易，亦擯古錢不用矣。懷宗初即位，黃承昊請銷古錢，劉鴻訓以爲不便，帝是劉言。既而以王鑾言收銷舊錢，但行新錢。於是古錢銷毁頓盡。蓋自隋世盡銷古錢以來，至是爲再見也。嘉靖制錢最工，隆慶、萬歷加重半銖。自啓禎新鑄出，舊錢亦從棄置，而新鑄之錢，彌多彌惡，太半雜鉛砂，百不盈寸，捽擲輒破碎。崇禎末年，敕鑄當五錢，更命工部增爐，不及鑄而明亡。

清太祖丙辰建元，鑄天命通寶錢，分二品，一書滿文，一書漢文。太宗御極，鑄天聰通寶錢，亦分二品。世祖定鼎燕京，置寶泉、寶源二局，各鼓鑄制錢，文曰順治通寶，每文重一錢。尋即將錢式頒發各省鎮，有應需鼓鑄者，令定儀開局。二年，改錢制，每文重一錢二分，七文準銀一分，舊錢十四文準銀一分。是年又禁用前代舊錢。四年，以錢價重，小民交易不便，改爲十文準銀一分。八年，又改定錢制，每文重一錢二分五釐。十年，鑄一釐字錢，每千文準銀一兩。十四年，以私錢公行，官錢壅滯，乃令各省停鑄，獨由京局鑄錢，每文重一錢四分，比舊錢略加闊厚。現行之錢，姑暫通用，三年後只用新鑄者，舊錢盡行銷毁。十七年，以交通阻隔，錢難流通，復令各省鎮鼓鑄。康熙即位，頒行康熙通寶錢，輕重如舊制，與順治通寶錢並行。二年，收毀一釐字錢，每觔給直六分，發錢局改鑄。二十三年，更定錢制，每文重一錢，是爲康熙小制錢，俗名之京墩。四十一年，以私鑄競起，復一錢四分之制，每千文準銀一兩，京墩每千準銀七分。雍正即位，鑄雍正元寶錢，與順治、康熙大小制錢並行。七年，申定錢直每銀一兩只許換制錢一千。是時錢不甚足，而銅產少，遂嚴禁民間毀錢造器，於各省設立公所收買銅器，非一品之家，不許用黃銅。十二年，以錢重徒滋銷毀，又改定錢制，每文重一錢二分。乾隆元年，鑄乾隆通寶錢，罷黃銅器皿之禁，收銅禁銅之處，悉行停止。五年，令各省改鑄青錢，加錫配鑄，以杜民間銷毀之弊。二十三年，定分別收換廢錢之例，唐、宋、元、明、清錢，聽民使用，僞號錢文，則嚴行禁革，准民間檢出官爲收換。平回部後，令該地設局鑄乾隆通寶，仍用黃銅，每文重二錢，以易回部舊錢，銷毀更鑄。嘉慶元年，鑄嘉慶通寶。道光、咸豐登位，亦各有鼓鑄，咸以通寶爲名，而冠以年號。清代制錢，皆若是也。咸豐三年，以兵餉告乏，令鑄大錢，分當十、當五十、當百、當五百、當千五種，當千者重二兩。時王茂隆痛論其非，謂歷代行使大錢，未有三年而不改變廢罷者，亦未有不盜鑄雲起物價踊貴者。後果以流通不便，令祇鑄少數當五與當百十，其餘盡鑄當五、當十及一文制錢，其已鑄當五百及當千者，以寶鈔收回之。是年又諭准鑄鐵錢，而自此錢法之整肅，遠不如前矣。五年，改定制錢重量爲每文八分。八年，令收回大錢，改鑄制錢。同治即位，沿分八之制，採用洋銅，以資鼓鑄。光緒初，鑄光緒通寶及當十大錢，但後以各省已大鑄銅元，當十大錢不甚通行，乃停鑄之，今改鑄制錢。三十一年，以制錢銷毀日多，故其重量，每文八分。三十四年，又減之至三分二釐，以柴銅六成白鉛四成合鑄。至此時銅元已盛行各處，民咸便之，又生活程度日升，故制錢之用日窄，而亦寖不復鑄矣。

以上所述者爲銅鐵幣，然我國古代之硬幣，不止銅鐵幣而已，金銀幣亦有之，特其流通範圍甚狹，而又多用秤量制度行使故難以稽考耳。太史公曰『虞夏之幣，金爲三品，或黃，或白，或赤，或錢，或布，或刀，或龜貝。』管子曰，『先王以珠玉爲上幣，黃金爲中幣，刀布爲下幣。』然則金銀之用爲貨幣，尙在圜法以前也。大公立九府圜法，定黃金方寸重一斤，錢圜函方，輕重以銖，此可見當時黃金係與銅錢並用。秦時幣分二等，黃金爲上幣，以鎰計，漢世亦用金銀爲貨幣。武帝鑄白金三品，其一爲白選，其文龍，圜形，重八兩，直三千。其二曰以重差小，方之，其文馬，直五百。其三曰復小，橢之，其文龜，直三百。王莽鑄金銀貨，金貨黃金重一兩，直萬錢，爲上品。銀貨一曰朱提，重八兩，爲一流，直一千，一曰它銀，一流直千，共二品。是皆可爲當時用金銀貨幣之證。東漢以後，黃金轉少，蓋人民漸習於奢侈，又佛老之教盛行，金銀多用爲土木之飾，然並非絕無用爲幣者。晉書石勒傳『勒既還襄國，襄國大饑，穀二升值銀二斤，肉一斤值銀一兩。』南史呂僧珍傳，『僧珍生子，季稚往賀，署函曰錢一千，僧珍疑其寡，親自發，乃金錢也。』周書李賢傳，『賜衣一襲，銀錢一萬。』隋書楊素傳『拜素子玄獎爲儀同，加以銀瓶，實以金錢。』黃宗羲明夷待訪錄云『唐時，大歷時，嶺南用銀之外，雜以金錫。』舊唐書元宗紀，『元宗先天二年九月，宴王公百寮於承天門，令左右於樓下撒金錢，許中書門下五品以上官及諸司三品已上官爭拾之。』又『天寶十載，楊貴妃爲安祿山行洗兒禮，元宗賜洗兒金銀錢數十萬。』寓圃雜記，『嘉定宣嗣宗爲中書舍人，宣宗幸內閣，以銀錢撒地，令諸從官競取，嗣宗俟諸臣取畢，徐拾一文。』雲仙雜記『西門季元造二色酒，白酒中有墨花雀，道旅以金銀銅錢來酤，曰以我三樣錢，買君二色酒，欲辭得乎。』又載『富人賈三折夜以方囊盛金錢於腰間，微行市中買酒，呼秦聲女置宴。』新唐書食貨志『唐制，租庸調法，凡非蠶鄉得輸銀十兩，謂之調。』閩康宗本紀『通文元年，詔以金錢市馬，得良馬六。』十國春秋吳越文穆王子儼傳『儼生之夕，母崔夫人合瞑時，見一僧坐帳前，既寤，彷彿如覩，乃生儼，文穆王喜，命鑄金銀大錢爲洗兒具。』武林舊事，『宋代皇后謁廟，散付金錢銀錢二種。』張氏可書『道宗遜位，乘輕輿出東水門，見賣蒸餅者，於篋中取金錢十文，市一枚以食。』宣和錄，『金人入內，競取諸庫珠寶……上皇閤分金錢四十貫，銀錢分八十貫，皇帝閤分金錢二十貫，銀錢四十貫，皇后閤分金錢十一貫，銀錢二十二貫。』太平興國二年，江南西路轉運司言，『諸州蠶桑少，而金價頗低，今折稅絹估小而傷民，金估小而傷官，金上等舊估兩十千，今請估八千。』眞宗景德三年，詔東西川商稅，鹽酒課利，所納一分金，宜罷之，其愿納者聽。仁宗廣歷以前，邛州鹽井歲額，亦聽以五分折銀紬絹。景佑時，詔諸路歲輸緡錢，福建二廣易以銀。同時平陽縣身丁錢徵銀，歲輸銀二萬八千兩。淳熙中，每歲由左藏庫支出三衙及百官俸給內錢一千五百五十八萬餘緡，銀二百九十三萬餘兩，金八千四百餘兩。乾道八年，樞密院言二月爲始，諸軍七人例以上二分錢，三分銀，五分會子，五人例三分錢，四分銀，三分會子。武林舊事，乾淳教坊樂部條，亦載有支工銀之名單，每人每月銀十兩。以上諸例，足證自晉迄於宋，歷代皆曾用金銀爲幣也。金代之用銀，尤爲顯著。章宗明昌四年，令陝西官兵俸給，許錢絹銀鈔各半。承安二年，尚書省議謂時所給官兵俸及邊戍軍須，皆以銀鈔相兼，舊例銀每錠五十兩，其直百貫，民間或有截鑿之者，其價亦隨低昂，遂改鑄銀名承安寶貨，一兩至十兩分五等，每兩折錢二貫，公私同現錢用。承安三年，命西京，北京，臨潢，遼東等路一貫以上，俱用銀鈔寶貨，不准用錢。泰和六年，許諸科徵鋪馬黃河夫軍須等錢折納銀一半。顧炎武日知錄云，金承安以後，民但以銀論價，而哀宗正大間，民間均以銀市易。』銀之盛用於金代如此。元時鑄銅錢極少，用寶鈔爲通貨，寶鈔既幾全係銀鈔，故銀兩乃其時之主要貨幣。當時小宗交易以及買賣酒食等，均以銀兩爲買賣之單位。其最好之證據，莫若民間通俗瑣事之記載。如元曲選關漢卿金線池第三折，『石府尹云，金線池是個勝景去處，我與兩錠銀子，將去下酒，做個宴席。』又羅素郎楔子，『兄弟這兩銀子，送二位做盤纏。』又孟漢卿魔合羅第四折，『老相公夫人染病，這是五兩銀子權當藥費。』諸如此類，不可勝舉。明初，以推行鈔法，禁民間以金銀物貨交易。然民間仍私用金銀不止，故宣德元年戶部言民間交易，惟用金銀，鈔滯不行。於是又嚴交易用銀之禁，用銀一錢者，罰鈔千貫，贓吏受銀一兩者，追鈔萬貫。然屆英宗即位，便弛用銀之禁。明史食貨志謂自是『朝野率皆用銀，其小者乃用錢，』又謂『嘉靖四年，令宣課分司收銳鈔一貫折銀三釐，錢七文折銀一分，是時鈔久不行，錢亦大壅，益專用銀。』等語，是亦足爲明代盛用銀之證矣。明時亦有金錢，野獲編載正德時於廣寒殿樑上發現古代金錢。一千九百二十一年四月六日，上海城内掘出明代金錢一袋，上有各帝年號，中有方孔，錢名通寶。清代以銀爲法定之主要貨幣，皇朝通考有謂『銀錢相爲表裏，以錢輔銀，大約數少則用錢，數多則用銀，』而乾隆十年詔内亦有『貨值多寡，原以銀爲定準』之語，是銀之爲有清一代之主幣，彰彰明矣。清初用銀，亦全爲元寶碎銀銀塊等，其後有銀元，銀輔幣。關於清代之銀兩銀元銀輔幣之制度，待討論近代貨幣時詳之。

乙　紙幣

我國紙幣之權輿，當推漢武元狩四年之白鹿皮幣。斯時縣官大空，而富商賈滯財役貧，累萬金而不佐公家之急，黎民重困。於是乃以白鹿皮方尺，緣以績，以爲幣，直四十萬，以澹用而摧浮淫兼并之徒。後世之紙幣，實肇於此。唐憲宗時有飛錢，宋太祖時有鈔引，然皆係憑券以取錢，而非以券爲錢，蓋有類今之匯票。尙非紙幣也。宋眞宗時，蜀人患鐵重不便貿易，設質劑之法，一交一緡以三年爲一界而換之六十五年爲二十界，謂之交子。自漢武皮幣至此時始復有紙幣。始富民十六戶主之後富民貲稍衰，不能償所負爭訟不息乃改爲官造，推行他處。原定每界以百二十五萬六千三百四十緡爲額，而置準備金三十六萬緡。但其後濫發無度價日以損，遂更張之，改行所謂錢引。而濫造如故，致引一緡祇當錢十數。高宗紹興元年，婺州屯兵而交通不便，錢重難致。乃造新幣曰關子付婺州，召商人入都中，執關子於榷貨務請錢，願得茶、鹽、香貨鈔引者聽。二十九年，又印公據關子，自十千至百千，凡五等。關子作三年行使，公據二年。三十年，又造會子。會子爲南宋流通最廣之紙幣，其制度亦分界收回。初定三年一界，界以一千萬貫爲額，後增至三千萬貫。初時信用尙佳，發新換舊頗循法制。但行之數年，亦趨惡化。舊會未收，新會復發。收兌旣常逾期，而兌換之際，又常加以扣折。加以所用紙料，因發行額之增加，寖趨粗惡，致僞造轉易，日以繁滋，官私兩項，不知共若干在於流通。結果其價格亦如前之交子，江河日下，會子初未有兩淮、湖廣之分。其後會子太多，而本錢不足，遂致有弊。於是乾道時，別印二百、三百、五百、一貫交子三百萬貫，止行使於兩淮，謂之淮交。又另印會子給付湖廣行用，收換舊會，謂之湖廣會子。但嗣後淮交又陸續增印，其數日增，其價日跌，稱提無術，但屢屢展界而已。理宗時，賈似道又造所謂銀關，一準十八界會子之三，廢十七界會子不用，其結果楮益賤而物益貴。計有宋一朝，紙幣共有交子、錢引、關子、會子等類，其立法之初用意未嘗不善，但後均以發行泛濫，收換留難，致價格不能維持。此外尙有所謂鹽銀、茶引，但均係憑券領物之性質，未得與楮幣一概論也。

金海陵貞元二年，設印造鈔引庫及交鈔庫，仿宋交子之制造交鈔。其一貫、二貫、三貫、五貫、十貫者謂之大鈔，一百、二百、三百、五百、七百者謂之小鈔，與錢並行，以七年爲限，納舊易新。章宗卽位，罷七年之限，令民得永久流通，若歲久字文磨滅，許於所在官庫納舊換新，或兌取現錢。明昌三年，勅民間流轉交鈔，毋令多於現錢，以限其數。然交鈔每次發行，其初雖重，不數年卽輕。於是令陝西路租稅及諸名色錢咸折交鈔，官俸兵餉錢絹各半支付，若銀錢數目小者，卽全給交鈔，但鈔價終萎靡不振。宣宗貞祐二年，以交鈔日輕，更作二十貫至百貫例，繼又造二百貫至千貫例。先後輕重不倫，民益疑惑。貞祐三年，改交鈔爲貞祐寶券。未幾以寶券寖輕，千錢之券僅直數錢，遂復更造，以貞祐通寶爲名，自百至二千，等之爲十。凡貞祐通寶一貫當貞祐寶券千貫。然通寶之弊，未幾亦如寶券。初出時四貫爲銀一兩，興定五年落至八百餘貫。於是是年更造興定寶泉，與通寶兼行，每貫當通寶四貫，二貫爲銀一兩，隨處置庫，許人以通寶易之。但行之未久，亦價日賤。民但以銀論價，寶泉幾於不用。元光二年，織綾印鈔，名曰元光珍貨，同銀鈔及錢鈔行之。哀宗天興二年，印天興寶會，自一錢至四錢，同現銀流轉。然此時民間已但以銀交易，而不數月金祚亡矣。

元未入主中國時，卽已有鈔法，但其制無文籍可考。世祖中統元年，始造交鈔，以絲爲本，每銀五十兩易絲鈔一千兩，諸物之直，並從絲例。是年十月，又造中統寶鈔，自十文至二貫，凡十等。每一貫同交鈔一兩，兩貫同白銀一兩。又以文綾織爲中統銀貨，其等有五，自一兩至五兩，每一兩同白銀一兩，而銀貨蓋未及行云。五年，設各物平準庫，主平物價，給鈔一萬二千錠爲鈔本。至元十二年，添印釐鈔，分二文、三文、五文三種，然尋以不便於民，罷之。交鈔、元寶鈔行之既久，物重鈔輕。二十四年，遂更定鈔法，頒行至元寶鈔，自二貫至五文，分十一等，與中統鈔並行。每一貫當中統鈔五貫。又依中統之初，隨路設立官庫，貿易金銀，平準鈔法。每花銀一兩入庫，其價至元鈔二貫，出庫二貫五分，赤金一兩，入庫二十貫，出庫二十貫五百文。僞造者死，首告者賞，其法甚善。武宗至大二年，復以物重鈔輕，造至大銀鈔，自二兩至一釐，分十三等。每一兩準至元鈔五貫，白銀一兩，赤金一錢。隨路立平準行用庫，買賣金銀，倒換昏鈔。當時各鈔之比價，大抵至元鈔五倍於中統，至大鈔又五倍於至元。仁宗即位，以倍數太多，輕重失宜，詔罷銀鈔，而中統至元二鈔；終元之世，蓋常行焉。順帝至正十年，更鈔法，以中統交鈔一貫文權銅錢一千文，準至元寶鈔二貫。十一年，又造至正交鈔，新鈔二貫準舊鈔十貫。行之未久，物價騰踊。又值海內大亂，軍儲賞犒，每日印造，不可數計。於是郡縣皆以物貨相貿易，公私所積之鈔皆不行，人視之若敝楮，而元之國用，由是乏矣。

明初錢鑄，責民出銅。民毀器皿輸官，頗以爲苦。而商賈沿元之舊習，用鈔多，不便用錢。洪武八年，遂造大明寶鈔，以桑穰爲料，凡一貫、五百文、四百文、三百文、二百文、一百文六等。每鈔一貫準錢千文，銀四兩，四貫準黃金一兩。禁民間不得以物貨交易，商稅兼收錢鈔，錢三鈔七，百文以下則只用錢。十三年，以鈔久用昏爛，立倒鈔法，令所在置行用庫，許軍民商賈以昏鈔納庫易新鈔，量收工墨直。十五年，罷戶部寶鈔廣源庫、廣惠庫，入則廣源掌之，出則廣惠掌之，在外衛外軍士月鹽皆給鈔，各鹽場給工本鈔。十八年，有司官祿米皆給鈔，二貫五百文準米一石。二十二年，更造小鈔，自十文至五十文。二十四年，諭權稅官吏，凡鈔有字貫可辨者，不問爛損，即收解送京。二十五年，設寶鈔行用庫於東市。凡三庫，各給鈔三萬錠爲鈔本，倒收舊鈔送內府，令大明寶鈔與歷代錢兼行，鈔一貫準錢千文。踰年，罷行用庫。時兩浙、江西、閩、廣民重錢輕鈔，有以錢百六十文折鈔一貫者，由是物價翔貴。乃令有司拘收民間錢，予以鈔，用錢者罪之，並更申交易用金銀之禁。成祖初，禁尤嚴，有犯者准姦惡論。立首捕法，抵罪者累累。設官庫，詔民出金銀易鈔，稅糧、課程、贓罰俱折收鈔，金一兩折收鈔四百貫，銀一兩鈔八十貫。後又令鹽官納舊鈔支鹽，應天府歲辦蘆柴，徵鈔十之八。帝初卽位，有司請更鈔板篆文爲永樂，帝命仍其舊，自後終明世皆用洪武紀元云。仁宗監國，令犯笞杖者輸鈔。及卽位，增門攤市肆之稅，而以鈔徵之，金銀帛布交易者亦暫禁止。宣宗卽位，弛布帛交易之禁，而凡以金銀交易及匿貨增直者罰鈔。府縣軍衞倉糧，有十年之積者，鹽糧悉收鈔，秋糧亦折鈔三分。門攤課鈔增五倍，塌房店舍月納鈔五百貫，果園贏車並令納鈔。又以鄱陽縣民董復安言，交易用銀一錢者罰鈔千貫，贓吏受銀一兩者追鈔萬貫，更追免罪鈔如之。時鈔益壅滯，雖嚴厲強迫不行。英宗卽位，弛用銀之禁，於是朝野率皆用銀。鈔之價格，江河日下，至正統之時，一貫不能直錢一文。自是鈔之用日益微，各種稅收，先則錢鈔中半，後俱折收銀。至穆宗時，寶鈔不用，已垂百年矣。

清鑒前代之弊，不用鈔法。雖順治七年，造鈔十二萬餘貫，並定自後歲以此爲額，然十八年卽停止之。且制鈔不多，上下流通，仍以銅錢，故不至有弊。自是經一百餘年，至咸豐二年，始再行鈔法。是年以軍需告乏，發行銀票，錢票二鈔。銀票分百兩、八十兩、五十兩三種，名曰官票，令提各省當、雜、各商生息帑本及現存未買穀價銀兩，而給以銀票。錢票亦名錢鈔。於京城內外招商設立官銀錢號，以爲收放匯兌之機關。由庫發給銀兩，並戶工兩局交庫卯錢，以爲票本。凡戶部月放現款，一概給與錢票，在官號支取，俾現錢與錢票相輔而行。地丁雜稅及一切解部款項，均准用錢鈔五成，鈔二千抵銀一兩。案紙幣可分政府紙幣及銀行兌換券二種。宋、金、元、明之鈔幣，以及順治之鈔貫，均屬於政府紙幣一類。至咸豐時之銀錢鈔票，有官銀錢號爲收放兌換之機關，則已近於銀行兌換券之性質。自是之後，各省官商銀號，相繼發行紙票，人利其便，流用日廣。外人見其利而又以我國政府之無限制人之發行也，於是在我國之外國銀行，亦先後發行鈔票，而我國之市場，遂始有銀行券之蹤跡。光緒二十三年，設立中國通商銀行，使發行鈔票，以挽回利權之旁溢，是爲我國近代銀行發行兌換券之嚆矢。三十年，設立戶部銀行，發行庫平銀一兩、五兩、十兩、百兩、及一元、五元、十元百元諸種鈔票，令凡戶部出入各款，均須用該行鈔票。後戶部銀行改爲大清銀行。光緒三十三年，郵傳部奏准設立交通銀行，亦得發行兌換券。三十四年正月，頒佈銀行則例，以發行銀錢票爲銀行營業之一項，凡經營金銀匯劃貿易如銀號、票商、錢莊以及各省之官銀號、官錢局等，皆可以普通銀行販之。自此發行兌換券之銀行，成立漸多。至清末各省之設立官銀錢號者，幾徧全國。

二 現代貨幣

甲 銀元

我國現時通用之銀元，可分流入者與自鑄者二大類。我國之有自鑄銀元，始於光緒十三年廣東省所鑄之光緒元寶。自後湖北、江南、山東、直隸、浙江、安徽、奉天、吉林等省，亦均次第開鑄。各省所鑄者，規模既異，成色分量，亦有參差。故民間顯分界域，此省所鑄，往往不能行於彼省，反不如墨西哥銀元之通行無礙。二十五年，乃令各省需用銀元，均歸併廣東、湖北兩省製造。二十九年，又諭設鑄造銀錢幣總廠。三十一年，總廠落成，改名戶部造幣總廠。戶部旋奏定整頓圜法章程，聲明銀幣一項，俟定準分量成色專由總廠製造，仍留南洋、北洋、廣東、湖北四局爲分廠，由總廠發給模樣，成色、分量、花紋均須一律。惟其時銀幣重量有主一兩與七錢二分二議，聚訟莫決。至宣統二年，奏定幣制則例，始定七錢二分成色九成爲本位幣重量，而翌年五月，寧鄂兩廠遂開鑄新式大清銀幣，期以十月發行焉。但國體忽改，原擬幣制，不克實行。而所有鑄成銀幣，以需餉之故，陸續隨市價流行於市面，僅成爲通用銀元之一種。民國肇始，有孫文紀念幣之鑄造，惟目下已絶跡於市上。三年，頒布國幣條例，該年末天津總造幣廠即開鑄袁像新幣，後江南、武昌、杭州等廠先後繼之。新銀元之重量原亦定爲七錢二分，成色九成。四年，因便利收換舊幣，改鑄新幣起見，改爲成色八九。此項銀幣花樣嶄新，分量劃一，故發行之後，流通甚廣。十六年，國民政府定都南京，下令鼓鑄孫總理像幣。現流通之數，不亞於袁像幣。最近因廢兩改元，政府頒布銀本位幣鑄造條例，鑄造銀本位幣總重二六·六九七一公分，銀八八，銅一二，已由中央造幣廠開始鑄造矣。

以言外來銀元，自前清乾嘉以降，流通日多，其種類有本洋、鷹洋、人洋、日本洋、安南洋、美國洋、智利洋、祕魯洋、玻利維亞洋等等。本洋爲西班牙所鑄之銀幣，一千六百年左右流入我國，爲外國銀元來華之嚆矢。鷹洋爲墨西哥洋、外國銀幣之進口者，以此爲最多。其通行最廣之區域，爲我國南部及中部地方。人洋有呼站人，亦有名曰香洋，並有稱爲杖洋，此皆蓋因其面部花紋有人持杖站立而得名也。此種銀元有二種一爲香港舊造幣廠所鑄者，一爲印度造幣局所鑄者。從前廣東省通行最盛，庚子以後，北方各地亦多用之，平津尤爲通用之中樞。日本洋在南方以福建流通爲最廣，贛湘亦間用之，北方則以遼寧、大連等處爲最多。此項銀幣本乃日本昔日通用之銀元，嗣因幣制改革，故流入我國也。安南洋在滇、桂、與安南接壤邊地始用之，我國他處，則未多見。美國洋係該邦專爲對外貿易而鑄之銀幣，在我國流通範圍甚狹，舊時僅見於通商大埠，民國成立以來，罕覩之矣。至智利、祕魯、玻利維亞等種銀元，在清咸豐以前，於我國南部地方頗能行使，但爲數極寡，流通時期亦極短。總而言之，自道光末年迄於清末，乃外國銀元在華流通最盛之時代。至光緒末年，其來源便已減少。此後我國自鑄銀元，以謀抵制，舶來之品，或被銷燬，或仍流出，而流入銀元之勢力日以低落。民國十九年春，政府復禁止外幣之入口，自是流入銀元，更減少矣。現在華外國各種銀元流通最多者，爲鷹洋及日本洋。

乙　銀角

我國之銀角，光緒十六年廣東首先開鑄，湖北繼之，後漸次推及其他各省。當時龍洋之成色，爲千分之九百，而銀角則僅千分之八百二十。故鑄造銀角，饒有餘利，因而其數日增，市價遞落。原定銀元一元折小銀幣十角，而小銀幣一角折合銅元十枚，均以十進。民國三年之國幣條例，亦有同種之規定。然均未能貫澈實行，銀元與銀角之兌價，常依供求之相劑而定焉。當民國五年北京中交兩行停止兌現，北方現銀缺乏，天津造幣廠開始根據新條例鑄造新銀角之初，以鑄量未多，十進之制，在北方各處曾一度實現。但後造幣廠又從事濫發，十進之制，又以打破。

據國幣條例，銀角方半元、二角及一角三種，半元者總重三錢六分，二角者總重一錢四分四釐，一角者總重七分二釐，均銀七銅三。但各省所鑄成色分量，毫無標準，紛紜錯雜，莫得而考。大概言之，現時市上流通之銀角，以雙角者爲最多，五角者只數省有之，一角者亦漸停止流通矣。

丙　銀兩

我國近代之銀兩制度，可分實銀與虛銀兩種。實銀爲銀錠元寶等類，而虛銀爲虛設之銀兩。銀錠元寶之流行，肇於何時，頗難稽考。其鑄造歷代皆隨民之便，非若銅錢之獨歸國家鑄之，故其成色分量以及名目稱謂，漫無標準，錯雜紛紜，各因時地與用途而異。以言銀兩之形式，古代稱銀曰餅，應卽指其形似餅之故。又有稱爲版、爲笏、爲鋌、爲錠者。宋元以降，最普通之形式爲元寶，其每件之數稱曰錠。說者謂今之稱錠，卽古之稱鋌，惟形式或有不同。金時鑄銀名承安寶貨，自一兩至十兩，分五等，卽爲元寶之式，或謂銀之鑄爲元寶自此始。今之銀錠，大抵爲以下三類。曰元寶，重約五十兩，形似馬蹄，故謂之馬蹄銀，西人以其形似我國婦女之靴，亦稱之曰靴銀。曰中錠，重約十兩，形式不一，但以錘形者最多，形如馬蹄者，謂之小馬蹄銀，或小元寶錠。曰小錠，重約三兩或五兩，稱小錁，形如饅頭。此外尚有碎銀，昔以補助銀錠之用，此項碎銀，有稱曰粒銀，有稱曰碎珠。

清康乾之時，凡官司所發，例用紋銀。紋銀爲實銀之標準銀，其成色，爲〇・九三五三七四。商民行使，則自十成至九成八成不等，交易時按十成足紋遞相核算。斯時除紋銀外，銀兩之名稱，尚有多項，如江南、浙江有元絲銀，湖廣、江西有鹽撤銀，山西有西鏪、水絲等銀。四川有上鏪、柳鏪及茴香銀。雲、貴有石鏪及茶花銀。廣西有北流銀，陝、甘有元鏪銀。此外又有青絲、白絲、單傾、雙傾、方鏪等等名色。嘉道以降，名色尤多。及至清末，外洋銀條流入，益加淆亂。各地所鑄寶銀名稱之多，單以其重要者論，已不下百餘種，若細別之，無慮數百種。授受之繁瑣，交易之不便，有非筆述所能盡者也。

寶銀有因其成色之分別而立爲名號者，如所謂二四寶、二五寶、二六寶、二七寶、二八寶、二九寶等等。凡申水二兩四錢者，謂之二四寶，申水二兩五錢者，謂之二五寶，以此類推。何謂申水，我國習慣銀色高下，向以紋銀爲標準，前已言之矣。寶銀成色之較高於紋銀者，折合紋銀須增加銀額，是卽申水。例如上海之二七寶銀，其成色爲〇·九八五八八四，較紋銀高〇·〇五〇五一〇，卽百分之五·四。故每重漕平一百兩，須加申水五兩四錢。惟上海寶銀普通每枚元寶僅重漕平五十兩左右，故每枚申水須折半爲二兩七錢，而此卽二七寶銀所由名也。

各地執寶銀鑄造之權者，北方曰爐房，南方曰銀爐，而鑑定寶銀之成色與重量，分別批定其申耗之銀數者曰公估局。在前清定章，凡欲經營銀爐者，須先經戶部之許可，方能開業。卽每一地方，銀爐亦均有一定之額數，不得任意增設，公估局亦然，除須經官廳許准外，並必有本地錢業公所認可，始得成立。亦有由當地銀錢業共同組織者。北方公估局較少，此項營業大都卽由爐房兼辦，惟於通都大埠始有之。凡有公估局之地，無論本地或他地銀爐所鑄之新元寶，必先經該局驗視證明，否則不易授受也。

以上所述者關於實銀兩，現請論虛銀兩。虛銀兩爲假定之銀兩單位，乃以作計算之標準，實際上並無此物。虛銀兩之大別，爲庫平、關平、漕平、及市平四種。所謂平者，指其平砝輕重之差也。玆分別述之。

一、庫平　庫平係清康熙時所制定，爲全國納稅之標準，凡徵收租稅以及官廳支出，均以庫平銀爲單位。但中央政府之庫平與各省之庫平大小又不齊，而各省庫平亦彼此互異。據馬關條約中央政府庫平一兩爲五七五·八二格蘭。各省庫平，廣東最大，爲五八三·三格蘭，寧波最小，爲五六九·一格蘭。

二、關平　關平係清咸豐八年，中英條約之產物，爲海關徵稅所用。嗣後我國與各國發生借貸關係，亦以此爲準則。關平計每兩重五八一・四七格蘭，卽三七・六八格蘭姆，但各關所謂關銀名目雖同，平色仍不一致，故其與庫平銀之比率，不盡相同。

三、漕平　漕平由漕糧而起，清時多省漕糧本徵糧米，後因事務繁冗，改折徵銀，遂設漕平。而民間亦因循沿用，遂漸成爲通行之平砝。漕平之標準重量，亦若庫平等之隨地而異，無一定之準繩。

四、市平　市平爲各市場所用之虛銀兩，各地各樣，名目繁多，雖老於錢業者，亦莫能詳。玆擇其最重要者，覼縷於下。

（甲）八九規元　八九規元，昔爲上海唯一通用之記帳虛銀兩，凡華洋交易以及滙兌行市均以此爲計算之標準。八九規元之起源，爲說不一。有謂當上海未開埠前，豆商交易所用銀錠，其成色較本地標準銀約低百分之二，故以標準銀折合，預以〇・九八相除，因此漸漸養成規元九八折扣之習慣。有謂當時牛莊與上海豆行交易甚繁，而現銀缺乏，凡成交後須收現銀者，須八九扣算。運用既久，習慣漸成，而此種計算法，遂流傳於全滬，寖至記帳時亦用此虛銀兩爲單位。所說不同若此但無論如何，八九規元之肇於豆商之交易，則屬確實也。八九規元之計算，先以上海寶銀，折成標準銀色，然後再以〇・九八除之。

（乙）洋例　洋例昔用於漢口。漢口之估平寶銀，凡九百八十兩，可合洋例一千兩。其初漢口銀錠，種類龐雜，成色參差。於是洋商仿上海規元辦法，規定以估平寶銀收付者，可按八九折合，製一虛銀單位，名曰洋例，是卽洋例之起源。命之曰洋例，蓋指洋商所定之例也。

(丙)行化　行化為天津昔時所用之記帳銀兩，其勢力與上海之規元，漢口之洋例，鼎足而三。天津之實銀兩曰白寶，其成色為〇·九八七七五，每錠五十兩，可申水二兩八錢。以白寶折合行化，每錠平均可申水四錢，即白寶每五十兩平均可作行化五十兩零四錢用。蓋行化約合二四寶銀成色，而白寶則為二八寶銀也。

綜觀上述銀兩制度之複雜，可謂達於極點。兩元並用，不特計算不便，且有種種流弊，內則為舉國所詬病，外則為外人所譏笑。自民國六年以來，即有提倡改革者，但因種種關係，直至本年，政府始毅然明令廢兩，現已實行矣。此舉我國幣制上紊亂之現象，可因而減去不少，可謂我國幣制史上空前之盛舉。茲將其對各方之利益，約舉數端如左。

(一)凡借貸契約薪工等項，可免因銀折洋釐漲落之關係，而蒙無謂之損失。

(二)對外貿易，可免兩重之換算，外國銀行既無從操縱以擾利，而商人亦無須再具兩重之準備。

(三)計算簡單，記帳便利，金融界紊亂之情形，雖不能一掃而空，亦當去其大半。

(四)既無兩元比價忽漲忽落之現象，此後自不致再發生助長投機事業之危險。

中央造幣廠已開始鼓鑄本位洋，以推行廢兩改元之政策，此後銀元寶勢必歸淘汰。聞造幣廠又決計發行廠條，配好重量成色，每條計一千元，代替元寶之用，將來銀錢業庫存，均改為廠條云。

丁　銅元

銅元廣東造幣廠於光緒二十六年首先開鑄，其後他省見其獲利豐厚，相繼效尤。當銅元初開鑄時，定每百枚兌洋一元。其時因初次推行，信用未失，且鑄造精美，攜使便利，故每元所兌反不到百枚。例如於光緒三十一年以前，膠州八十枚可兌一元，安慶爲九十五枚，蘇州約八十八枚，杭州約九十枚，上海爲自九十二枚至九十五枚之間。是年以後，鑄造漸多，供過於求。雖中央政府屢申限制，而各省置若罔聞，蓋視此爲籌款之捷徑，初不問其影響爲若何也。故自該年以來，銅元價格，日趨低落。例如於上海，光緒三十一年末，一元便可兌一百零七枚，三十四年跌至一百二十枚，民國元年跌至一百三十二枚，十年跌至一百五十餘枚，自此復愈跌愈甚，現一元可兌三百枚左右矣。上海如此，他處亦莫不如此，而天津、漢口、北平、開封等處，跌落之程度，更有甚於上海。推求其故，莫不因於鑄造之過濫及成色之惡劣也。夫銅元之流布極廣，與一般農工小民之關係，綦爲密切，此輩之生活程度極低，幾以銅元爲唯一之流通貨幣，今其價遞落若是，其生計上所受之隱痛，可勝言哉。

光緒三十一年之整頓圜法章程，規定銅元成色爲紫銅九五，白鉛五釐，當二十文者重庫平四錢，當十者重庫平二錢，當五者重庫平一錢，當一者重庫平四分。宣統二年之幣制則例，仍分銅元爲四種，雖云其重量成色另訂增入，然實未規定。民國三年之國幣條例，分銅元爲二分、一分、五釐、二釐及一釐五種，各重庫平二錢八分、一錢八分、九分、四分五釐與二釐，內含銅百分之九五，錫百分之四及鉛百分之一。自理論上言之，銅元既發有祖模，則各省所鑄者，均應一律，無所差異，幣面雖有省名，流通有何不可普遍。但實際上各省之銅元，材料不同，成色不同，重量亦不同，以致價值逈異，有流通於本省而被拒於他省，亦有只流通於某某數埠而他埠不能用者，紊亂之狀，莫得縷述。綜計全國銅元之種類不下數十。當銅元初鑄時，原取其大小適中，行使便利，可代制錢。孰意未及十數年，其種類愈出愈多，紊亂之狀與制錢不相上下。國民生計之受影響者，不知其幾何許，誠不可不加以整頓也。

五文、二文及一文之銅元，以鑄造無多，不可多見。現五文銅元僅流通於河北一省，但爲數亦極少，至他省則無使用之者。當十銅元自開鑄以來，流通最廣，幾遍全國。但自民國六年、七年湖北、湖南等省鑄造當二十銅元後，當十銅元，亦漸減少。蓋當二十銅元，更惡劣於當十，惡幣驅逐良幣，例無可逃。又多數造幣廠，以鑄造當十銅元利益之較薄，相率罷之，此所以當十銅元之日少也。至當二十銅元，則近世以來，鑄造愈多，流通區域日漸推廣。北部各省及中部湖北、河南、安徽、江西等省，現均行使當二十銅元。當五十、當百及當二百銅元，盛行於四川。現該省當十、當二十銅元，幾已絕跡矣。

民國六年，天津造幣廠曾依據國幣條例，試鑄一分與五釐之新銅輔幣，幣之中心，鑄有圓孔，由財政部令各省一律行用，以十進法兌換，毋得折扣。但發行以來，因民間阻滯及鑄造數目有限等，故不數年平津即不見行使，他處更無論矣。

戊　紙幣

清末中央政府主將紙幣之發行，賦給大清銀行獨享，採用單一發行制度。其時度支部限制銀錢行號之票紙，亦頗嚴厲，使假以時日，我國未必不早有良善鈔票制度。惜爲期短促，國體旋更，改革之際，各省官銀錢號紛紛大發紙幣，漫無限制，而尤以粵、蜀、湘、鄂、贛等省爲最甚。於民國二三年間，多者至三四千萬，少者亦有三四百萬。民國四五年以來，雖有由各省逐漸整理者，然自六七年以後，湘、鄂、贛等省復以軍需浩繁，或藉口整理舊鈔，或藉口設立銀行，增發新鈔，其後其鈔價均極低落，幾等於零焉。現除東三省尚有官銀號之不兌換紙幣流通市面外，其他各省，已不多見矣。至於銀行方面發行之鈔票，以中國銀行爲最多，交通銀行次之，中南、中國實業、四明等銀行又次之。中央銀行以成立之期尚短，故不能與中交兩行相抗衡。中交兩行，除民國五年於平津等地發行之鈔票，暫時停止兌現，至九年始整理完竣，及十六年在漢口發行之鈔票，因現金集中而受影響，至十八年始經國府整理外，歷來信用均極良好。中外合辦銀行，如中法、華威、匯業、懋業等，前均發行鈔票，但其額不鉅，故雖相繼停業，於市面尚無何大影響。外國銀行之鈔票，近年因吾國銀行事業日見發達，華商銀行鈔票之信用日增鞏固，勢力已日消滅，不難將已失之利權逐漸收回之矣。

據民國二十年七月立法院所通過鈔票稅之條例，銀行發行鈔票，須具六成現金及四成保證之準備，並須對於保證準備之發行，付按年百分之二·五之鈔票稅，此乃關於鈔票準備之最近之規定。至於鈔票稅尚未開始徵收，但爲期當不在遠耳。

近來中央、中國、交通等銀行，復有發行輔幣券，分一角、二角、及五角三種，以代替銀角之用，人頗稱便焉。

第十六章　中國幣制改革問題

一　第一期之改革計劃

我國幣制之不良，可於以上各章見其梗概，雖廢兩改元，已見實行，然幣制之統一，本位之問題，尚急待解決也。茲將各方面所提改革計劃，簡略敘述於下，以資參考。

最早建議改革者，爲順天府尹胡燏棻。光緒二十一年，於其變法自強之條陳中，胡氏主各省通商口岸，一律設局，自製金銀銅三品之錢，額定相準之價，垂爲永遠。一面於京城設立官家銀行，歸戶部管理，賦以印行鈔票之特權。胡氏之後，有監察御史王鵬運者，提議仿金鎊大小，鑄造金幣。未幾，總理衙門給事盛宣懷亦奏請在京師設立銀元總局，以廣東、湖北、天津、上海爲分局，開鑄銀幣，每元重京平九成銀一兩，再鑄金錢與小銀錢，使子母相權而行。凡出款俱用官鑄銀幣，各省關收納地丁、錢糧、鹽課、關稅、釐金，俱收官鑄銀幣，元寶小錠，概不準用。光緒二十三年，又有通政使參議楊宜治條陳，主張仿英先令分兩成色樣式，鑄造銀錢，令京師各省一律通行。一面令各省速採金鑛，再仿英鎊樣式鑄造金錢，禁止現金由上海運出外國。此數人之提議，皆簡陋不堪，亦皆未實行，然在當時情形下，已不失爲先覺之徒矣。

二 精琦之計劃

庚子之後，外債躍增，銀價跌落，鎊虧之累日以增重，於是清廷朝野，益覺幣制之改革急不容緩。光緒二十八年冬，外務部飭駐美代辦沈桐照會美國政府，請合力補救，同時墨西哥亦提此議。美國政府乃於次年設一國際匯兌調查委員會，派精琦（J. K. Jenk）等為委員，令與中墨政府以及歐洲主要當局共同參酌擬議改革幣制政策。是年冬，該委員會調查完竣，提出報告書於美議院，並派精琦來華，於三十年春抵北平，上圜法條議於政府，其大要如左。

（一）頒定圜法，以有一定金價之銀幣為主幣。

（二）聘任洋員，襄助籌定圜法，并掌其施行運用。

（三）任洋員為司泉官，司泉官總理圜法事務。

（四）司泉官按月刊發詳細報告書，載明錢幣情形。

（五）定一單位貨幣，為價值之主。該單位貨幣，應額定含純金若干，大約所值金價，應兌銀一兩，或比墨洋一元之值稍昂，民間許隨時攜金申請代鑄此單位貨幣之五倍、十倍及二十倍者，量收鑄費。政府或將來亦自採金，鑄此種貨幣。

（六）亟鑄銀幣若干萬元，流通本國。其與單位貨幣之比價，定為三十二與一，設法維持，以後隨時按下述辦法，調查全國應須之數，陸續添鑄。銀、鎳、銅各輔幣之分兩價值，亦應劃定，以適用爲主。

（七）新鑄之金銀幣，無論在何省完納租稅，均照法價收受。

（八）酌定各省推行新幣之日期。

（九）在倫敦等鉅埠銀行，立一往來存款帳，以便出售金匯票，其匯價應較平日銀行匯價稍高。譬如按照新制平日銀行倫敦匯價應爲新銀幣一元兌換二先令，政府則俟每一元零二分兌換二先令時，方賣匯票。此等匯兌歸司泉官管理。無論何人欲購此匯票，必銀數在一萬兩以上，方許出售。

（十）政府若不能猝備匯兌基金，可借外債充之，惟須指定一種國家收入足敷支付本息者爲抵。

（十一）所有鑄幣溢利另行存貯，每積五十萬兩，卽按匯票之多寡，攤存於外國各埠之代理人處，俟存至若干萬兩爲止。

（十二）倘匯票出售日多，所存金款漸乏，可准外洋經理人出賣銀匯票，由司泉官照付，其匯價由司泉官定之。

（十三）須定銀行法，准由國家銀行或其他相當銀行發行鈔票，與法償通貨同價流通，統歸司泉官監督。

（十四）司泉官應託各地方官吏或錢莊票號，積極推廣新幣。

（十五）限五年內各通商口岸，一律須用新章。凡收納關稅，須用新幣。其僻遠地方，逐漸推行。一俟新制通行，則所有賦稅，俱收新幣。

（十六）俟新幣鑄成若干萬元時，新章卽行開辦。

（十七）司泉官及各國代表，有權爲中國提議整理財政。

精琦之提案既出，中國廷臣紛紛反對，張之洞及袁世凱尤力。於是精琦又撰續議釋疑一册，聲明幣制由中國政府督理，但聘外國專門家爲參議云云。然清廷以此事重大，不欲率爾舉行，而精琦提案遂無期擱置。精琦提案之精要，在九、十、十一、十二四條，即主張金匯兌本位制。

三　赫德之計劃

精琦提案未出之先，總稅務司英人赫德（R. Hart）亦有所條陳，其大要爲鑄造新幣，禁用舊幣與生銀，而於新幣及外國金幣間設一固定比率。新幣分一兩、五錢、二錢五分及一錢四種銀幣，及一分與一釐兩種銅幣。凡新幣八兩，常等英金一鎊。外人之持有金幣者，得照法價換取新幣，而換得之金幣，宜行存儲，以備支付外債或異日改鑄金幣。

四　胡維德之奏議

當上述美國國際匯兌委員會在聖彼德堡（St. Petersburg）開會時，清廷令駐俄公使胡維德以其開會情形，隨時報告。胡氏遂於光緒二十九年九月奏請整頓幣制，力主改採金本位。其奏摺內有用金不便不足慮者八。至於鑄造新幣之辦法，則擬以下六端。一曰，定名稱，各國之幣皆有專名。二曰，鑄新幣，首定鑄幣之數。三曰，收舊銀，以歸劃一。四曰，籌鑄本。五曰，廣行用。六曰，昭信實。嗣經戶部覆奏，謂鑄金幣應預籌金款，擬令捐復、捐升、捐加花翎等項，搭收庫平足金五成，交金一兩，抵交銀三十六兩，庶可籌集金款等語。詔可，然亦未見實行也。

五　光緒三十三年度支部之計劃

此時印度、新加坡、暹羅、非律濱、以及墨西哥等，均已先後定有改用金本位之計劃，而中國尚獨向隅，朝野人士，深爲失望。光緒三十三年駐英公使汪大燮復奏請行用金幣。度支部覆奏，不以爲然，而另擬行虛金本位制四項。其大略謂如英日之純金本位及法美之不純金本位，均非我國所能仿行。惟虛金本位舉行較易爲力。虛金本位可分甲、乙、丙、丁四種。『(甲)先劃一全國銀元，逐漸將銀元價值擡高至二成，然後定兌金之率，印度改定幣制，卽用是法。(乙)下手之時，卽定金銀比價。國內使用銀元，照銀元所含銀質抛高二成，設法操縱，惟外國匯兌，仍須用金。非律濱改定幣制，卽用是法。(丙)與乙法略同，惟參用紙幣，以代銀元。比之乙法，用款較少。至國外匯兌，兌金或照金價兌銀均可，亦比乙法較便。(丁)前美國議改幣制，其戶部大臣英干 (S. Ingham) 倡議發行兌金紙幣，吸收市面之銀，藏之國庫。凡有人持銀到部或造幣廠交存，卽予以此種紙幣。至持紙幣換現之時，政府照金價兌交生金。是以不需多金，可得金本位之用，而無擾亂市面之虞。但今略爲變通，法宜先鑄新銀元，吸收舊日銀元與生銀，再行推廣紙幣，收回新銀元，存儲或變存金塊，俟全國通行，徐將紙幣變爲兌金紙幣，或照紙幣金價兌銀，亦無不可。以上四者辦法既異，則收功之遲速，維持之難易，利害之大小，均各不同。無論採用何法，其先事之預備相同，蓋未有從事未久，能得預期之成效者也。甲法自劃一銀幣入手，先五六年，無須維持金價，行之我國似覺平易。但劃一之後，逐漸擡高銀元價値，其弊害甚多。乙法一面劃一，一面卽擡高銀元價格，可免甲法二次搖動之害，但開辦卽需款甚大，維持金融亦甚難。若銀價大漲，貴於法定之比價，以至銀元鎔銷出口，其害於財政者，比甲法爲尤甚。丙法需款較少，難亦如之。至丁法，有甲法劃一之易，無乙法維持之艱，需款既少，危險亦輕。其大要，一曰，預備施行幣制之機關。二曰，劃一銀幣，推廣紙幣。三曰，推廣紙幣，收存銀幣。四曰，改造大銀幣爲小銀幣。其結果則準市面金銀平均價値，鑄造金元，改紙幣爲兌金紙幣。如存金不敷用，仍可照市面金價易銀付給，事尙輕而易舉，其法較善。惟發行紙幣，須多存金，若善爲節制，積累經營，亦須六七年後始有成效也。』

奏上，飭廷臣會議。嗣內閣各部院會奏，謂『鼓鑄金幣，虛定金本位，劃一幣制三事，必應照辦，限制私店鈔票，禁洋銀入口二事，難以照辦，推廣紙幣一事，宜詳愼酌辦』等語。語多模稜，毫無效果。八月，駐美公使唐紹儀奏請實行商約，速定幣制，諭會同政務處速議。九月十一日，政務處會同資政院覆奏，對於本位問題，主張先用銀本位，而同日上諭中國『欲以實金爲本位，則鉅本難籌，若定虛金爲本位，則危險可慮，自應先將銀幣整齊劃一，然後穩爲籌措，徐圖進步，將來行用金幣，可望妥實無弊』等語。此諭發行，爭論多年之本位問題，遂暫時告一結束。於是度支部進行研究整理銀幣之道，而宣統二年遂有幣制則例之頒布。

六　衞斯林氏之計劃

宣統三年，與英、美、德、法四國銀行團簽訂幣制實業借款合同，於柏林倫敦等處舉行整理幣制會議，聘荷人衞斯林(G. Vissering)爲幣制顧問。但未幾革命爆發，各種計劃，均不得實行。衞氏受聘後，卽着手研究中國幣制。民國元年來華，出其所著中國幣制改革芻議一書，與該年組織之幣制委員會商榷。其大致謂中國改良幣制之始，莫若暫時並用金匯兌本位與銀本位制。其法先定一新單位，應含純金〇·三六四四八八三格蘭姆。次卽設立中央銀行，使其簿記上往來款項，均用金計算，並發行一種代表虛金單位之證券，其面價以存在外國之金準備維持之。從前各省所鑄銀幣、外國銀元、以及生銀，仍照現今習慣，準其各照所含實價，自由行用，銅幣亦仍照市價使用。俟數年中國國勢鞏固，有禁止僞造貨幣之能力，然後定金一銀二十一之金銀比價，鑄造代表金單位之銀幣，以成一純粹之金匯兌本位制。此衞氏全書之大略也。

衞氏主張幣制之改革，分三期進行。

第一期

(一)訂定一未來金單位，以爲新制之基礎，以免宣佈金銀比價時習見之投機及將來之又須擡升新單位之價值。

(二)設立一中央銀行，或卽將大清銀行，改組爲全國之中央銀行。

(三)用新定之金單位爲銀行記帳之貨幣。

(四)申請中外銀行，共同協作，亦採用新金單位爲記帳之用。

(五)發行新金單位之銀行兌換券。
(六)貯積金準備，以爲上述兌換券之兌現。
(七)訂定管理金準備之章程。
(八)相機規定中央銀行兌換劵爲法幣。

第二期

(一)規定各輔幣之重量成色及含何雜金質。
(二)發行各種輔幣。
(三)同時儲積金準備爲輔幣之兌換並規定其管理章程。
(四)設爲必要，鑄造及發行金幣，或暫時承認某外國金幣爲法幣，並發行金幣證券。
(五)宣佈以下貨幣爲法幣(甲)單位及等於單位二倍之銀輔幣，(乙)上述金幣及金幣證券。

第三期

(一)逐漸收燬舊時之銀元寶銀及制錢。

七　民國元年幣制委員會之報告

民國元年之幣制委員會，共集會討論二十餘次。其初有主張銀本位者，有主張金本位者，但最後辯論之結果，則一致贊成金匯兌本位。其所作報告，分兩大部分。其一論各種本位之利弊，其二論金匯兌本位之施行方法。幣制之本位，可分五種，曰金本位，曰金匯兌本位，曰金銀雙本位，曰紙幣本位，曰銀本位。金銀雙本位已經失敗。紙幣本位，非常危險，無待討論，故所須注意者，祇其餘三者而已。銀本位之利，有推行便易及無維持主幣法價之困難二者。而其弊則有四種，曰國際匯兌之障害，曰國際貿易之妨礙，曰銀本位國以多數貨物易金本位國少數貨物，曰外資輸入之阻礙。利二害四，然則銀本位之不應用，彰彰明甚。

銀本位既不宜採用，於是有主張金本位者。但起首卽用金本位，反不如用金匯兌本位之較有利。蓋用金本位，則起首卽須鼓鑄金幣。現今財政困難，何能爲此。且鑄成之金幣，必俟全國足用，方能開始發行。此預備期內，必有多數生金及金幣存積在庫，坐失利息。又本位與生活程度有密切之關係，生活程度高者利用金，低者利用銀。照中國現在程度，國內不能不用銀。若強發金幣，勢必至銷鎔爲他用，或輸出至外國。故金本位非特不能採用，抑且不必採用。

故我國所宜注意者，莫如金匯兌本位。金匯兌本位約有八利。其一，國際匯兌之穩固。其二，國際貿易之發達。其三，以多貨易少貨之損失，可以消滅。其四，外資輸入之踴躍。其五，隨時可改爲金本位之便利。其六，國內仍用銀幣之便利。其七，國內銀價不致驟跌。其八，金款不必多儲，至失利息。至金匯兌本位之弊，僅有二端，曰維持金銀比價之困難，曰起首推行之困難。故金匯兌本位有八利以敵二難，自非銀本位與金本位之利少弊多者可比。我國改良幣制，似以金匯兌本位爲最合宜也。

金匯兌本位之施行方法，有三大主要問題。曰金單位之代表問題，曰金準備問題，曰金銀比例問題。代表金單位者，起首可卽以輕值銀幣或先以中央銀行之兌換劵。前者之利，爲（一）推行較易（二）恐慌之時，持有輕值幣者，未必欲向銀行兌換，一如兌換劵之兌現（三）兌換劵與銀幣相交換，可一定而不變（四）改革幣制之始，卽有畫一之新幣（五）舊幣可以迅速收回。而其弊爲（一）新幣小於舊幣，而法價反大，人民或有疑慮，及（二）法定金銀比價之困難，蓋失之稍小，則新幣有被燬或出口之虞，失之過大，則鼓舞私鑄之事。後者之利，爲（一）易防僞造（二）籌措金準備較易（三）無新幣小而舊幣大之比較及（四）比較撙節。而其弊則在於（一）兌現之困難（二）推行之困難，（三）舊幣不能從速收回，及（四）恐慌時兌現之困難等種。比較兩法，似以第一法爲愈。蓋第二法之最長處在易防僞造，然亦不能保其絕無，可以不事防範。第一法之最短處，在易致僞造，然果嚴其防範，非絕對不能禁絕。至於其他利弊，則第一法視第二法利較多而弊較少，故與其取第二法，不如取第一法。

關於金準備問題。金準備可分兩種，一爲匯兌準備，一爲償還外債準備。因其可分兩種，其辦法亦遂有二如下。

（甲）籌備金款，等於代表金單位之輕值幣或兌換劵發行之數，存於國外之大市場。凡以輕值幣或兌換劵購買外國金匯票者，卽在此金款內支付。但售賣匯票，以輕值幣，或兌換劵悉數收回爲限。悉數收回後，如國家人民尙須清償外款，則仍用銀支付（乙）起首卽籌大宗金款，除以輕值幣或兌換劵購買外國匯票者，卽在此金款內支付外，並用以償還外債及國際清算之貿差。甲法之利，爲（一）準備金卽以鑄幣之餘利及發行兌換劵之現款充之，不必舉借外款，及（二）不至引起銀價之驟落，致有經濟上之變動二者。而其弊爲（一）設改革之初，人民盡以輕值幣或兌換劵購買國際匯票則在外既無金準備，在內又無代表金單位之物流通於市場，金匯兌本位將僅存一金單位之虛名，(二)償還外債既須用銀，則外國銀行家可強抑銀價，而我國所受損失，與現時無異，(三)政府編製預算時，不能確定應償外債之實數。至於乙法，則無甲法之弊，是爲其利。而有須借外債及或致國內銀貨供多於求而價值驟落，大影響於經濟等弊。故比較甲乙二法，似乙愈於甲，蓋利多而弊少，且施行之時，必較迅速也。

最後爲金銀比例問題。所謂金銀比例者，謂金單位所應含之純金，等於代表金單位之輕值銀幣所含之純銀若干。於金匯兌本位下，銀幣之法價，必高於眞值，此乃一定之理。但擡高若干，卻無定例，故辦法有二。(甲)擡高甚大。(乙)擡高略小。甲法之利弊各二。其利爲(一)銀幣無出口或鎔化之患，及(二)由鑄造餘利而得之準備金較多。而其弊爲(一)導啓僞造，及(二)恐起首發行時人民不願受用。乙法之利弊，正與甲法相反。比較二法，乙法之弊固極大，然甲法之第一弊亦宜深慮。因我國之國防警察，勢力薄弱，且租界林立，爲我權力所不能達，防範僞造，非常困難，故主張乙法者，誠有見地。惟銀幣之法價，雖不宜去眞值太遠，致僞造之餘利太大，奸民之嘗試較多，然終不宜使之太近，至蹈菲律濱之覆轍也。

要而言之，我國改革幣制，與其用銀本位或金本位，不如用金匯兌本位。至金匯兌本位之主要問題，則以輕值銀幣代表金單位，似比銀行兌換劵較易實行。金準備之數目，須足以應付匯兌並償還外債及國際清算之負差，方爲穩固，而無意外之虞。金銀比例，則須僞造與鎔化雙方兼顧。銀價擡高，既不宜太大，亦不宜太小。此其大略情形也。

八　民國七年之金劵條例

民國三年，熊希齡膺任國務總理，於國務院內組織幣制會議，議定採用純粹銀本位制，卽三年二月所頒布之國幣條例是也。三月間設幣制局，以梁啓超爲總裁，議借外債，整理幣制。而秋間歐戰忽起，借款無望。年杪總裁辭職，幣制局遂亦裁撤。四年一月，財政部再設幣制委員會，擬定國幣條例修正案，其中要點有二，一爲改一元銀幣之成色，一爲添鑄十元二十元之金幣，與一元銀幣暫照金銀時價行用，一俟財力充足，卽實行金本位，但未實行。六年，梁啓超任財政總長，復欲厲行民三之計劃，特向英、法、俄、日四國銀行團提議善後借款，續借英金二千萬鎊，以爲整理幣制之用，事未成而已去職。七年，曹汝霖任財政總長，又準備施行金本位，呈請總統發行金券，以一金元爲單位，每元虛定含純金〇·〇七五二三一八格蘭姆，以爲待流通既廣，實力漸充，而金銀市價又合於金元銀元所含金銀純量之比例，卽可實行金本位制，以金券或金元代一元銀幣之用。一元銀幣或逐漸收回，或暫作金元之代表幣，而仍留國幣條例之銀輔幣作爲金本位制之銀輔幣。當時所頒布之金券條例如左。

第一條　政府爲便利國際貿易預備改用金本位起見，得由幣制局指定之銀行，發行金券。

第二條　金券之單位爲一金元，每一金元含純金〇·七五二三一八公分，卽庫平二分零一毫六絲八忽八。一金元之十分之一爲角，百分之一爲分，千分之一爲釐，皆以十進。

第三條　金券種類如下，一元、五元、十元、二十元、五十元、一百元。政府得令幣制局指定之銀行，發行五角、二角、一角三種之金券，並得令由造幣總廠鑄造一分銅幣。

第四條　金券在未鑄金元以前，持券人得向指定之銀行匯至本國他處或外國。在金元已鑄之後，得改兌金元，并得匯至本國他處或外國。金券得以外國金幣，或生金按所含純金重量向指定之銀行折合交換之。金器具以生金論。

第五條　金券與現行國幣，不定比價，但得照指定之銀行各地隨時牌示之比價，以金幣向該行兌換國幣，或以國幣及生銀兌換金券。

第六條　指定之銀行發行金券，應有十成準備。該準備爲本國金元或生金或外國金幣，分存中外匯兌商埠。所有準備金之地點及數目，該銀行應每旬公布一次。上項準備，應受幣制局所派專員隨時之檢查。

第七條　金券得照指定之銀行隨時牌示之比價，於公私款項出入使用之。金券之用數，爲無限制。

第八條　指定之銀行，得以金券爲存放及其他之營業。

曹氏計劃，擬向日本借款，供發行金幣之需。此款卽存於日本之銀行，作爲準備金，然後發券，在國內流通。其時適中國抵制日貨，人民多不以貨幣準備金存放於國外爲然。故此計劃雖有可取之點，而不得不擱置也。

九　經濟會議之計劃

民國十七年，國民政府開全國經濟會議，討論我國應解決之經濟及金融問題。關於幣制方面者，該會建議以金本位爲最後之本位，惟目前則以採用統一之銀本位爲宜。此項銀本位，以現行之銀元爲基礎。銀元含純銀二三·九〇二四八〇八公分，可自由鑄造，銀輔幣則分半元、二角、一角三種，銅元分一分、半分二種。在一定時期中，舊銀元之兌換新銀元，可以平價互換舊銀角之按照原來各種標準鑄造者，由政府用新銀角兌回之。據該會估計，政府之造幣利益每年可達一千五百萬元，應儲供日後採用金本位制之用。

該會又建議設立一強有力之中央銀行，獨享發行鈔票之權利，其他銀行之鈔票在相當時期撤回之。

十　甘末爾設計委員會之計劃

民國十八年春國民政府聘請美國甘末爾博士（E. W. Kemmerer）來華組織設計委員會，籌劃改革幣制。是年杪，該委員會擬就中國逐漸採行金本位幣制草案其綱要如下。

（一）金本位幣制之概要　金本位貨幣之單位可名曰孫，含純金六〇・一八六六公毫，一孫爲一百分，一分爲十釐。至於通用貨幣又分四種，一曰銀孫，重二十公分，成色〇・八〇〇。二曰五角及二角銀輔幣，五角重十公分，二角重四公分，成色均爲〇・七二〇。三曰一角及五分鎳幣，一角重四公分半，五分重三公分半。四曰一分半分、及二釐銅幣，一分重五公分半分重三公分二釐重一公分半，成色銅〇・九五，錫鋅各〇・〇二五。

（二）金本位幣制推行之程序　金本位幣制之推行，係採逐漸步驟，共分五時期如下。（一）金本位幣制通行日。財政部長應爲每省宣布其金本位幣制通行日，此後金本位通貨得依法通行，並得用爲繳納政府一切款項，其與銀幣及非金本位通貨之兌換率由財政部長規定之。（二）金本位法幣日。財政部長於宣布金本位幣制通行日，至少一年以後，應宣布金本位法幣日，此後所有政府支付之款項，應按金本位通貨確定及支付之，除別有規定者外，所有契約，均以金本位通貨爲唯一法幣。(二)債務換算日，財政部長應爲每省宣布債務換算日，但不得在金本位法幣日之前。自該日起，所有以前或以後所負之債務或其他責任，照約以非金本位通貨支付者，應按財政部長所定兌換率以金本位通貨支付之。(四)銅元鞏固日。現在流通之銅元，應逐漸收回，以達於每孫二百枚之率爲止。俟十文舊銅幣在一省中已能鞏固此兌換率時，財政部長應即爲該省宣布銅元鞏固日，自此日起，舊銅幣應即以每孫二百枚之率兌回，以金本位新銅幣代之。(五)舊幣之銷燬。凡由流通中收回之非金本位貨幣，應即銷燬。

(三)金本位幣制基金之構成　創立一種基金，以設置及維持金本位幣制。此項基金，不得少於在於流通中金本位貨幣總額百分之三十五。凡造幣利益，匯水所得，存儲國外基金之利息，對於中央準備銀行所徵之特許稅及準備不足稅，發售政府所占中央銀行或中央準備銀行股份之代價，因運用金本位幣制所得之其他收入，及爲鞏固幣制所舉之借款，皆應撥入。此項基金應分爲兩部。第一部爲存於國內外之金條及金幣，在於外國之金存款，及在外國金融中心地存放本基金銀行所出經其他殷實銀行允兌之票據。第二部爲國內所有金本位貨幣及政府備供鑄幣目的之金屬。

(四)金本位幣制基金之運用　金本位貨幣被持兌換時，得以下列各項之一兌回之。(一)每件約值一萬五千孫及二萬五千孫之金條，其兌換率以六〇·一八六六公毫之純金爲一孫。(二)向存放金本位基金之外國銀行之電匯。(三)向前項銀行之即期匯票。(四)向前項銀行之六十日期匯票。前述電匯與匯票，每次不得少於二千孫，並按照現金輸出點徵收匯水。所有兌回之金本位貨幣，應即停止其流通，除因應付外國向本基金所出之匯票或本基金之行政經費外，不得提出國外存款銀行得接受現金，售以向國內基金兌款之電匯、即期匯票、或六十日期匯票，每次至少二千孫其匯水以能代表金貨輸入點爲準。

(五)現行各種紙幣之處置　財政部長須爲每省宣布紙幣最後收回日。各省於紙幣最後收回日宣布後，應立即設法將所有未兌現之紙幣，無論爲直接發行或爲其所操縱之銀行所發行，或爲其所擔保者，一律按平價兌回之。如此項紙幣價值跌落過甚，財政部長得特許其發行機關按平價以下兌回之。倘所有紙幣不能在規定收回日一律兌回，其發行機關應對中央銀行或其他銀行存入足敷兌回所有未兌現紙幣之款項。倘該省無力籌備上述之現金，亦得存入附有利息票之債券，以足敷兌回所有紙幣爲度。所有銀行、商店、或私人，應於紙幣最後收回日以前，以平價兌回其所發之紙幣。倘其價值低落過甚，財政部長得特許其按平價以下兌回之。除依下節所舉之例外，所有在紙幣最後收回日以後尚未兌現之紙幣，應課以遞進之稅率。如某銀行於紙幣最後收回日，業將流通紙幣數量減至兩年前流通最高額百分之十以下，該銀行得免繳前項之課稅。凡資本在現行國幣五萬元以上之銀行，得按其特有政府公債之數量，減免其同數量紙幣之稅率四分之三。任何銀行或任何人不能遵行上項規定之時，應由政府宣告其無償還能力，并清算之。而政府所負發行銀行之債務，應在最後紙幣收回日前以現金或公債償還之

(六)金本位幣制之管理機關　爲管理金本位幣制之進行，應設下述諸機關。(一)幣制處。秉承財政部長之命令，掌管金本位基金及關於設立暨維持金本位幣制之其他事務，爲新幣制之永久行政機關。(二)全國幣制委

員會。掌理金本位貨幣替代現行貨幣之事項，爲新幣制施行設計之暫時機關。(三)省幣制委員會。製備關於幣制改革之宣傳及教育計劃，亦爲暫時機關。(四)金本位匯兌委員會掌理匯兌事務。(五)金本位基金事務所及代理處。掌理金本位通貨之兌換事務。

十一　結語

上述之外，尙有多種提議，因篇幅之限，不能備述，如劉冕執氏諸靑來氏之金銀並行本位制，劉振東氏之有限銀本位制，壽勉成氏之科學銀本位制等等皆是也。綜觀上述提議以主張改採金匯兌本位制居大多數管見亦以爲將來殆莫逃此法。銀價過不穩定，世界國家幾已全捨銀不用，我國萬不能獨異衆流長墨守成制。至於管理貨幣吾人對其效績，殊不可過抱樂觀，且以此偌大責任，委於少數人肩上，亦危險滋甚。但現時各國均相率停止金本位，改絃更張，尙非其時，應稍俟靜觀其後。目前要圖，爲整理各處通貨使全國能有劃一幣制。幣制旣已劃一，將來改換本位，可事半功倍矣。

第二編　銀行

第一章　銀行之爲公共機關

一　銀行與物質文明之進化

先哲有云，農業、運輸業、製造業、及銀行業爲世間最重要之企業，誠乎其不誣也。農業生產原料，運輸業致原料於製造家與消耗者，製造業製原料爲可用之物品，而銀行業則供給必需之資金及信用，俾以上諸程序，得以順利進行。銀行業之特別職務爲供給資本與信用，而其他各業則爲使用資本與信用者。苟無銀行，則工商業斷不能發達到現今之地步，蓋銀行業乃物質文明之進化之一主要動力也。

現代生產制度有二大特點，曰分工，曰巨額生產。巨額生產乃演成於分工，而其結果則爲造成生產期間之延長，使資金之需要，益爲加添，益爲迫切。應付此項資金需要者，卽爲銀行。銀行之效用能增加一社會資金之供給，能使一社會之資金盡得其用。其方法如何，請待下節詳論。惟此處吾人當注意現代之物質文明，乃基於其特殊生產制度，而此生產制度非得銀行之扶提，不能維持，所以謂銀行業乃物質文明之進化之一主要動力者此也。

十九世紀末，中歐各國物質文明之進步，其偉速有出人意表之外，推原其故，大半均因其商業銀行之肯與實業界維持密切之關係也。於中歐諸國，銀行與諸般改良計劃，幾無一不有密切之關係。一輪船公司之成立也，亦由銀行供給其發展中所需之資本，一鋼鐵工廠之組織也，亦仰給銀行以爲接濟。銀行對諸此企業，源源供與資金，而接受其債票或股票以爲償。當其立足未穩之時，孜孜扶提勸導，不遺餘力，待其營業已經發達，則將所收執證劵售於顧客，無形中擔保其有投資之價值。故在該各國，銀行在經濟界之地位，極爲崇高，迥非一般普通殖利機關所可比也。

二 銀行之業務

甲 存款

銀行種類不一，但吾人言銀行時，普通均指商業銀行。商業銀行之業務甚繁，其第一主要者爲存款。所謂存款，銀行向人收入款項或同等之物，而許其發行支票或行他法提用之業務也。銀行執行存款職務，其最顯著之效用，爲供給社會以一較優於貨幣之交易媒介。貨幣之爲交易媒介，缺點孔多。貯藏輸運，均滋風險，一也。製造材料，非常昂貴，二也。流通之際，磨損不可避免，三也。當其輾轉授受，蹤跡難於追溯，四也。經濟情形進化，交易媒介，亦隨之逐步改良。最初所行者爲物物交換制度，繼代之以貨幣，後紙幣發明，今則進而盛用支票，可謂達改良之極峯矣。於支票交易制度之下，人以貨幣交換銀行信用，然後發行支票，以所換之銀行信用爲交易媒介。支票之面額，可隨意塡寫。其紙料低廉，其輸運輕便，若有遺失之事，可以設法追索，凡非其眞正所有者，皆不能以之欺取款項。銀行付罷支票之後，通常每經若干時，即將廢票彙還存款人，故存款人又可以之當付款之收據。故充任交易媒介，銀行信用實遠勝於貨幣。此所以銀行事業繁盛之國家，大部分貨幣皆在銀行手中，充存款信用之基礎，而所用交易媒介，大都爲對於存款信用所發之支票也。

人之所以願將現款交換銀行信用者，蓋因銀行信用之較爲適用之故。銀行信用之所以較適用於現款者，上述易於輸運等等，均爲其因，但其關係最大者，則爲銀行信用之是否安全。銀行信用之安全，易言之，即銀行之安全。造成此安全之要素甚多，此處不能一一備述。就其自關係存款人者言之，銀行信用之安全，乃基於銀行之時存有現款以支付存款人所發之支票及其他債務。換言之，人之將款寄存銀行者，乃因其信任銀行能隨時付還之之故。故銀行之支付事務，即準備相當數量之現金與夫兌付存款人之支票二事，可視爲其存款業務之一部分也。

乙　放款

商業銀行之第二主要業務爲放款。放款種類不一，貼現亦其一種，但要之其性質均不外以現前之款交換將來之款而已。於資本制度下，物之生產，付出款項與收入款項之間，隔有一長久時期。製造家也，則必先籌資購置材料，勞工等物，待貨物製成賣出，方有收入。商家也，則必先出款購買貨品，償付工資，及支付賣費等，待貨品脫售後，始得收還所耗農藝家也春則有子種之費，夏則有傭資之耗，秋間穀類成熟，然後一年勞費，始得取償。銀行放款之效用，即維持付款收款之中間時期內生產者經濟上之需要。若無銀行現代資本式生產制度，決不能存在也。

銀行所成就者，尙不止此也。銀行之放款，蓋以存款人不知如何利用之閑款，移而爲知如何利用者用。此之效果，一可使社會可供使用之資本皆得其用，二可使凡有商業才幹之人，均不患因資本不足之故而鬱沒其才能。斯二者爲銀行最偉之功績，但同時亦加以絕大之責任。於銀行事業旺盛之國家，資本不足一節，並不足爲企業家之大慮。若一人品行端莊，才能超卓，而所經營之企業，又屬正當，則必有銀行願貸以其所需之款項者。但在銀行方面，以他人之款出貸，必對於借款人之選擇，萬分謹愼，非深信其決不至底於蹉跌之企業，不可與之發生連帶關係。如銀行果能如此，則又可指引社會之資本，使全用於有利事業，而同時又可阻遏投機事業之興辦，而減少資本之損失也。

銀行之放款，又有增加社會上資金之功用，其如何請設例明之。假定一銀行開始營業，有股本一百萬元，公積金十萬元，皆爲現款。則其財產情形可列如下。

資產	現款	一，一〇〇，〇〇〇
負債	股本	一，〇〇〇，〇〇〇
	公積金	一〇〇，〇〇〇

再假想因股東聞望之卓著，及銀行信用之便於行使之故，存款人四處雲集，不久而有四百萬元之存款，於是

該銀行之資產負債情況，便變如下列。

資產	現款	五，一〇〇，〇〇〇
負債	股本	一，〇〇〇，〇〇〇
	公積金	一〇〇，〇〇〇
	存款	四，〇〇〇，〇〇〇

至此時止，該銀行五百一十萬元之現金，除以備四百萬元存款之支付外，未曾舉充他用。此偌大準備金之非必要，毫無疑義。蓋存款人斷不至均同時齊集提款，銀行所存之現金僅須略多於存款人所來提取者便可也。各銀行應存多寡支付準備金，應據其經驗決定，無一定規律可奉爲標準。假定於吾人所幻想之銀行，百分之二十卽足，則該銀行祇須存儲八十萬元之現款，故其餘四百三十萬元現金，乃盡閑款也。

於是該銀行開始經營放款之業。設每一借款者，於放款成交後，卽將所借款掃數取去，則該銀行之放款數目，最多不能逾四百三十萬，而其資產負債將若下列。

資產	現款	八〇〇，〇〇〇
	放款及貼現	四，三〇〇，〇〇〇
負債	股本	一，〇〇〇，〇〇〇
	公積金	一〇〇，〇〇〇

	存款	四，○○○，○○○

但按諸實際，借款人大抵寧欲銀行帳簿上之信用，鮮喜攜去現款者。今假設借款人確均如此，不卽取去現款，又其存款平均每日皆有二百萬元之餘額，則該銀行之地位有如左列狀況。

資產	現款	二，八○○，○○○
	放款與貼現	四，三○○，○○○
負債	股本	一，○○○，○○○
	公積金	一○○，○○○
	存款	六，○○○，○○○

該銀行現有六百萬元之存款，而庫存有二百八十萬元之現款，其瞬卽滿期之放款，尚未計及。據其經驗，既百分之二十之支付準備金，卽綽綽有餘，則有一百二十萬元現款便足應付，尚有一百六十萬元爲多餘也。若是按一元準備金可以支持五元存款債務計，該銀行尚可再做八百萬元之放款，而其財產狀態可列表如下。

資產	現款	二，八○○，○○○
	放款與貼現	一二，三○○，○○○
負債	股本	一，○○○，○○○
	公積金	一○○，○○○

存款　一四，〇〇〇，〇〇〇

上例並非以表示銀行放款之能力，其目的乃在於說明其所能供給社會支配之款項，蓋不止限於存款數目。據是例該銀行祗有五百十萬元現款可用，然竟能放出款項至一千二百三十萬元之鉅。換言之，當地社會祗付託之五百十萬元款項，而轉瞬之間，可得一千二百三十萬元之用，然則銀行之有造於社會，豈不偉哉。

丙　匯兌

商業銀行之第三主要業務爲匯兌，請設例說明其大要。設想甲城商人向乙城商人購買五千元之布疋。於支票制度發達之國家，如英美等，甲商之還布價，祗須揮筆作一支票，郵寄乙商，便可置身事外。此支票自係對本地銀行所發之支票，故若無銀行盡匯兌之職役，乙商勢須再將之寄往甲城兌現，命付款銀行運來貨幣，或遍訪本地有否欲匯款往甲城而願買之者，其不便奚若。有銀行在，乙商可免此一切不便，只須將甲商支票存於本地銀行，易得對其發行支票之權利。至於銀行之如何處置該支票，可一不過問。乙商或須償付些微之經手費，但除此之外，別無何勞費也。

匯兌之方法不一。設上海某商於廈門有緊急之支付，最速辦法，即爲購買電匯，即指明收款之人，委託上海銀行電命其廈門分行或他銀行付款之謂。又一辦法爲購買一對於廈門銀行發行之匯票，寄與債權者。以上二法皆滬商立於主動地位。但廈門之債權人亦可不待滬商之匯款，而先對之發一匯票，命令付現，將票交託本地銀行代取。以上所述爲國內匯兌，若置上海之商人於巴黎、紐約、或倫敦，則即爲國外匯兌。國外與國內匯兌原則上並無何大別。蓋無論爲何，銀行之任，皆係以本地款項交易異地款項，或異地款項交易本地款項而已也。

於國內匯兌銀行不過解決距離之困難。於國外匯兌則除距離之問題外，尚有幣制國俗等等問題，銀行亦皆代匯款人解決之。有銀行匯兌之利便，兩地方或兩國間之債權債務大部分均得互相抵殺，僅些微差額須輸運貨幣清結。前例述乙城銀行，以本地方款項交換甲地款項。該銀行以後之移轉甲地款項爲本地款項，計有二法，卽或按支票之面額登入甲城銀行存款之借方，因以減除其存款差額，或使甲城銀行匯來本地之款項，以爲清結。設甲乙兩城間之貿易，盡乙城處於債權者之地位，則甲城銀行在於乙城銀行之存款，終必有一日竭盡，竭盡之後，甲城必源源輸運貨幣於乙城。但事決不至如此，因甲城商人，亦必時有對於乙城銀行所發之支票，持往銀行兌換當地通貨，而甲城銀行，卽可用此支票維持其在於乙城之存款也。

使易上例甲乙二城爲甲乙二國，其結果亦復如是。故銀行執行匯兌職役，可以免除巨額貨幣之輸運，此又其大功之一也。

丁　發行鈔票

發行鈔票，往者乃銀行所最垂涎之權利，惟今日則已退居無可無不可之地位。鈔票與存款同爲銀行有求卽付之債務，其發行乃應社會之需要，與存款信用同。故銀行之發行鈔票，乃處於被動之地位，非能任意爲之。而此項業務之所以淪於無重要地位者，蓋因支票盛行，浸取鈔票而代之故也。我國支票制度尚在幼稚時期，發行鈔票，猶爲商業銀行之一最重要業務。上編對於鈔票問題，已曾詳論，玆不復贅。

戊　信託業務

多數商業銀行，兼營信託業務。此業務之大要，爲稟承委託人之意旨，代其管理財產，一切所得，亦依其囑咐支配之。銀行較之個人命運之長，識驗之富，立意之堅定，處事之敏捷，均有過而無不及，故於多種情形下，以財產託其代管，乃保全財產之最妥當辦法也。

己　附屬業務

商業銀行所營之業務，於上述各項外，尚有代發有價證券，保管寄存物品、買賣生金銀，買賣有價證券、代收款項等等，此可統稱之附屬業務，蓋其經營並非銀行開設之目的，亦非爲必要，一銀行卽無此業務，亦不失其爲眞正銀行也。銀行學之著作家，有以受人信用、授人信用、及既非受人信用又非授人信用爲標準而區別銀行之業務者。第一類又謂爲被動業務，存款、發行鈔票、發行債票等屬之。第二類又謂爲自動業務，貼現及放款屬之。第三類又謂爲隨意業務，其他一切業務，俱可歸納其下也。

三　銀行之其他效用

銀行之功績，如促進物質文明之進化，供給社會以較便利之交易媒介，增加資金之供給，資助有商業才幹者發展其抱負，指引社會投資之趨向，抑止投機事業之蔓延，減除現金之輸運，解決人民遠地寄款之困難等等，皆已散見以上諸節，其尚未經指出者，猶有多種，茲述之如下。

（一）節省貨幣之使用　現今支付工具最大宗者爲支票鈔票、又於銀行信用制度下人民借貸關係，大部分可於帳簿上互相抵銷僅些寡差額方須貨幣清結。故有銀行，社會貨幣之需要，可大大減少而開採金銀礦之勞費與金屬貨幣磨壞之損失，亦隨之節省矣。

（二）奬勵人民之儲蓄　銀行對於存款，付與利息，化零爲整，積小成大實能奬勵儲蓄，浸漸養成人民少爲老計生爲死計之習慣也。

（三）調和資金之需求　鈔票及存款通貨乃最富於伸縮彈性之通貨。若無銀行，而社會之通貨，盡爲金屬貨幣，則當資金需要增加或減少之時，其供求之情形，必至懸殊，而引起重大經濟上之變化，使國計民生，交受其累，故銀行有調劑資金之供求及減少物價之變動之功效也。

（四）平衡各地之利率　此效用與第三項效用，其性質大略相似。有銀行之組織，各地資本，可較易彼此流轉，截長補短，互相挹注，於是各處利率遂得趨於平衡，不至彼高此低，差若天壤。此於一國工商業之發達，大有關係，非可等閑視之也。

（五）移轉固定之資本爲流動之交易媒介　例如土地一物，本至固定，不能自由運用，有銀行在，便可將之抵押，變易現款，此豈非等於移轉土地爲流動之交易媒介乎。

（六）變易將來之收入爲目前之流通資金　此項效用，係關於銀行之貼現業務，可以下例說明之。譬如一批發商向某製造商採購貨品，約定九十日交價，立一承付匯票爲憑。該製造商之製造此項貨品，須費成本，故其一部份資本係在於是。故使彼死藏承付匯票，以待滿期，若欲維持平常之生產數額，目前必另籌新資本補足昔數，不然即不能也。有銀行之設，製造商即可將承付匯票向之貼現，變易將來之債權爲眼前即能運用之流通資本，以之添置原料，雇用工人，而生產能力可不致減損絲毫矣。此在社會方面，其利益爲財富之生產得永續不斷，所關者非特製造商一人之私利而已也。

四 銀行之種類

上云銀行種類，不一而足，除商業銀行外，尙有所謂農業銀行、投資銀行、信託公司等。農業銀行專供農業上資金之需要，信託公司辦理信託之業務，而投資銀行則一面收集人民之儲蓄，一面供給實業以永久之資本。凡儲蓄銀行、抵押銀行、債票公司等，皆屬於投資銀行一類，此乃以銀行之營業性質而區別其種類也。銀行有以調劑全國金融爲目的而獨占經理國庫與發行紙幣權利者，有只圖調和一地方內之金融助長一地方內之經濟事業者，前者謂之中央銀行，後者謂之地方銀行，此乃以銀行所處之地位而區別其種類也。以股本爲主體之銀行曰股分銀行，以會員爲主體之銀行曰合作銀行，在股分銀行，股東雖有同時爲存款人或借戶，然是乃偶然之事，而在合作銀行，則其主要營業，即調劑股東或會員之金融，此乃以銀行組織之性質而區別其種類也。銀行有經政府特許設立者，有按普通銀行條例設立者，前者如我國中國交通銀行等是，此乃以銀行之法律上關係而區別其種類也，

第二章　銀行之組織及公共監督

一　銀行之定義

據我國現行之銀行法，凡營左列業務之一者，均爲銀行。

(一)收受存款及放款。

(二)票據貼現。

(三)匯兌或押匯。

營前項業務之一而不稱銀行者，視同銀行。銀行除左列附屬業務外，不得兼營他業。

(一)買賣生金銀及有價證券。

(二)代募公債及公司債。

(三)倉庫業。

(四)保管貴重物品。

(五)代理收付款項。

二　創辦銀行之法律上之手續

銀行應爲公司組織，凡創辦銀行者，應先訂立章程，載明左列各款事項呈請財政部核准。

(一)名稱。

(二)組織。

(三)總行所在地。

(四)營業範圍。

(五)資本總額。

(六)存立年限。

(七)創辦之姓名住所。

如係招股設立之銀行除遵照前項辦理外，並應訂立招股章程，呈請財政部核准，然後方得招募資本，銀行經核准並登記後滿六個月尚未開始營業者財政部得通知實業部撤消其登記，但有正當事由時，銀行得呈請延展。

三　銀行之資本

股分有限公司、兩合公司、股分兩合公司組織之銀行，其資本至少須達五十萬元。無限公司組織之銀行，其資本至少須達二十萬元。此二項規定之資本，在商業簡單地方，得呈請財政部核減，但第一項所規定者至少不得在二十五萬元以下，第二項所規定者至少不得在五萬元以下。資本不得以金錢外之財產抵充。股分有限公司之股東及兩合公司、股分兩合公司之有限責任股東，應負所認股額加倍之責任。

凡經核准登記之銀行，應俟資本全數認足並收足總額二分之一時，分別具左列各件，呈請財政部查驗。經認爲確實，由財政部發給營業證書後，方得開始營業。

(一)出資人姓名住所清册。

(二)出資人已交未交資本數目清册。

(三)各職員姓名住所清册。

(四)所在地銀行公會或商會之保結。

(五)證書費。

如係無限責任組織之銀行，除遵照第一項辦理外，並須添具左列各件。

(一)出資人詳細履歷。

(二)出資人財產證明書。

如係股分有限公司之組織，除遵照第一項辦理外，並應添具左列各件。

(一)創立會決議錄。

（二）監察人或檢查員報告書。

銀行未收之資本應自開始營業之日起，三年內收齊。銀行之股票，應爲無記名式。銀行公布認足資本之總數時，應同時公布實收資本之總數。

四 保證金及公積金

無限責任組織之銀行，應於其出資總額外，照實收資本繳納百分之二十現金爲保證金，存儲中央銀行，但當實收資本超過五十萬元以上時，其超過之部份，祇須按百分之十繳納，於達到三十萬元爲止。該保證金，如經財政部核准，其全部或一部得按市價扣足用國家債券或財政部認可之債券抵充。於維持銀行信用時，財政部得將保證金處分。

有限責任組織之銀行，於每屆分派盈餘時，應先提出十分之一爲公積金，但公積金已達資本總額一倍者，不在此限。

五 關於組織銀行之其他規定

銀行有左列情事，須得財政部之核准。

（一）變更名稱。

(二)變更組織。

(三)合併。

(四)增減資本。

(五)設置分支行及辦事處或代理處。

(六)變更總分支行及其他營業所在地。

(七)分行以外之營業機關改爲分行。

銀行非經財政部之核准，不得經營信託業務。其經營信託業務之資本，不得以銀行之資本與法定公積金抵充。其收受信託資金，應分別保存，不得與其他銀行資產混合。

銀行不得爲商店或他銀行之股東。其在銀行法施行前已經出資入股者，應於該法施行後三年內退出之。逾期不退出者，應按入股之數核減其資本總額。

六　銀行之管理

以上爲我國組織銀行時所受法律上之約束，次當論述銀行之管理。我國通例，銀行中最高之管理機關凡三，曰董事會，曰監察人會，曰股東會。董事至少四五人，多則十餘人，由股東中選舉，任期有一定年限。董事會設董事長一人，亦有更設協董或常務董事者。監察人乃以監察董事會，至少二人，多則五六人，隨時得調查事務，展閱簿據，檢驗銀庫，如有意見，可提出於股東會議決之，其任期亦有一定年限。股東會審查營業情形，更迭重要職員，議決進行方針。其會議分常會及臨時會兩種，常會通常每年二次，臨時會則不拘次數，有特別重要事項時，由董事會或若干股東聯名召集之。

銀行中之行政，則設經理副經理總其綱，其下設置若干課，課各有長，長各有屬，分任特別事務。課之繁簡，視業務範圍之廣狹而定。普通商業銀行，大都分設五課。一曰文書課，約分三股。文牘股管理一切往來文牘、信札、記錄，並保存重要文件。股務股管理一切股份進出及股東開會事務。庶務股管理行中庶務。二曰營業課，約分五股。存款股，專司存款營業。放款股，專理放款、貼現、押匯等事。匯兌股，專管各地匯款。票據股，專管票據交換、款項匯劃及代收票據。保管股，專管代理保管貴重物品。三曰出納課，分收入付出兩股，專司行中款項之出入，並管辨別貨幣之眞贋及兌換銀洋等務。四曰稽核課，專任稽查行中內外部各情形及帳目。五曰會計課，專任行中一切會計事務。其代理國庫，或發行兌換券之銀行，則又有國庫課或發行課。總之，銀行營業之範圍愈廣，則課股愈多，不可一概論也。

七　銀行之公共監督

銀行爲含有公用事業性質之企業，其消長成敗，一方面則有關全體企業界之榮枯，一方面則有關存戶及持有鈔票者之利害，非同其他營業機關，其贏虧祇涉及當事人之得失者可比。故公家對於銀行之經營，應加以特別監督，庶民衆不至時常無辜受累。就我國法律言，銀行之公共監督，有以下諸種。

(一)每營業年度終，銀行應造具營業報告書，呈報財政部查核，並依財政部所定表式，造具資產負債表及損益計算書公告之。如係有限責任組織之銀行，除遵照上述辦理外，並應添具公積金及股息表册與紅利分派之議案，登載總分行所在地報紙公告之。爲預防僞報之事起見，又規定銀行重要職員如有於營業報告中爲不實之記載或虛僞之報告，或以其他方法欺矇官署及公衆，則得處以一年以下之徒刑並千元以下之罰金。

(二)財政部得隨時命令銀行報告營業情形及提出文書帳簿。

(三)財政部得於必要情形，派員或委託所在地主管官署檢查銀行之營業情形及財產狀況。銀行重要職員，於檢查時如隱蔽文書帳簿，或爲不實之陳述，或以其他方法妨礙其進行者，得處以一年以下之徒刑幷千元以下之罰金。

(四)銀行營業情形及財產狀況，經財政部檢查後認爲難於繼續經營時，得命令於一定期間內變更執行業務之方法，或改選重要職員，並爲保護公衆之權利起見，得令停止營業，或扣押其財產，及爲其他必要處分。

(五)銀行違反法令，或其行爲有害公益時，財政部得停止其業務，撤換其職員，或撤消其營業證書。

爲保障銀行資金之安全起見，對於銀行之放款，亦有種種限制如左。

(一)銀行對於任何個人，或法人團體，非法人團體之放款總額，不得超過其實收資本及公積金百分之十，但有下列情形之一者，不在此限，(甲)超過部份之債務，有各種實業上之穩當票據爲擔保者，(乙)超過部份之債務，附有確實且易於處分之擔保品者。

（二）銀行放款收受他銀行之股票爲抵押品時，不得超過該銀行股票總額百分之一。如對該銀行另有放款，連同上項受押股票數額合計不得超過本銀行實收資本及公積金百分之十。

上述對於放款之限制，乃所以收取危險分散之利益其重要及理由請待放款章詳論之此外銀行尚不得收買本銀行股票及以之作借款之抵押品，買入或承受營業上必需者外之不動產。如因淸償債務受領本銀行股票，必於四個月內處分，受領不動產，應於一年內處分。此亦皆所以限銀行資金之運用於安穩之途俾其損耗，得減至最低程度也。

八　檢查之要點

報告書係由銀行自己編製，其是否盡符事實，局外人自無從知其底蘊，故公衆爲保護其利益起見，殊有不時加以檢查之必要，上述銀行法規定財政部得於必要情形派員或委託所在地主管官署檢查銀行營業情形及財產狀況，諒卽此意也。檢查財產狀況，檢查員之首要目標，應在於決定被檢查銀行之實在資產負債，是否與其帳册上所載者完全相符。其着手之程序，第一步應爲稽算現金，先稽算在於各職員保管中之部份，後稽算存於庫中之部份。當稽算在於各職員手邊之部份時，應將銀庫封鎖，以防其有挪移舞弊之事。現金一項乃最易僞報，以掩蓋虧空者也，稽算在於收款中之票據，可向各付款銀行查詢究竟，以悉其有無謊報。其由本埠票據交換所匯劃之票據，祇查悉各付款銀行當日自被檢查銀行交來之總額，便可得其虛實。至於放存各同業之款項，則請各往來行告知其當日差額若干足矣。

稽核放款與貼現數目之虛實，可隨意抽揀幾借戶，依其帳上所載數目塡製表格，寄送前途，請其簽字證明有誤與否。蓋分向各借戶一一調查，勢不可能，故只有用此方法也。借款人之性質，當加以注意。本行董事及其他職員，有否借款，又對於某個人或某商號之放款有否超過法定限額，此不特爲法律問題，且有關管理之良窳甚大，不可不細察也。如發見某個人或某商號之借款數目甚大，縱未逾於法定限額，然歷次檢査時均如是，未一減縮，則當喚起銀行職員之注意，因此項放款，常發生危險也。

放款之抵押品，亦應嚴密查核。其價値超過抵押款數目若干，換言之，卽有否保留相當之安全差額(Margin of safty)，及其性質是否係隨時能夠變賣者，此至爲重要，不可不察。不動產抵押放款，尤宜加意審察，蓋不動產之市場至窄，綦不易變賣也。當檢查應收票據之期限時，其屢經展期及過期甚久之票據，應以疑帳視之也。

查察有價證券，檢查員當比較其帳面價値及當日市價，如兩者不符，應記於報告書上。固定財產，如營業用房屋，生財器具等，亦當加以估價。

對於存款負責，其有無謊報，可直接向存戶查勘決之。但此只適用於同業存戶，向個人存戶作此詢問，甚易引起誤會，非事之宜。故較妥辦法，厥爲隨意抽幾適在行中計算差額之存款摺，與存款分戶帳對比，視其相符與否，以概其餘也。

要而言之，檢查之目的，一應爲決定銀行資產之足否淸償債務及其流動之程度，二應爲查視銀行之有否犯法之營業行爲，如違犯資本金之規定、準備金之需要，放款最大額之限制等等。檢查資產，則當防其浮報，檢查負債，則當防其少報也。

檢查完竣後，檢查員當將檢查結果通告銀行董事，俾其於業務上得有改正之機會。據我國銀行法之規定，檢查員應於檢查終了十五日內，將檢查情形，呈報財政部，或呈由所在地主管官署轉報財政部查核，並應對報告內容，嚴守祕密，違法者，則依法懲處也。

九 銀行之清算

銀行清算時，其清償債務，次序如下，(一)兌換券，(二)儲蓄存款，(三)一千元未滿之存款，(四)一千元以上之存款。前述當財政部認銀行情形爲難於繼續經營或違反法令，或其行爲有害公益時，得令其停止營業，或扣押其財產，或撤銷其營業證書，或爲其他處分。銀行如因破產或其他事故停業或解散時，除依其他法令規定辦理外，應即開具事由，呈請財政部或呈由所在地主管官署轉請財政部核准後，方生效力。銀行改營他業，其存款債務尚未清償以前，財政部得令其扣押其財產或爲其他必要之處置。其因合併而由非銀行之商號承受銀行之存款及債務時亦同。

第三章 存款

一 存款營業之重要

存款爲商業銀行最主要業務之一，其營業之盛衰成敗，所繫於存款之多寡者至大。蓋銀行之自有資金，如何總係有限，卽盡以投資出貸，所獲利息，能有若干。況購置營業用房產器具，皆必出於此，故資本金斷不足專靠以維持銀行之生存也。其實銀行資本金之職能，乃以擔保存款之支付，而爲銀行信用之基礎，與其貸出，除以買確實有價證券外，寧不動用。銀行經營放款，先須盡量吸收存款。低存高貸，贏餘乃在乎此。故銀行第一要務，厥爲推擴存款營業。存款豐足，然後方可言及其他也。

二 存款之來源

存款之由來有二，有以現金或各種信用票據繳入銀行而生存款者，有因票據貼現或抵押放款而生存款者。後者之例，如甲向銀行借款五萬元，但目前僅需三萬元，由是暫將其餘二萬元寄存銀行，俟日後要用時再來提取。在商業繁盛之區，銀行之存款，大部份乃生於信用。據美國通貨監督（Comptroller of Currency）歷次之調查，美國銀行現款之存款，不及全部存款十分之一云。

故放款能創造存款，然吾人不可以此遽想單純放款便能產生新財富也。於現代商業習慣下，社會上各個人間未淸結之債權債務爲數綦鉅。銀行之放款大抵卽根據於此種要求權，蓋不過移易一不甚流通之信用而爲世人較樂收受之信用而已也。試設例明之。譬如甲商執有乙商之期票一萬元，現向丙商購貨，以之付價。丙商因不知乙商何人，且欲現款，卻之不受。於是甲持該期票往銀行爲擔保品申請借款。在銀行方面，縱使對於乙之信用，亦無所聞，然甲之營業情形以及其品行，則所素識，將來期票滿期，卽使乙抗不付款，甲亦必對其借款負完全責任，故允甲之請。而甲卽存所借之款於銀行，作一支票與丙交付貨價。由此而觀，甲之存款固生於銀行之放款，然最後乃基於其對乙之債權，並非憑空所造之財富也。

三　存款通貨

可發支票及他信用票據提取之存款，謂存款通貨。於多處存款通貨現乃主要之通貨，此蓋半因其乃最便利之支付工具，而且較他種通貨所受法律之拘束最少也。存款通貨之數量，不止視乎存入銀行之現款，其大部分乃視銀行貸與存戶之信用及存戶所收自其債務人之支票暨其他信用票據之多寡以爲衡。信用票據之數量，又繫於在於淸結中之商業數量，故存款通貨，其增加或減少，最後乃視商業活動之狀態爲轉移也。除商業數量外，其他可以限制存款通貨之數者，獨存款準備之規定。

自理論上言之，存款通貨或支票並無不可與鈔票一樣流通之理由。鈔票爲銀行認付現金之紙據，而支票亦爲付款銀行默認付款之憑證。設支票係作於特別製造之紙張，票額圓整適用，不論何人皆可持之支款，則未始不可輾轉經多次之授受，然後入於銀行手中也。

支票所以發出後不久卽至銀行支現者，厥有數故。(一)個人所發之支票，不能普遍得人信任。(二)支票多係發以支付特項之債務，故其面額常非圓整之數。(三)僞造及塗改之機會極多，眞贋甚難鑑別。否則支票無何不可與鈔票並用也。但支票之生命雖短促，存款則繼續流通。蓋一支票存入銀行後，卽可又發一新者替代之。故個別支票，雖大抵流通不久，而支票之總流通量，無論何時恆非常鉅大。現今多處之貿易，大部份皆以支票爲支付工具也。

四　存款之種類

以性質爲別，存款可分下列幾種。

甲　往來存款

往來存款，有求卽付，定無期限，多以支票提取。在經濟發達之國家，銀行對此種存款多不付利息，但於我國，則通常付薄微利息，以爲招徠之計。

據我國銀行普通之辦法，開立往來存款帳之手續，略如下述。存款人向銀行索取往來存款請求書，於書內署名蓋章，然後交與銀行營業課，或只與營業課口頭接洽。營業課認該書爲無誤時，製收入傳票，令存款人繳納現金於出納課。出納課收款後，記入收入帳，同時於傳票上蓋收訖之印，仍交還營業課。營業課既收回傳票，乃於往來存款總帳內開存款人戶名以記入之，同時並製往來存款摺，於摺內記明存款數目，由記帳員蓋章，而將存款摺及收入傳票統呈送經理簽字或蓋章。經理既蓋章後，存款摺則隨同支票簿一册交付存款人，收入傳票則送與會計課記帳。此時一面復向存款人徵取支票簿之領取證及印鑑中之字樣圖章，而同時往來存款帳之手續，於是清矣。

至於付款之手續，有持來支票而求支付時，則令持票人於票裏簽字蓋章，由營業課收入其支票，同時交與銅牌，爲憑。將銅牌之號數記於支票上。營業課於是檢查存戶之往來存款總帳內餘額情形及支票之簽字或圖章，如果無誤，卽製成支付傳票，於往來存款總帳收項記入其數目，更求餘額。支付傳票既已加蓋圖章，卽送呈經理蓋章，後轉交出納課。出納課得該傳票，卽據其所載之金額付款，收回銅牌，一面按該額記入付出帳。於支付傳票上押蓋付訖之印，交與會計課記帳。其支票卽附於傳票之後，以備檢查。

乙　特別往來存款

特別往來存款或稱特別活期存款，其與往來存款相異之點如下。（一）係供儲蓄目的之用。（二）不必如往來存款交易之須詳細調查存戶之身分及信用。（三）不能如往來存款得用透支契約。（四）不能用支票提取款項，皆以存款摺及取條爲據。卽用支票，亦受特別之限制，不能隨意塡發。

特別往來存款，乃以吸收一般小額之存款，非圖商人之便利。其存儲之次數，非如往來存款出入之頻繁，取兌時期，殆可預定。又存儲期間亦較長。因此數故，其利息恆較高於往來存款也。

特別往來存款存付之手續，與往來存款大體相似。但如係憑存款摺及取條交款，則取款時存戶須將摺交入，而營業課卽於摺內記入其所取數目。出納課付款時連存款摺同交與存戶。

丙　定期存款

定期存款者，存入時約明一定期限，非屆期不得支取之存款也。此種存款，以存單爲憑。提取既有定期，期前銀行無需置何準備，亦無頻繁收付出入之煩勞，故給息較前兩種存款均爲高也。

定期存款，於期限內提取，法律上在所不許，然每有存戶來作此種請求者。對此銀行可酌察存款金額之多寡，其期限之短長以及當時金融之情況等，或嚴詞拒絕，或允許通融而全不付息，或酌扣利率。要而言之，銀行當抱服務之觀念而對於存戶之便利，尤不可忽。此匪特所以爲人，亦乃所以爲己。故如無何大損，在可能之範圍內，當儘量容納存戶之要求也。一良善變通之辦法，卽將存戶之存單爲抵押而予以放款。在銀行方面，押品既爲本行之存單，可謂萬全，而放款又可索取利息，外則有以遷就存戶之要求，內則無可損失。在存戶方面，存款期限未滿，本無提用之可能，今若是變通辦理，雖稍損利息，然可濟目前之急需，亦何樂不爲也。

收入定期存款之手續如下。存戶開具數目、期限、姓名等要項，蓋押圖章，交與營業課。營業課乃製收入傳票，使出納課收款。出納課向存戶收得現金後，照記於收入簿，而送還收入傳票於營業課。營業課乃據收入傳票記入於定期存款帳及付款期日帳，同時製作定期存款存單，與傳票齊送呈經理，其請求書及圖章證據則收存之。經理蓋章於存單與收入傳票後，存單則交給存戶收執，傳票則送與會計課記帳。

定期存款支付之時，存戶先於存單背後簽字或蓋章，交入銀行。營業課乃驗其是否與存入時所用者相符，如無錯誤，即計算利息，製支付傳票二張，一爲定期存款科目，一爲利息科目，押蓋本課圖章，同時又於定期存款帳內支付欄中塡明年月日，更於備考欄中書付訖字樣，期日帳中亦同此記法。以上記竣，乃將傳票隨加定期存單送呈經理。經理蓋章後，存單及支付傳票皆送於出納課，該課卽據之照付本利，而記其額於支付簿。傳票轉交會計課，存單則押蓋付訖之印，附於傳票後，以資檢查。

丁　本票

本票或曰存票，乃銀行對於無期限，無利息之存款，而發行之票據也。本票爲流通票據，裏書後可輾轉讓授，銀行當存主或其指定人或其指定人之指定人前來取兌時，卽時付款。本票大抵存戶欲避免授受現金銀或行卽將使用所存之款時，乃向銀行立之。

本票固屬存款之一種，然銀行於特殊情形下，亦可利用之以紓一時之緊急。例如銀行遇有取兌鉅額匯款時，倘行中準備金缺少，有不能應付之勢，可商諸領款人，代發此票。在領款人方面，攜取巨量現金，一一點算，實爲費事，如此款係持往寄存他銀行，則本票既與現金有同一效力，自以領取本票爲便。在銀行方面，如所支付之本票，由他行前來兌款，必稍費時日，得於其間設法準備現金。此銀行之可以發行本票代替現金者一也。又如甲銀行與中央銀行有往來存款交易，超越透支限度，中央銀行限日索款，而甲銀行無款可付，不得已乃向乙銀行通融，然乙銀行因丙銀行取匯兌差額，亦須爲鉅額之支付。於此情形下，甲銀行可作本票交於乙銀行，乙銀行亦作本票交於甲銀行，甲銀行卽以乙銀行所發者繳於中央銀行。償還透支之超額，而乙銀行卽以甲銀行所發者向丙銀行存款。如是雙方之本票，翌日於票據交換所中方由中央銀行與丙銀行持出計算，而甲乙銀行本日之困難，已解決矣。此銀行之可以發行本票融通資金者二也。

本票收存與支付手續，與存單大略相似，茲不贅述。

戊　通知存款

通知存款者，存款人欲提取存款，必先期通知銀行而後方能取出之存款也。通知期限，通例爲三日，五日乃至七日。因其非有求卽付之存款，銀行不必設置甚多準備，故此種存款之利率，恆比往來存款較多。通知存款得用支票及存款摺，但不得透支。

通知存款存入之時，營業課當與約定通知期限，依其數目製收入傳票，令出納課收款，同時一面製成通知存款單，並向存款人徵收印鑑中之圖章憑據，出納課收款記帳後，將傳票送還營業課，營業課遂據傳票記入其金額於通知存款帳，將傳票隨加通知存款單送呈經理。得經理蓋章後，通知存款單交與存款人，收入傳票送交會計課記帳。

通知存款取款之時，當於預約期限以前通知銀行。營業課得通知後，將年月日記入通知存款帳特備之欄內。到該期日，由營業課收回通知存款單，審查其鑑印中之簽字或圖章，果否相符。如無差誤，乃計算本利，製支付傳票，於通知存款帳支付欄內記入支付年月日，利息欄內記入利息金額及年月日，而將支付傳票及通知存款單送呈經理蓋印。經理蓋印後，交出納課付款記帳。再後傳票送交會計課，而通知存款單則加蓋付訖之印附於傳票之後。

己　暫時存款

暫時存款，爲一時之存款。凡各種存款不能列於上述諸存款科目者，皆用此科目處理之。故其種類甚繁，如以下各項，皆可列於暫時存款。(一)官廳之寄存金。(二)行員保證金。(三)代收之款項。(四)代售有價證券之賣價或代收之息款。(五)應付未付之定期存款利息。暫時存款通常多不付利息，然其辦法乃因各交易之性質而異，無一定之章程也。

暫時存款之處理手續，甚不一致。大概言之，收付現金之時，應用暫時存款科目列於收入傳票及支付傳票，並記入暫時存款帳內。如收款時曾交付暫時存款單，則付款時必取回該單。

五　支票

支票者，存款人取款之憑證也。支票有以下幾種。

(一)普通支票　普通支票乃對於橫線支票而成之名稱，又可分記名式、不記名式與指使式三種。記名式票面記有收款人之姓名，非該收款人持往兌取，不得支款。無記名式票上不載收款人之姓名，無論何人，均可持往支款。指使式票上記有收款人姓名與指使字樣，收款人或其指使人皆可持往兌款。

(二)橫線支票　橫線支票票上畫有二道平行線，故名。橫線支票，又分普通橫線與特別橫線二種。票上畫線二道，內寫銀行二字，是謂普通橫線支票，非經過銀行之手，不能支款。票上畫線二條，內注某某銀行之名，是爲特別橫線支票，非由指定銀行不能兌款。橫線支票，收票者非與銀行有往來關係，取款不免多費周折，故其行使事實上並不甚多。其使用之目的，乃以預防支票失落或竊盜之患也。

(三)保付支票　保付支票者，經銀行於票面押蓋保付字樣之支票也。請求保付之目的，在於增加支票之信用，俾得與現款爲同等之流通。銀行既保付支票之後，對之便負付款之全責，故此時須自發票者之分戶帳內減除其存款之數，另設保付支票一戶以轉記之。業已轉記於保付支票帳之存款，恆不付息。

(四)限額支票　此項支票於票上限定其支款之定額，蓋以預防支票之濫發也。

六　存款之利息

對於存款之應否付息，意見紛紜不一。近於儲蓄性質之存款，如定期存款，特別往來存款，通知存款等，此均不成問題，蓋其所以產生，即因存戶之貪其有息，不可不付利息。故存款應否付息，乃獨往來存款之問題也。主張付息之說有二。(一)銀行對往來存款，亦若其他存款同樣利用，不應獨作歧視。(二)銀行既用往來存款以市利，存款人理應共分所得之贏益。反對之派亦有二說。(一)銀行既須付息，自不得不極力擴充其放款營業，以免虧耗，其結果或至於濫。(二)放款濫多，行中準備金勢必薄寡，若是如一旦發生變故，即危機迫逼也。

存款之利率，大抵盡預先議定。其計算方法於定期存款，厥泰簡單，於出入頻繁之存款，則不一而足，茲舉之如下。

(一)對於每日最後餘額，付與利息。

(二)對於每日最少餘額，付與利息。

(三)對於每日平均餘額，付與利息。

(四)對於一星期內之最後餘額，付與利息。

(五)分午前與午後交易，何者最後餘額少，卽按之付與利息。

(六)對於每日一定最少餘額以上最高餘額以下，付與利息。

日數之計算方法，則有下列幾種:

(一)自存款當日起，至付款前日止。

(二)自存款翌日起，至付款當日止。

(三)自存款翌日起，至付款前日止。

(四)自存款當日起，至付款當日止。

(五)每月五日以前存入之款，卽自本月起計算。十五日以前存入款，自十六日起計算。十六日以後存入款，自翌月起計算。十五日以前支付之款，其利息以前月來日爲止。十六日以後支付之款，以十五日爲止。

按存款有爲現款之存款，有爲支票或其他信用票據之存款。信用票據，有不能卽日收款者，凡不能當日收訖現金之存款，在未收訖以前，因其不能資銀行利用，理不應支享利息。故銀行計算存款之利息，不當遽據帳上每月餘額計算，應於現款存款及未收訖票據存款之間，加以分別也。

七　存款帳成本之分析

銀行每忽視處理存款之成本，對於一切存款，俱視爲利益之泉源。然多數存款，出入頻繁，餘額寡少，不特無利於銀行，且爲銀行之累。故銀行對於存款帳之成本，不可不愼加分析，以定一適宜之存款營業政策，即決定是否對一切存款，皆一視同仁，付給利息，及對某種存款帳應否徵收手續費等等問題。不然，無形之損失，難保不與日俱進也。

計算存款帳之成本之大要，爲先決定每存款帳所貢獻之收益，然後減除其所應擔負之費用，以得其淨損益。計算收益之步驟，首當求每一存款帳之可資貸放之金額，即其每日平均餘額減除其每日平均代收中之存款與銀行所須設置之準備金之差額。斯額既得，然後以決算時期內銀行所得之利息，以其放款及投資之總額除之，求其資金所生之利息之平均百分率。以此百分率乘可資貸出之金額，便得一存款帳所貢獻之收益。

存款帳所應擔負之費用，可分三種計算。(一)處理存款交易之直接費用。(二)處理存款交易之間接費用，即與存款營業有密切關係各部之非屬辦理存款交易之直接費用之其他一切費用之應歸存款帳攤分者。(三)普通管理費。第一種費用，如文具、出納員、簿記員薪金等，不難計算。第二種費用之算法，可先求該各部之辦理存款交易之直接費用之與其他一切費用之比例，然後按此百分率而求其他一切費用之應由存款帳擔負之部份。直接間接費用兩者相加，以存款收支次數之總數除其和，便爲存款每一往來交易之費用。第三種費用，甚難求一公平方法，分配於各部，但或可按各部對於總贏益所貢獻之比例而攤分之。既定何額應由存款人擔負之後，可以全體存款餘額分之，而得每一元存款所應擔負之數。蓋普通管理費既非由辦理存款交易而起，故宜以存款之金額爲標準分諸存款帳，不能如其他兩種費用之按往來交易次數計算之也。

簡括述之，計算存款戶之成本之方法如左。

(一)決定存款帳之每日平均餘額。

(二)從上述餘額減去每日平均代收中之存入票據。

(三)再減去銀行所需之支付準備金。

(四)將減後餘額依照銀行平均收益率計算收益。如一存款帳有何特別收入，應照加於此。

(五)計算存戶於決算時期內支付之次數，乘以每交易之費用，而得每一存款帳交易之總成本。

(六)將每日存款餘額乘以每元存款所應擔負之銀行普通管理費而得每一存款帳所應負擔之普通管理費。

(七)將五六兩項相加，而從第四項減去其和。

(八)再自第七項所得之差額減去一存款帳之所有特別費用及利息，其結果卽每一存款帳所貢獻之淨利或所與銀行之損失。

存款帳有此科學化之分析後，銀行便有成算在胸，能對存款之業務，定立適妥之方針，以避損失或以收合理之利潤。銀行有限定存款之最少金額者，有對存額不滿若干元之存款不給利息者，亦有對每日平均餘額在若干元以下之往來存款收取手續費者。人性大率誠實和好，而銀行之顧客，亦無有不承認銀行有收取合理之利潤之權利者。故銀行若以光明正大之態度，將存款帳之成本，報告於存款人，存款人當無不願償付其所得之便利者也。雖然，銀行於此亦不可斤斤計較目前之利潤，多數存款帳，一時雖爲額有限，於銀行無何利益，他日能一躍而成最有利之帳，此乃銀行家所不可不注意者也。

八　存款準備金

銀行對於存款，必置相當數目之現金準備，然後存戶若來提取，方能應付裕如，此不特銀行信用攸關，金融市場之安危，蓋亦繫焉。各國政府對於商業銀行之存款準備金，有放任與干涉二政策。放任者則任銀行自行作主，一不過問。干涉者則以法律規定其最低額，不許隨意變更。二者各有其理，但衡其得失，干涉之策，似弊大於利。蓋存款準備金之需要，乃視環境爲轉移，非何時何地，均劃一不易。例如在商務繁昌之都會，資金流動敏捷，存款出入頻繁，宜厚準備之額，於鄉村地方，資金流通呆滯，存款出入寡尠，可不須甚多。又如當三節之際，商家清結債務，需款甚鉅，準備之數，不可不多，而在平時，則可較少而不至發生危險。故若國家制定一不易之額，強令全體銀行遵守，則恆非失之太多，卽失之太少。太多則銀行之利益，無故而受限制，太少則一旦變生不測，無以應付，關係金融，匪爲淺鮮。由此而觀，存款準備金固不可無，然其額當讓銀行家酌視情形，自爲處置，不宜由國家強行制定也。

存款準備金，在中央銀行勢力雄厚之國家，常集中於中央銀行，於無中央銀行或中央銀行基礎未固者，則分散於各地個別銀行。準備金集中有幾顯著利益。準備金較易轉動，以此各處資金之供求可易得其均衡，利率因而不至懸殊，一也。中央銀行力能操縱各銀行營業之方針，視其不越出正軌以外，二也。中央銀行力能約制現金之移動，使之不至源源外流，三也。全國準備金之金額可不必有如分散制度下之多，四也。雖然，於交通不便金融機關不完備之國家，若採用完全集中制度，誠恐調度不靈，險象環生，此又不可不察也。

第四章　放款

一　放款之要件

銀行之放款，須具二要件，一曰安穩，一曰流動。銀行放款之資金，大抵盡他人之所有，設放款不能收回則不止本身受損，且貽累一般存戶，而波及全社會之金融，故放款不可不安穩。所謂流動放款，乃指以作能够當然轉變爲現款之用途之放款。流動營業之一極端實例，有如果品負販之業。彼負販者晨挑果品出賣，屆晚擔中空如，腰囊盈滿，是一日之中，盡變換果品爲現款。基於此種交易之放款，方得謂流動而能够當然轉變爲現款也。夫銀行之債務，多半爲有求卽付之性質。固存款人未必前來提款，而事實上僅當恐慌之時，方有擠兌之事，然銀行則不可不爲之備。銀行放款流動，然後克隨時應付債權者之要求。不然一遇事變之來，存款既不能不付，而放款又不得收回，必至束手無策，陷於倒閉，此放款所以不可不流動也。

二　放款時所宜注意之各點

欲放款之安穩及流動，銀行放款時應注意以下數事。

(一)放款之擔保　放款擔保確實，即借款人不履行債務，銀行亦有所取償，不至白受損失，否則借款人一喪失其還債能力，放款便成呆帳，收回之期，悠悠無日。故放款之擔保，須慎重選擇，寧失於苛，勿失於寬也。

(二)借戶之信用　放款縱有抵押，而借戶本人之信用，仍不可忽視。蓋銀行逈異典當之業，其索收抵押，初不過以為萬一之備，非思於此取償。放款到期不償，至於變賣押物，銀行不特不勝其煩，且資金之收回，不能照原定期日，因而所定營業方針，不免備受影響，申言之，即放款變不流動是也。故借戶之信用極關重要，放款時須詳為調查，不可因有抵押，故而輕視之也。

(三)放款之期限　銀行之債務，大半為有求即付之性質，而銀行之所以應付之者，除細額之準備金外，端賴到期之放款。故放款之期限，須善為分配，務使與存款之支付期日相適合，然後能應付裕如，而不至有捉襟見肘之患矣。抑有進者，所謂流動放款，即指期限短促轉動靈活之放款，期限過長之放款，皆乏流動性，非商業銀行所宜多做也。

(四)放款之用途　前述放款之流動與否，繫於其用途之如何，故放款之用途，不可不審。申言之，銀行不特於放款時，應調查借款者目的之安在，放款之後，尚當對其使用時時加以指導監督，俾不越出正軌以外。此並非銀行故好越俎代庖，蓋有切己利害關係，不得不如是也。

(五)放款之金額　關於放款金額，當分幾方面觀察之。一為對於一業一人放款之金額，不宜太多，而貴於分散放款於各業各人。一為對於每種放款之總額，宜加限制，不得超過資本與公積金之若干分。一為對於每一抵押品之抵押價値，宜留適當之安全差額(Margin of safty)勿許抵押過多。前二者皆基於危險分散之原理(The principle of distribution of risks)，蓋譬如以萬元貸諸一人，其將來之安全，必不及貸諸十人或百人，貸諸一業之十人或百人，更不若貸諸各業之十人或百人，又譬如以萬元經營國內承受業務，其將來之安全，必不及以之兼營國外承受業務及他種放款，此理之至現，不待智者而後知也。至於限制每一抵押品之抵押價値，則因物之價格，時有升落，今如對面額爲一百元之公債票做出一百元放款，設他日公債跌價，借款人無力履行義務，不得不變賣押品取償，則所短之額，豈不卽爲銀行之損失乎。安全差額當留若干，乃隨抵押品之種類而定，其銷路不大者，自應較大於銷路旺暢者，其易於壞損者，自應較大於堅固者，不能一概言也。

三　以用途爲標準之放款之區別

放款之分類，無一定標準，乃由各人隨意裁定，茲以用途，抵押，及期限三者爲標準區別之。

以用途言，銀行放款可分生產、投資、投機、及消費四類。有時頗難指一放款係屬何者之一，例如借與學生以充大學學費者是。然此種分類，確爲重要，不可因此之故，遽謂其無價値也。銀行大部份之放款，皆以充生產之用，如貸與製造家購買原料之放款，貸與農藝家種植五穀之放款，貸與批發商採進貨品之放款，貸與零售商從事各種勤作之放款，皆生產放款也。諸此放款，其結果或造成貨物之形式之改變，或引起貨物之易主，然皆關於生產則一也。

投資放款，例如貸與借款人購買投資證劵或經營改良及擴充設施等放款是。銀行有時自買證劵，以運用其剩餘資金，此亦可謂投資放款。我國銀行，擁有公債甚多，是投資放款在我國銀行業甚佔重要地位也。

投機放款係指對於各種交易所中人所作之放款。此輩以銀行之款，經營賣空買空之交易，而銀行亦利用之運用剩餘資金，使無死藏之弊。投機過濫，往往擾亂金融，促成恐慌，故銀行於此種放款，宜深加注意也。

銀行之消費放款，爲數甚爲有限。然目前一重要社會問題，即爲如何可使誠實之人，不必乞憐於重利盤剝者徒，而能得到款項，充適當消費用途。例如死亡之家，甚多室如懸磬，須告貸以料理喪事，而商業銀行通例不做此等用途之放款。近來歐美各國勞工銀行，日見其多，殆非以應付消費放款之切要也歟。

四　以抵押爲標準之放款之區別

放款有抵押、保證及信用三大別，此係以抵押或擔保之有無言也。抵押放款，謂有抵押品之放款。抵押品之作用，乃以備借款人不履行債務時，銀行有所變賣取償，故銀行徵收抵押品時，必向借款人取獲自由處分之權。例如其爲記名證券，則須使其作一委託書；如其爲提單棧單，則須使之裏書。要之，無論抵押品爲何，皆須使借款人辦妥法律上之委託或過戶手續，俾日後變賣之時，不至發生窒礙也。

抵押品固須價值安固，然易於變賣，實乃第一要素。蓋銀行之資金，貴乎流動，前已敍述。今設借款人不能還款，而抵押品又一時不能變價，則豈不藏款於貨，致資金於至呆定之域乎。凡物必有恆定之需求，現成之市場，及耐久之品質，然後方易於變賣，而有安固之價值也。

銀行放款抵押品我國普通有公債票、財政部庫券、公司股票、公司債票、商品、商品之代表憑據，及不動產等種。數者之優劣庫券及公債票似居最上乘，蓋除國家有特別變故外，其價格常無大變動，且又隨時皆有市場，可以變賣於頃刻也。公司股票與債票，在價值之安固及變賣之便易上，均不及公債。其在外國，各大公司之證券，大抵皆於交易所有行市，而我國則否，故不特變賣不易，且市價甚難調查也。股票價格之變動，視債票常較猛烈，此蓋因其性質不同使然，而以此兩者之間，股票又不及債票也。商品之爲抵押品，頗有不少缺點，估價爲難，一也。保管煩費，二也。損壞堪虞，三也。故惟銷路暢旺，品質堅固之物品，方不妨收受，而必經過保險始可也。商品之代表憑證，即提單棧單等物。因其代表物品，故亦有商品之缺點，特保管較爲便利而已。我國銀行，亦有自設堆棧。若押品係存於自設堆棧，自不至發生意外問題。若係寄存於他貨棧，則對於該棧之建築管理以及棧主之道德等，均不可不詳爲調查。從前美國貨棧時常發生欺騙之事，陷銀行於重大損失。後來銀行公會與貨棧公會聯合，要求政府與以保障。於是聯邦及各州政府次第頒行棧單條例，監督貨棧之營業，並要其繳納保證金，方發給營業執照。自是以來，美國棧單之價值，始較前大形進步，成爲一種極滿人意之抵押品。由此觀之，銀行收受商品或棧單爲抵押品，貨棧方面之危險，不可不注意也。不動產爲銀行放款抵押品之最下乘者，蓋其估價及變賣，均綦困難，又價格之變動，往往甚大。故商業銀行對不動產大抵皆不歡迎，其放款總額中，以此爲抵押品者，通常祇佔極小部份也。此種抵押放款之最大額，不能依照活期存款之多少決定，應當以長期存款之數目爲標準。又僅在於銀行附近地方之不動產，方可收爲抵押，不遠則其價值愈難捉摸，而危險亦愈甚。其非能與銀行最優先抵索權者，絕對不宜對之放款，蓋非此銀行之債權，不能穩固也。

保證放款創於蘇格蘭(Scotland)，外國通稱曰現款信用(Cash credit)。此種放款，不用抵押，但憑數人作保，在約定數目內，借款人得隨時支取多寡及隨時歸還多寡，而銀行亦無論何時，皆得收還。亞丹斯密(Adam Smith)甚讚譽此種辦法，以爲可給予一般忠實有才幹者發展之機會，有造於社會之生產不淺。但現時普通商業銀行經營是種放款者甚少，多見之於平民與合作銀行也。

信用放款爲無抵押無保證而純憑借款人個人之信用之放款。此種放款，危險甚大，非對於信用昭著資金豐富之老主顧，不宜輕做。我國錢莊放款，多屬此種。或謂其故係因錢莊之經理，多爲本地錢業出身，由學徒而至經理，積十餘年之經驗與閱歷，對地方之商務人情，極爲熟悉而然。或謂其乃由於我國商業習慣最重然諾，即口頭交易，亦鮮有不履行者之故。又有謂其原因乃在錢莊之多爲獨資或合夥組織，其營業可由東家及經理放手處置，不若銀行董事經理之動受牽掣，有所顧慮。此似各有其理，惟際茲信用調查設備未完商業道德式微之時，銀行經營信用放款，非極端慎重不可也。

五　以期限爲標準之放款之區別

以期限爲標準，可分放款爲定期放款、通知放款、折款及透支等類。定期放款謂歸還期限有定之放款，銀行大部份放款，皆此屬類。

通知放款，乃銀行及借款人雙方皆可隨時通知對方歸還之放款。此種放款，英美最盛。於英其借戶多爲貼現公司（Discount companies）及票據經理人（Bill brokers），普通以商業票據爲擔保。於美其借戶多爲證券交易所經紀人，普通以有價證券爲擔保。通知期限，無一定標準，乃隨各處習慣，譬如英本日通知，翌日還款。美則本早通知，午後還款，午後通知，翌晨還款。通知放款之利息，非若定期放款之於放款時明白約定，約後始終不改，而乃視金融之狀况每日或升或落不等。大抵當平常無事之秋，恆較低於定期放款利息，於金融緊迫之際，則變動極烈，不知限度。銀行當欲增加利率，例先通知借款人，與以苟不同意，即來歸還之機會。借款者如認利率應須減低，亦可隨時向銀行磋商要求也。

商業銀行之首要目的，在於助長工商企業，非所以增進商業票據與有價證券之交易。故其所以作通知放款者，乃其剩餘資金。當資金充斥之時，則多做此種放款，當金融緊迫工商業資金需要增加之際，則首先收回之。所以通知放款利息，每日漲落不等，息息與金融之鬆緊相關者，此卽爲其一因也。於一定時期中，工商業資金之需要，有一限度，不能多用。而證劵市場，則能使用任何巨額之資金，無所謂適當之限度。銀行苟低其利率，甚不難以之爲尾閭，傾銷其剩餘資金。然則由此言之，通知放款之經營，旣資銀行剩餘資金以銷路，俾無須死藏，又與工商業資金之供給以伸縮之餘地，使不至時過多而無用，時過少而無所移挪，其利益甚大也。惟設證劵市場投機過甚，能引起劇烈之經濟變動，殃及全體企業，此又銀行家所不可不察者也。

我國銀行，尙無做通知放款，惟錢莊與錢莊及錢莊與銀行間有所謂折款或折票，頗與之相似。折票者，銀款之折進折出之謂也。在上海市場，折票有以一日爲期，有以兩日爲期，亦有於成議時由借貸雙方自行約定期日，少則三日五日七日，多則十日或十四日或二十一日至一月爲止。一日之折票，謂之獨天折票其交易例於晚市小總會行之，即係錢莊於每日往來戶頭收解後，視多缺以定進出，如有多餘，即去折出，如有缺少，即去折進，概歸次日清理，爲一天折息之計算。兩日之折票，俗稱之兩皮折票。兩皮折票至到期時，經雙方同意不即清償繼續轉期者，曰轉帳折票。兩皮折票之一轉再轉，經長年累月並不收回者，比比皆是。其祇限兩天之用意，蓋因金融市場變化飄忽，兩天期限，爲時極暫，設遇不測，收回較易，所以不憚煩勞，每隔兩日，即經一度之展期手續也。獨天與兩皮折票爲錢業之折票，銀行之折票其期限多係每次明白約定，非有一日或兩日之當然定限也。

漢口之折款，與上海不同，有所謂比期，折款往來，例以比期爲結束日。陰歷每月初五、初十、二十及二十五四日爲小比期，十五及月終兩日爲大比期。小比期爲錢業對內之小結束，大比期所有對內及對外折款往來，均大結束。折款之利息曰折息，除十四及二十九（小月爲二十八日）兩日外，每日俱開有行市，其所表示者爲自當日至大比期各日日息之總和，故其高低，雖視金融情形以爲衡，亦隨當日距離大比期之遠近爲轉移也。

透支爲銀行對於活期存款戶，締結特別契約，許得於存款之外，於約定之期間及金額內，隨意填寫支票透用若干，並隨時存入歸還若干之一種放款。此項放款有收抵押品，有不收抵押品，視借款人之信用以爲衡。是種放款，在借款人方面，何時需款若干，即借若干，需要一過，立可歸還，可毫不虛耗利息，在銀行方面，如借款人時常清結其透用之數，可謂最流動之放款，是雙方均有利益。透支之數，當至少令半年一結或一年一結。

透支之處置，有其他放款所無之困難，是不可不察。普通放款，其數目終始如一，無有改變，而透支數目，則時增時減，銀行無約制之力，銀行既不能預知借款人將透支若干，則對於一定期內其資金能生若干利息，毫無能先爲預算，此其一也。透支契約一經締結，無論借款人提用與否，皆不可不置準備，譬如議許透用十萬，則必存若干現金以待之，設借款人始終不用，亦無法相強，而此若干之現金則須坐視其喪失利息，此其二也。於時局不靖之時，匪特存款，即透支亦需極巨之準備，所損利息，更不可勝計，此其三也。

六　辦理放款之手續

各種放款之辦理程序，大致相同，茲祇敍述定期抵押放款收支之手續，以爲類推，舉一反三，諒無難也。

（一）借款人前來申請借款，首調查其職業信用以及抵押品。如用借款申請書，則請其按項填寫，否則只憑口頭接洽。

（二）營業課或放款股請示經理，如認可貸，則與借款人約定借額期限以及利率等等，按項填入借據，請借款人署名蓋章，同時向之徵收抵押品。

（三）抵押品如係記名證劵，須向借款人索取委託書。如該證劵非爲借款人自己名義，則須添加本人承諾書。如其係指定式之提單棧單，則須請借款人於單上裏書爲憑。

（四）製作支付傳票，根據該傳票及借據記入定期抵押放款帳，定期抵押放款分戶帳，抵押品帳，及收款期日帳。

(五)製作抵押品寄存證，其支付傳票送呈經理簽字，或蓋章。

(六)支付傳票經經理蓋章後，送出納課使其付款，抵押品寄存證，亦付交借款人。

(七)支付傳票送會計課記帳，借據及抵押品，各交經管人員保存。

(八)抵押品如係記名證券，製作質權設定通知書通告其發行者。

以上為放款時之手續，放款到期由借款人歸還時，其應辦手續大致如下。

(一)營業課或放款股計算利息，作收入傳票，使出納課照收本利。

(二)出納課收款後，將傳票蓋章送還營業課，營業課於是據之記入各有關係帳，後又將之送呈經理蓋章。

(三)營業課將借據註銷，將抵押品交還借款人而收回抵押品寄存證。

(四)收入傳票送會計課記帳，如以前曾發出質權設定通知書，此時應通告發行公司質權業已解除。

放款有先期收回一部份者，亦有到期不能收還而展期者。先期歸還一部份之原因，大半由於借款人之欲取回一部抵押品。此於銀行方面自為不利，然有時不能拒絕也。此項交易之辦理手續，營業課或放款股製作先期收還證，呈示經理批准。經理批准後，製收入傳票交出納課收款，後將收還證付給借款人為憑，但亦可不用收還證，而祇於借據上註明先還之金額及年月日。將先還金額記入各關係帳。若借款人要求取回抵押品之一部份，則付出之後，應於抵押品寄存證上記明交還之數量及年月日，而以前所作之委託書承諾書等，亦必一一修改。收息手續，有二種辦法。其一，於先期歸還時對歸還之金額向借款人索取自放款日起至交款日止之利息。其二，俟全部放款收回時將其利息合併計算收取。銀行通常皆取第一法，如採此法，則當時須更製利息科目之收入傳票。

銀行如允借款人將放款轉期，當令其塡寫借款轉期證書，夾入原借據內一同保管。如係繼續前用契約，可不製傳票，但於定期抵押放款帳內備考欄中記入轉期事實。惟放款轉期之際，例徵收前借利息，故此時縱無製作他傳票，而利息科目之收入傳票則不能免製也。倘轉期後之利息抵押品及保證人生有變動，則必須別爲記帳，將前帳註銷。

七　銀行信用與物價

銀行信用，有左右物價之勢力，如運用得法，則可以調劑物價，如擴張失宜，則物價必因之騰翔。姑無論貨幣數量說的確之如何，當銀行多放款項，擴充其顧客之購買力，物價必趨升漲，反之，當縮緊信用，阻止其顧客之購買行爲，物價必趨跌勢，此無能否認者也。

請先論銀行信用之如何調劑物價。銀行並不無中生有，亂創購買能力，止不過對於已有價値，加以承認，俾得變爲有效而已。譬如鐵路，設甲地食料不足，價格昂貴，而一百里外之乙地，食料有餘，價格萎靡。建一鐵路貫其間，而甲地之不足，可取給於乙地之剩餘。甲地糧食，不至復因不足而昂貴，乙地糧食，不至復因過多而低賤。於此鐵路有調劑物價之效能，然並無創造糧食，不過使其固有者得成交易而已。銀行亦如是，銀行信用，能使貨物之互相交換，較易成立。譬如有千箱鉄釘者，如一時不能尋到買主，則雖祇願以其鐵釘之小部份，交換他物，亦不可能。今若銀行基於鐵釘貸以信用，則立刻能出購買，申言之，卽立刻能將鐵釘交換他物也。故銀行貸放信用各種物價，有則提之升高，有則抑之低降，而俾其變動之程度，趨於減少。此乃以銀行信用運用之得法言也。

然銀行之經理，未必皆能得法也。銀行經理不當，則或貸與並無實在價值者以信用，或借與擁有實在價值但不堪卽以爲用者以卽時購買能力，或借與擁有實在價值者以超過該價值之款項。此之效果，皆不止不能平準物價，反足以擾亂之。換言之，此卽所謂信用澎漲，使本來無購買力者，皆得購買及消耗貨物，一面則激使物價之升騰，而一面則種成日後物價慘跌之因。然則銀行確有左右物價之勢，至其影響之有益與否，全視其管理如何也。

銀行有否何種標準，可據以決定其所貸放信用，將有調劑物價或激動物價之影響乎。頗多著作者，以爲銀行毫無方法可以預測其所貸放信用之能生何等結果，然此實不然。蓋固有一安全可靠之南針在也。苟銀行所貸放之信用，其期限平均不超過當地商業信用之期限，則斯信用之貸放，可能使貨物之自生產家流於消耗者，更較有恆，更較容易，使物價彌趨和定。反之，若銀行放款之期限，較長於移轉貨物自於生產家以達於消耗者所需之時間，則銀行卽係供給生產者以生產之資本，而相反於上述之結果，將因發生矣。故銀行對於其某一放款或某一時之放款，或有不能確定其於物價影響之如何，至於對其平均放款之性質，則一經調查放款或投資冊之後，未有不能知者。若其放款期限愈趨愈長，常常發生期滿展期或不能完全收回之事，則結果必增加物價之變動也。

第五章 貼現及票據

一 貼現之意義

銀行收買未到期之票據，預扣本日至期滿日之利息者，謂之貼現。貼現可大別之爲本埠貼現與外埠貼現，抵押貼現與信用貼現。前者以支付人所在地之不同爲區別，後者以票據之外復納抵押品與否爲區別。其爲外埠支付之票據，當於期日前送至其支付地方，託聯行或代理行代爲收取，而於背面書明委託代收字樣，所以別於讓與也。

二 貼現與放款之比較

貼現與放款同爲放出資金，然根本上有不同之點如下。

(一)貼現利息係扣除於先，放款利息則收取於後。

(二)放款證書無流通性，貼現票據則可自由轉讓。

(三)貼現請求人，不能謂爲銀行之債務人，蓋其對貼現票據，僅有連帶之責任(Contingent liability)，而無直接之責任。放款請求人，則係銀行之直接債務者也。

貼現與放款之利益，亦復有別。銀行以資金貼現票據，有放款所無之利益，故歐美銀行之貼現營業，往往超過放款數倍，利之所在，爭趨若鶩，蓋非偶然而已也。貼現之優於放款者，有以下諸點。

（一）票據期限，多不出三月，超過三月以上者甚少，且票據發出之後，類經交易上多少時日之輾轉，然後方至銀行貼現，故普通貼現期限，大抵尚不到三月。至於放款，其期限長短不一，然大抵較長。是故銀行貼現票據，資金得較速收回。銀行資金，貴乎流動，此貼現之優於放款者一也。

（二）放款資金，須俟期滿，方能收回，故不免呆定之弊。票據爲流通之物，銀行如臨時需要資金，可將貼現票據轉貼現，變易現款，此貼現之優於放款者二也。

（三）放款之關係人，祇有借款者或保證人，而票據於出票人付款人外，一切裏書人亦同負淸償責任。各國通例，票據不支付時，其罰則較不支付借據爲嚴，故票據上之債權，常較放款爲確實，此貼現之優於放款者三也。

（四）票據乃發生於已成之交易，故自交易之性質，銀行可品評票據之優劣，而定其去取。放款乃每因未成或新營之事業而起，未成或新營之事業，其成敗未易預言，如不幸失敗，放款卽岌岌可危。故放款之安全，實遜於貼現，此貼現之優於放款者四也。

（五）放款利息，期滿始付，而貼現利息，則預扣於先，若是如以同一利率經營同數目之放款與貼現，所得於貼現者，實遠大於放款。譬如某甲放款一百元，約定週息二分，付款時交出一百元，年終收回一百二十元，於此其所獲利益，恰爲二分，一如約定條件，不多不寡。若某甲以同一利率，貼現一百元之票據，付款時交出八十元，年終收回一百元，則其所獲利益有二分五釐，實際上多於約定者有五釐矣。又如某乙放款一百元，約定週息五分，付款時交出一百元，年終收回一百五十元，於此其所獲利益，恰爲五分，一如約定利率，不多不寡。如某乙以同一利率，貼現一百元之票據，貼現時付出五十元，年終收回一百元，則所獲利益，有十分之鉅，超過於約定者，有五分之多矣。觀此二例，貼現利益之較厚於放款，彰彰明甚。然此尚係按單利計算，如設想甲乙以預扣之款再事放款或貼現，而連此所獲利息計之，則貼現爲利之較大，將猶有甚於上例所表示者，此貼現之優於放款者五也。

三　貼現交易之手續

貼現交易之手續，本埠貼現與外埠貼現稍有不同，茲分別述之。

（甲）本埠貼現　貼現請求人，取貼現聲請書，按項塡寫，連同票據交於貼現股或放款股，其不用聲請書者，則以口頭接洽之。貼現股接得票據後，先考察其記載之要件，裏書人之有無，及關係人之信用等，然後開具意見，呈請經理決定。如經理允諾貼現，則令請求人裏書於票據，而貼現股計算利息，製作傳票，將之連同票據呈於經理查閱。傳票得經理蓋章後，送交出納課付款，後仍廻送貼現股，貼現股乃於本埠貼現帳、貼現分戶帳、及收款期日帳，分別登記。其票據則交該管人員編明號數，按其期日之順序而保存之。

票據到期，則通知付款人使其交款。若爲現金，則作收入傳票，若以本行支票或本票等繳納，則作轉帳傳票。其各關係帳皆須分別作相當登記，使與前次貼現時記於收項者，兩相抵銷。傳票隨加票據等送呈經理查察後，於票據上書明收訖字樣交還付款人。

(乙)外埠貼現　此與本埠貼現之辦理大致相似，其不同者祇有下列幾點。

(一)所用貼現帳爲外埠貼現帳。

(二)須將票據寄往付款人所在地，委託該處分行或他行代收。

(三)票據既寄託外埠銀行代收，故於貼現帳外尚應於外埠他分行往來帳作相當之登記。

四　票據

票據者，記載一定之時日，一定之地點，及以一定之金額對於某某或其指定人或持票人爲無條件支付之證券也。票據可分匯票、期票及支票三種。除支票已經論述外，其餘當分述如下。

(一)匯票　匯票爲出票人對於他人爲無條件之委託，使於一定之期日與地點，以一定之金額支付於第三人之信用證券。凡匯票必有三當事人，即出票人、付款人與受款人。受款人於到期日前得以票據上之權利自由讓與他人，其受讓人亦得自由輾轉讓與，是之謂票據之流通。票據流通之方法，其無記名式者，僅以交付即生權利移轉之效力，其爲記名式者，則必由讓與人於票據背後記載受讓人之姓名而自簽名於其上，或祇簽名於票據之上。此之謂裏書。由裏書而轉讓票據於他人者曰裏書人，由是而取得票據者曰被裏書人。自發票人視之，後來各票據當事人，總稱之曰後手。自最後執票人視之，其於以前各票據當事人，總稱之曰前手。此前手後手乃法律上所以區別各票據當事人之順序之語，於論票據之擔保責任時最爲重要。

匯票發票人以匯票委託付款人支付，付款人未經承諾，不得謂有付款之義務。故於到期日前，受款人應以票據向付款人請其承諾。若付款人於票面記載承諾字樣並簽名，或僅在票面簽名，卽成所謂承兌行爲，而變爲法律上之債務人矣。倘執票人爲承兌之提示，而遭付款人之拒絕，或付款人已曾承兌，而到期不能付款，則執票人對其前手得行使追索權，卽不經訴訟之手續，得於前手中任意擇一有資力者使之代爲支付。此爲票據特有之保障制度，蓋乃所以增加票據之信用，使人得安心授受之也。

拒絕證書，爲行使追索權之前提條件。拒絕證書者，當匯票不獲承兌或付款時，依法定方式所作成之證明書是也。我國票據法第八十三條第一項明定『匯票不獲承兌或不獲付款，或無從爲承兌提示時，執票人應請求作成拒絕證書證明之。』有此證明，則前手得安心履行償還之義務。

匯票付款人拒絕承兌之時，有人（除預備付款人與票據債務人外）出而維持票據債務人之名譽，經執票人同意，代爲承兌者，名曰參加承兌。執票人於允許參加承兌之後，不得於到期日前行使追索權。又匯票拒絕付款之時，有人出而維持前手之名譽，代爲付款者，名曰參加付款。

匯票之債務，得由保證人保證之。保證人與被保證人負同一責任，執票人可捨被保證人而逕向保證人主張權利。我國票據法第六十條規定保證得就匯票金額之一部份爲之。保證人淸償債務後，得行使執票人對被保證人及其前手之追索權。

匯票之到期日，共有四種。(一)定日付款，卽記載確定付款之日，如民國二十二年三月一日等是。(二)發票後定期付款，此係以發票日爲起算點，經過一定期間爲到期日者，例如自發票後一個月三個月之類是。(三)見票卽付，卽以提示日爲到期日。(四)見票後定期付款，此係依承兌日或拒絕承兌證書作成日計算到期日，如匯票上未載明承兌日而又無拒絕承兌證書，則依約定或法定提示期限之末日計算到期日。見票後定期付款之匯票，或見票卽付之匯票，應自發票日起六個月內爲承兌之提示，但發票人得以特約縮短或延長之，惟最久不得過六個月。

匯票爲預防寄送遠地之遺失，及增進請求承兌時轉讓之便利起見，可由受款人要求發票人給與複本。就複本之一付款時，其他複本卽失其效力，但承兌人對於經其承兌而未收回之複本，應負其責。裏書人將複本轉讓於二人以上時，該裏書人及其後手亦爲分別轉讓者，對於經其裏書而未收回之複本，應負其責。執票人無複本者，爲請求承兌送致原本於他處時，可自行作成謄本，爲裏書而轉讓，然不能與原本有同一之活動力。

(乙)本票　本票爲發票人自己無條件約付一定金額之信用證券。除金額及無條件擔任支付外，本票尙須記載受款人之姓名或商號，發票地及發票年月日，付款地及到期日各項。本票之發票人所負之責任，與匯票承兌人同，而與匯票發票人則大異。因此之故，本票無所謂承兌及參加承兌，亦無發行複本之必要。至於裏書、保證、追索權、拒絕證書、到期日付款、參加付款、謄本等之規定，均與匯票相同，茲不贅述。

五　我國銀行貼現業不發達之原因

貼現爲銀行運用資金之良法，較之放款，爲利尤大，前節已曾論及。然我國銀行貼現業務，甚不發達，以較放款，其數額曾無百之二三。推原其故，蓋有數端如左。

（一）工業之不振也　貼現基於票據，票據基於貿易，而貿易又基於工商企業。工商業不發達，則貿易之數量小，票據之產生自不多。我國工商業之尙未發達，爲不可掩之事實，故銀行之貼現業務，不能與外國銀行比肩而語也。

（二）信用制度之未發達也　票據之貼現，有賴於信用制度之確立。我國工商各業，尙在幼稚時代，對外信用未著，商業票據之貼現，自不多見也。

（三）記帳制度之盛行也　我國商家交易，多用記帳制度，故票據先無由發生，更何有於貼現乎。

（四）票據法通過之未久也　我國票據法，於民國十八年始由政府公佈。前此票據之流通，無法律之遵循，因而亦無確實之保障，其不發達固宜也。

（五）貼現冒險之較大也　匯票貼現，其出票人付款人等信用，不易調查，設遇風險，有鞭長莫及之患。而各種放款，則大都爲與當地商家之往來，接觸既多，調查自確，且耳目較近，遇有風險，易於收束。外國交通便利，徵信制度，甚爲發達，我國則否，此所以我國金融界寧爲放款而不爲貼現也。

（六）票據輔助機關之缺乏也　外國有多種機關，助長票據之流通。既有票據經紀人、貼現公司等以調劑票據之供需，又有中央銀行以爲票據之轉貼現。我國此等機關，皆所未備。銀行收貼票據，遇有緩急，往往不能脫手，宜

乎貼現業不能如外國之發達也

六　貼現利率之效能

銀行所以操縱金融最有力之工具之一曰貼現利率。貼現利率者，銀行收買票據所索之代價也銀行提高貼現利率，所得利益可以增加，然此乃其最不重要之經濟結果。貼現利率之增加，其目的乃在於抑減工商業之借款限制證券市場之投機交易，減少外債之支付與現金之輸出及引誘現金之輸入因而使信用制度與法幣供額之關係，得以調和，銀行放出信用之數量得以減少也。

請討論貼現利率之如何約制金融市場。貼現利率提高之後，其第一結果，即爲阻遏商人之來向銀行借款。蓋多數商人，其所得於每一交易者至爲有限。其所獲鉅利，乃賴於交易次數之衆多。今貼現利率增加，則每一交易之所獲更少，雖交易繁多，奚用。故必有衆多商人縮寧小其營業範圍而不借款者。如是則銀行放款減少，支出之通貨亦減少而準備金對於債務之比例，可日以增加，信用日趨澎漲之患可消滅矣。

增加貼現利率，其對於投機事業之借款之影響，更厲於上述。工商業之借款，多由貿易而起，除同時商業呈蕭條不振之氣象外，貼現利率雖增，其數量不至有多大之減縮。反之，證券抵押放款，乃多貸與證券經紀人經營證券之交易。買賣有價證券，其所能賺獲之利益之百分率，類甚低微，借款利率如增加百分之一二，或即至於全部消滅。故當貼現利率增高證券抵押放款，未有不銳減也。

吾人既悉提高貼現利率之如何可減少信用之數量，使之與本位貨幣額間，維持一安全比例，次當討論其如何可減少外債之支付及吸引現金之輸入。使用同種貴金屬爲貨幣本位之國家，其所有貴金屬，常視各者貼現利率之高低，而互相流轉。固同時尚有他種勢力影響貴金屬之流動，然在現代商業及信用制度下，貼現利率之增減乃其最近並最直接原因無可否認也。貼現利率之爲租用資金之代價，亦猶房租之爲租用房屋之代價。貼現利率增加，即爲貸用資金或信用願付較高代價之表示。房租高漲，有屋者必較樂於出賃其屋，貼現利率增加，有餘資者亦必較樂於出貸其資，其理一也。故若紐約貼現利率由四釐增至六釐，而倫敦柏林等處之貼現利率，仍四釐不變，則英德人民之有到期債權在於美國者，除必要外，必不思收回之，而寧繼續出貸於彼，以取較厚之利息。其有剩餘資金者，亦必甚多匯之到美，以爲放款。由此觀之，一國增加貼現利率，其結果能使貴金屬供給增加，需求延展，因以積漸操縱其數量，俾敷維持信用之安固，貼現利率之效能大矣哉。

現金之外流，除有特別緣由外，常爲信用澎漲之結果，而此又每與物價之騰翔，互爲因果。物價升騰，通常進口貨物，趨於增加，出口貨物，趨於減少，而於是現金傾向外流。銀行提高貼現利率，則國內商人，因借款之不利，勢不能復蘊藏其貨，而須傾銷之，而促使物價降跌。物價既跌，外商之前來採貨，必較前踴躍，而提高貼現利率，既能使信用數量縮減，故又足使外貨之購買，因之減少。是故貼現利率增加，其效果能使商業趨於均衡，信用澎漲，得以限制。不提高貼現利率，經極端之繁榮後，遲早之間，信用制度終必動搖，物價終必跌落，商業終必遞嬗而入於蕭條之期。當諸此情形尚未大顯著前，爲中央銀行者，應即設法限制信用之再漲，以免將來貴金屬喪失過多。此乃其天職所在，責無旁貸也。

七　押匯及其辦理之手續

我國銀行業務，有所謂押匯者。此實卽貼現之一種，惟重在以貨物爲抵押，有須特別注意之點，故另設一科目處理之耳。押匯之性質，其例如下。上海商人某甲售出貨物於南京某乙，而欲於輸送其貨物之際，卽收貨價之一部分或全數，乃對乙發一匯票，持往銀行請求貼現，卽以輸送貨物之提單爲抵押，此卽爲押匯。觀上述押匯之要點，卽爲以提單充抵押品，蓋收貨人非有提單無從取貨，提單既在銀行掌握，非付罷款項或與銀行成立特別之諒解後，不能到手。銀行遇付款人拒絕付款，最後辦法可提出貨物變賣，故除所放之金額過大外，鮮至損失也。

關於銀行辦理押匯之手續，大體如下。(一)當商人到行請求押匯之時，須先調查商人之信用及押匯貨物之品質與市價。如認爲可做，則按貨價十分之七八，以爲押匯放款之金額。對於市價變動愈易之貨物，放款之定價宜愈低，而對於信用充足之商人，卽照全價放款亦無不可。(二)令商人依商定之金額作成匯票，連同貨物提單、保險單等交入。(三)爲預防將來萬一不能收票款，如何可不蒙損失起見，更令商人作一押匯契約書交進。其常來商做押匯之商人，可只於交易開始之時作成此書一次，以後繼續有效。其他商人，則每做押匯一次，須作是書一份。凡所有保證銀行不受損失之方法，概須詳細記入書內。(四)貼現股照匯票之金額，由放款日起至付款日止，計算利息，而製作傳票。(五)貼現股據傳票及其他書類，登記於押匯帳。至於外埠他分行帳，此時可不必登記，俟接到對方銀行之報告時，乃記入外埠他行或分行往來帳往帳之借方，並將實收款項之月日，記入利息起算日之欄內。（六）傳票及一切書類，送呈經理。（七）傳票得經理蓋章後，送交出納股付款（應將利息扣除）於商人。但付款如係轉帳，則應將傳票送於關係之股登記。（八）匯兌股俟當日營業終時，將匯票裏書，連同貨物提單等，郵寄於收貨人所在地之本分行或他行代收。（九）押匯契約書及保險單留存本行。

至於被委託代收押匯款項之銀行，其處理此項交易之手續，大體如下。（一）接到委託銀行郵來之匯票及附屬書類時，記入於代收押匯帳。如用票據期日帳，亦宜記入。（二）送押匯通知書於收貨人，請其允付，如不用此書，則逕將票據送請收貨人允付。（三）票據到期，作收入傳票，連同匯票送經理蓋章，然後將貨物提單及匯票交收貨人，而收入票面之款。（四）記入代收押匯帳並他行或分行往來帳之貸方。如用票據期日帳，亦須記入。（五）郵送代收押匯金額報告書於委託銀行。

第六章　信用之分析

一　信用調查部

信用調查部乃近代商業銀行最新設之一部。其在顧客繁衆業務煩雜之銀行，此部之設，爲不可少。即於較小銀行，若顧客之情形，有愼密詳盡之調查，井然有條之記錄，凡職掌放款之職員，隨時欲作參考，皆咄嗟之間可以立辦，其有裨於業務方面，亦非鮮淺也。當銀行事業未甚發達時，信用調查事務，多由經理兼任，而我國銀行之設有信用調查部者，至今尚寥如晨星。但現時歐美大多數銀行家意見，皆以爲非另設一機關，置於專家之督率之下，專門調查、分析、及保存信用資料，不足以敷應付，所以歐美各大銀行，現幾無一不有信用調查部也。於有確實抵押之放款，信用問題，或不必過於重視。至於貼現或購買，純基於個人信用之票據，則借戶之信用地位，萬不可稍忽也。

信用資料之來源，因地而異。就我國言，人民守祕成性，既絕對不願將己身之情形，披露於外人，亦不喜談論他人之境况，故諺有『各人自掃門前雪，莫管他人瓦上霜』之語。銀行錢莊，理應比較開通，然亦不願交換信用資料。大多數商店，尚沿用舊式記帳方法，不知資產負債表及損益表爲何物，在此情形下，調查信用之困難，不言可喻。故銀行大都憑臨時之探訪，以爲放款根據，其工作多派熟習當地情形之行員任之。至於歐美各先進國，信用之調查，通常沿下述諸途。(一)顧客當面之接談，此爲非常要重，蓋借戶之品行能力，大可於此測之。(二)財產報告書。歐美各國現行習慣，凡商人欲向銀行借款者，必先交進財產報告書，以備審查。我國此尚爲例外之事，然正銀行家所當亟亟提倡鼓勵者也。(三)徵信所之報告。外國此種機關甚爲繁多，最著名者爲美之布剌斯持里(Bradstreet)及丹斯(Duns)兩家。此兩家之組織，爲國際形式，其所派之各地調查員數以萬計。二年前上海亦有徵信所之組織，創辦伊始，自不能與外國之徵信所比肩而語也。(四)被調查者之往來商號、銀行、及同業。(五)票據經紀人，若被調查者曾售賣票據以借款。(六)公家記錄。如法院檔案，不動產登記處之登記册等等。

外國凡有信用調查部之銀行，當有請求借款者，皆先交付調查陳具意見後，卽據其報告或拒或允。故信用調查部之工作有三種：曰調查及搜集信用資料，曰整理及保存所得之資料，曰編製報告書。於營業淸淡之銀行，此三工作可由一人包辦或三人分掌。至於大銀行，則須分股辦理，每股置若干辦事員不等。

二　信用之要素

信用乃構成於品行、才能、及資本三要素，故銀行放款，其所冒危險，有道德上之危險，有營業上之危險，有財產上之危險。道德上之危險，乃指借款人之是否誠實可信，及其有否履行義務之誠意。營業上危險，謂借款人之才智能否勝任，及其營業前途之可樂觀與否。財產上危險，謂借款人財產性質如何，及足否償付債務。凡此三者，皆有關放款之安危，非一一加以愼重之分析不可也。

據大多數銀行家之意見，品行乃最重要之要素，蓋以爲人若無品行，無論其如何能幹富有，皆不可信。無品行而具有才能者，或竟恃其聰明作奸行詐，欺騙債權者，是其才能反爲債權者之累矣。品行乃構成於衆多分子，甚難分析，然自放款之安全上言，若下列各點能够滿意，則應無問題也。

(一)借款人之爲交易公道與否。

(二)其償付債務，一向是否皆遵守約期。

(三)其在社會上所享之名譽及地位如何。

(四)其從前作何生幹，所與共事者名譽如何。

(五)其現時所與共事者，爲何如人。

(六)有否嫖、賭、飲等不良嗜好。

(七)其交際及政治野心如何。

(八)有否不道德之商業行爲，如不守契約，造作謠言，登播不眞實之廣告，從事不公道之競爭等等。

(九)曾有破產、失火、犯法、涉訟等事否。

才能之重要，不亞於品行。商人之借款，其能歸還與否，所繫於其營業之將來情形者，尤甚於現在情形。商業之變化至速，一商人縱擁有鉅產，若不善其管理，傾覆蕩散，易如反掌。故銀行每次放款，必當研究該放款之用途及借戶之營業上危險之如何，而營業上危險，所繫於管理才幹者至大也。

經濟之組織愈爲複雜，管理才幹愈爲重要。銀行家必同時爲經濟家，方能精測營業上之危險，商業原理自須熟悉，而各企業間之相互關係，市場情形，季節及循環之影響，以及商業與物價之趨向等，亦皆須一一瞭如指掌。銀行家覺此之非徒誕言者日多一日，觀外國各大銀行，幾無一不聘有經濟顧問，可爲此之左證也。

測定營業上之危險，銀行家須於下述諸問題得有完滿之答覆。(一)借款人之營業，是否正當鞏固。(二)其所製造之物品或職役，是否爲人類必需者，及其所享之榮譽如何。(三)其營業有否生產過多或積貨過多之傾向。(四)其營業之管理如何。(五)其交易數量增減如何。(六)其營業是借款人自手所創辦或是得諸繼承。(七)其營業係由一人獨裁或數人共管，如係獨裁，則獨裁者有否爲其利益保人壽險。(八)其營業有否立有成本會計制度。(九)售出貨品被退還者若干。(十)呆帳之數，相當於銷貨淨額百分之幾。(十一)五年以來，每年所獲贏益之百分率如何。(十二)五年來總贏益之增減之趨勢如何。(十三)五年來淨贏益與銷貨淨額之比率如何。(十四)五年來每年贏益若干仍投於本營業。(十五)其營業如係化學材料、電器材料、或類似物品之製造業，有否設置研究部。

測量一企業之營業上危險之最顯著之物標，無苟其歷年之損益表。苟一企業經長久時間，每年皆賺有滿意數量之贏益，則其經理之才幹當無可疑。故銀行家若將借款者之歷年損益表，加以研究比較，當可得其才能之如何之大概。所考察之年數愈多，則所得印象愈爲精確，但至少須包括五年期間也。

茲將測斷營業上毫險所當調查考慮之事，列表如下。

(甲)關於人者。

(一)管理人之才幹。

(二)獨裁或協衷之管理。

(三)所用方法之新舊。

(四)管理人之理財及信用原理之學識。

(五)管理人之市場情況及銷售方法之智識。

(六)預算制度之有無。

(七)高級職員之能否協作。

(八)勞資間之關係。

(乙)關於工具者。

(一)營業所在地之與市場及原料供源之距離。

(二)房屋器具等之新舊。

(三)成本會計制度之有無。

(四)研究部之有無。

(丙)關於產品者。

(一)需求之性質。

(二)在於社會上所享之榮譽。

(丁)關於成績者。

(一)歷年銷貨總額增減之趨勢。

(二)歷年總贏益及淨贏益增減之趨勢。

(三)售出產品之被退還之百分率。

(四)贏益與費用之差額。

(五)呆帳相當於銷貨淨額之百分率。

(六)淨贏益相當於銷貨淨額之百分率。

(七)淨贏益相當於資本之百分率。

信用之第三要素爲資本。一企業如資本豐富，其信用地位，自比較優越。但工作資本之短絀，不必定爲借款之阻礙，蓋資本並非放款之安全所必不可少之要件也。

一企業自必有永久之資本，永久資本愈鉅，其財產上之危險愈微。蓋永久資本多，則所有人之利害干係大，而借款之需要減，而倒帳之危險，於是乎減矣。列芬(Kniffin)在其『商人與其銀行』(Business man and his bank)內論財產上之危險曰：『若借款者凡一元之債務，皆有二元之資產，則其履行債務之可能性，必甚浩大，此乃理之至現，蓋必其資產之價值每元縮至五角以下，然後債權者之利益方生危險也。債務者如不履行債務，於是必於其財產取償，簡單言之，卽設彼不還，可迫之使還也』

由是言之，財產上之危險，乃決於借款人之淨資產或淨值（Net Worth）之價值。若借款者擁有充分未經抵押之資產，其價值足敷抵償借款，則其財產上之危險鮮至發生問題。故財產上危險之程度，可自資產負債表上精密測定，其所當特別注意者，有以下諸端。

（一）財產之概況。

（二）永久資本之多寡。

（三）淨值與負債總額之比率。

（四）資本與固定資產之比率。

（五）資本與公積金之比率。

（六）流動資產與流動負債之比率。

（七）流動資產與負債總額之比率。

（八）無形資產與有形資產之比率。

（九）掌握管理權力之職員所有股本之多寡。

（十）投於本營業以外之財富。

（十一）連帶責任。

（十二）股息政策。

三　財產報告書之各科目之分類

財產報告書分資產負債表及損益表兩種。就資產負債表言，資產可分流動、固定、及延期（Defered）三種，負債亦然。流動資產普通包含現款、應收帳、應收票據、及存貨等，其能隨時以公平價格賣出之有價證券亦可劃歸此類。固定資產應包含凡不易變賣及不擬將變賣之資產，其最著者爲地皮、房屋、機器、器具等。延期資產例如預交保險費、利息、租稅，以及暫視爲資產之以一定辦法逐期攤提之各種費用，與夫發行債票股票之折扣等皆是，其性質大致非爲預付之費用，卽爲逐期攤提之名義上資產也。

凡在本會計年度內應付之債務，皆屬流動債務，不問其爲何形式。固定債務爲在以後會計年度滿期之債務，例如債票、長期手票、押契、特別存款等等。延期債務包含凡一切先期預收之所得。

流動資產減除流動負債之差額，謂之工作資本。資產總額減除負債總額之差額，謂之淨值。如流動負債竟超於流動資產，則所謂週轉不靈，陷於擱淺。如負債總額超於資產總額，則所謂無返債能力。一營業必兩者俱無缺陷，然後方有受信用之資格也。

資產又可別爲有形與無形二種，後者例如商標、商譽、專利權等是。無形資產能變換若干價值，至難預言，故通常信用調查者皆置之不理。當資產有含無形資產在內時，應自淨值不減除其數，以得較眞確之淨值也。

四　財產報告書之分析

財產報告書供給直接及有形之信用資料，其較其他信用資料，最易加以科學式之處理，所以近年來財產報告書之分析，較諸信用調查之他程序進步特多。分析財產報告書，可分兩步驟。(一)品質上之分析，即分析各個別科目之性質，視其有當與否。(二)數量上之分析，此爲構製數種比率，以測量財產情形之優劣及營業之趨勢。茲分別論述之。

五　各科目之分析

分析各科目所當調查考慮者，就普通之情形論，有下述各端。但若借款者之營業報告書呈有特異之處，則當酌加增減，調查者貴能臨機應變耳。在於資產負債表者，通常有以下諸科目。

(1)現金　關於現金所應調查者，有以下諸點。(一)若干係存於零用資金(The imprest fund)項下，若干係存於銀行爲活期存款，爲特別存款，或爲證書存款。零用資金往往在報告書上全部無缺，而其實大部份已轉爲收據。特別存款是否隨時可以提用，純視契約上之規定。存款證書常被用爲借款抵押品，如此則實無異於無也。(二)有否若干經劃充指定用途，如償付股息、花紅、還債準備金等。凡已經劃充指定用途之現金，不宜包括於工作資金內。(三)是否皆爲庫存或寄存銀行之現款，抑一部份乃爲『我欠你』(I. O. U.)式之字據、收據或其他票據。（四）足供眼前各經常費用，如傭資、銷售費、管理費等之支付否。（五）其與流動債務之比率如何。（六）是否維持銀行所要求之最低存款額。（七）與上次報告書之現金數額相較，其增減如何。（八）有否加意粉飾（Window dressing）之疑跡。

（2）應收帳　對於應收帳須特別注意者，有以下幾點。（一）顧客、附屬組織、及職工三種應收帳，是否分開。附屬組織及職工之帳，不及顧客帳之流動，不可同混一起。（二）顧客之帳，若按其期限之長短而彙分之，則能予調查者以更精確之印象有否。（三）有否設置呆帳準備金，以抵補過期不穩及催收無着之帳。（四）所記轉呆帳之數，其衡諸銷貨淨額，是否相當於歷年呆帳與銷貨淨額之比率。（五）所有應收帳，有否以爲抵押者。凡押出之帳，皆不能復算爲資產。又借款者對此有連帶責任，此事亦須在報告書上載明。（六）滿期未還之帳，是否與未滿期者分別具列，如無分別具列，則當加以調查。（七）借款者所給顧客還款之期限，日數若干。知此日數之後，如以應收帳分一年內貨品之銷額，可從其商而決應收帳之催收之成績。例如借款者之賒賣貨品，率四十五日收帳，若其一年之銷額爲六十五萬元，而應收帳爲八萬元，則銷貨約八倍於應收帳，換言之，卽未收帳僅約等於一個月零半月內之銷貨，可證其顧客皆準照約定期限付款。反之若付款之限期只三十日，而其他情形，均如上述，則催收之成績，不大佳矣。又就過期未收帳之數額上，亦可以見借款者之顧客之性質也。

（3）應收票據　（一）顧客之票據、附屬組織之票據及職工之票據，三者須分開，不宜混合一起。（二）所有票據中，有否係顧客用以支付滿期之往來帳者，如有其數若干。（三）如應收票據爲數甚鉅，則應查經營同種事業之他商號是否習慣上亦盛受票據。(四)過期之票據，共有若干。(五)展期之票據共有若干。(六)有將票據抵押或貼現否，如有，其數若干。

(4)存貨　(一)存貨應分原料、半成品、及製成品三者列之，是否如此分列。(二)存貨之估價，用何標準，市價低則宜用市價，原價低則宜用原價，此乃以防列入尚未實獲之贏益於商品帳內也。(三)點估存貨者誰，本公司乎，抑會計師乎。如係借款者本公司，則宜防其浮報。(四)存貨之估計，行於何時，其時物價經常乎，傾向騰勢乎，抑傾向跌勢乎。(五)陳舊損壞及因他故無希望售脫之貨物，均不應包含於存貨內，果如此否。(六)存貨是否均衡(Balanced)均衡之意義及關係，請設例明之。假定某機器之製造共需八種材料，又各種情形，俱若下表。

1	2	3	4	5	6	7	8	9	10
子	$100	16	$1600	1	100	9	900	7	700
丑	25	40	1000	3	75	27	675	13	325
寅	25	35	875	2	50	18	450	17	425
卯	5	55	275	5	25	45	225	10	50
申	200	9	1800	1	200	9	1800	0	0
巳	15	120	1800	10	150	90	1350	30	450
午	10	90	900	8	80	72	720	18	180
未	5	500	2500	25	125	225	1125	275	1375
			10750		805		7245		3505

(1)材料之種類。(2)每材料每一件之價值。(3)所存各材料之件數。(4)所存各材料之價值。(5)製造每架機器所需各材料之件數。(6)一架機器之估定價值。(7)製造九架機器所需各材料之件數。(8)九架機器之估定價值。(9)剩餘材料。(10)剩餘材料之價值。

據上表存貨之價值，共一萬零七百五十元。然其數量，充其極僅能製成九架機器，蓋祇有九件申材料在也。九架機器，至多僅能估七千二百四十五元，則其餘三千五百二十四元，必歸諸剩餘材料也。今三千五百二十四元之零碎材料，能否變賣三千五百二十四元，厥一大疑問，蓋只能當舊貨賣出，而舊貨之價值，較諸新貨通常曾不及十之二三也。然則所列存貨，雖以一萬零七百五十元買來，吾人不能認其有偌大價值。其眞正價值，乃在一萬零七百五十元與七千二百四十五元之間，卽九架機器之估定價值外加剩餘材料所能變賣之價值是。設剩餘材料出售，得相當於原價之二成，則僅爲八千元左右也。按八千元計，流動資產與流動負債之比率，卽呈不利之變化。至若添購缺乏之材料，俾所有存貨盡得變爲機器，以免犧牲，則又須借款。借款增加，流動資產與流動負債之比率，淨值與負債之比率，及貨品銷量與存貨之比率，皆將隨之減退。由是觀之，存貨之須爲均衡，至屬重要，信用調查者不可不察也。

(5)有價證劵　(一)調查其種類。中央政府公債，無妨列爲流動資產。(二)其收執之目的爲何，爲投資故乎，爲投機故乎，爲操縱發行公司故乎。(三)是否皆隨時能够變賣。(四)其估價用何標準。如存貨然，亦應採取原價與市價二者中之較低者。(五)有否用爲抵押品者。其已抵押之有價證劵，不得列爲資產。

(6)固定資產　(一)地皮與房屋應分別具列。房屋每年有折舊之事，地皮則不必然。(二)地皮之估價，用何標準，原價最爲適當。礦地及森林地，其價值應視礦物或森林之遞少之程度，每期相當攤扣之。(三)地皮及房屋，曾否出押。如曾出押，抵押若干。扣除押款之數外，尙有多少餘剩價值，可以供一般債權者之支配。(四)機器器具，甚特別乎，抑爲普通之性質乎。換言之，卽設本企業停辦，堪移充他用乎。就銀行放款之擔保言，特別之器具無甚價值可道，蓋其賣價恆高於廢鐵之價有限也。（五）機器器具曾否出押。如曾押出，扣除押款數後，尙存若干剩餘價值。（六）工廠之地點得中與否。其距運輸便利、原料來源及售貨市場，遠近如何。（七）房屋器具等有否保險。（八）有否設置準備金，以應付居屋機器等之折舊。

（7）無形資產　（一）無形資產當另外記列，不可與他固定資產混作一起。（二）無形資產，佔資產總額之若干。其估價愈低，愈爲理財政策穩健之表徵。（三）無形資產當先扣除後，再求淨値。換言之，評定借戶財產上之危險，當置其無形財產不計也。

（8）延期資產　表上如有延期資產，當先減去之，以求淨値。蓋各種費用，已付之後，無論營業之情形如何，不能討還，卽保險費於淸算時，依法可退還一部份，亦爲數甚微也。故此種資產，應置之不理。

（9）應付帳及應付票據　（一）應付帳與應付票據之比例如何。如應付帳鉅，則應付票據應少。如應付票據鉅，則應付帳應少。兩者俱多，乃不健全之徵象。（二）何部份票據係欠銀行之票據，何部份係欠商家之票據。兩者不應俱多，蓋借戶應用向銀行借得之資金，淸償所欠商家之票據也。（三）應付票據成應付帳中有否爲股東、職員、或職員戚友之放款或存款。如此爲數頗鉅，常非銀行及普通債權者之利。蓋此種債權者或存戶，能較他人先知借戶營業之危險，迅速保障其利益也。（四）應付票據或應付帳中有否過期未償者。如有，其數若干。（五）有否爲他人擔保票據，因此而負連帶之責任。如有，其數若干，須詳查之。（六）所發票據中有否附帶抵押品者。若有票據附有抵押品，有票據無有抵押品則無抵押品之債權者，甚處不利之地位，危險堪虞。

（10）應付未付之負債　應付未付之費用皆當列於資產負債表之負債方。如該表上缺少此科目，恆可爲帳目記載之不甚準確之證，須詳細調查之。

（11）債票及押契　（一）其數幾多，擔保品爲何。（二）如其所享抵索權，包括借戶一切之資產，則銀行之地位，淪於債票所有者下，非事之利。（三）其滿期日、償付條件、利率、以及償債預備金之規定等等，皆須一一調查。如有償債預備金之條件，借戶能遵守之否。

資產負債表之分析，必須輔以損益表之分析，然後借款者之信用地位，方能確定。資產負債表表示於某一定日財產之狀況，損益表則指釋此狀況之如何構成，及營業興衰之趨勢。銀行家常以借戶贏益之進退情況爲基本條件，而定其信用地位也。以下爲贏益表之科目。

（1）貨品銷額　（一）歷年增減之趨勢。（二）被退還之百分率，及其增減之趨勢。（三）現賣及賒賣之數，最好分列。

（2）開支科目　（一）將借戶營業之開支，與其同業之開支比較，借戶管理才幹大可於此見之。（二）職員薪金，太高與否。如係過高，且有於薪金外透支使用，以度奢侈之生活，則可引起嚴重之結果，以危害營業之穩定。（三）折舊準備，如何提撥。折舊準備愈少，帳面贏益愈大，銀行家不可不預防借戶之以此爲護符，以粉飾其贏益科目。（四）較穩健之辦法，是將改善及擴充費用，記入開銷項下，不入資本帳內，借戶對此之辦法如何。（五）保險一項，不可忽視，蓋與放款之保障大有關係也。

（3）淨贏益 （一）比較歷年之數目，視其增減進退之趨勢。（二）由各種契約而生之贏益，爲數若干。該契約將滿期否，滿期後有續訂之希望否。

六　分析比率

分析比率，最重要者如下。

（一）流動資產與流動負債之比率　銀行家第一關切之事，應爲借戶償付流動負債之能力，蓋其放款，即借戶之流動負債也。借戶之償付流動負債，普通乃靠其流動資產，職是之故，流動資產與流動負債之比率，常爲銀行家所最注意者。美國銀行家，通常要求流動資產與流動負債有二與一之比，蓋以爲流動資產有會跌價，有會收取無着，今若其數倍於流動負債，則必損耗過半，然後危險方生，而如此偌大損耗，從經驗及理論上言，皆甚少有，可謂備有充分之保障也。然二與一之比率，實不能奉爲一定不易之規律，有時可不必如是之高，有時則猶嫌其低，所視於其他情形者甚大。例如流動資產之中，現金佔其大部份，則斯比率即較低亦無妨。反之，如存貨居大部份，則必較高方可。又如貨物週轉（Turnover）迅速，則可不必有甚高之流動資產與流動負債之比率，如貨物週轉疲緩，則反之。又如報告書乃製於債務稀寡之時，如我國三節之後，則此比率勢必甚高。反之，如製於債務繁多之時，則勢必甚低。故分析者應參酌各企業之環境習慣，以作判斷，不當墨守何一定之比率也。

(二)存貨與應收款帳之比率　此比率係以應收帳及票據之和除存貨得之，表示每有一元之應收帳款，有若干元之存貨在其用途有三，如下。(一)存貨通常乃按其原價或市價之孰係較低者記載而應收款帳則代表貨品之賣價，卽成本外加贏益。流動資產而加添贏益，如同時流動負債無同額之加添，則流動資產與流動負債之比率，勢必升騰。故比較歷期之存貨與應收款帳之比率，可悉流動資產項下因移轉存貨爲應收科目之故所包含之贏益增減如何。如其數有增，則流動資產與流動負債之比率理應上升。升未必爲有利之現象，不升則流動負債，必有因何種事由而加增也。(二)如在兩時期間應收款帳之增加，遠甚於存貨，則或爲借戶催收成績之退化或爲其信用政策之過寬之表示，不可不切實調查之。(三)如在兩時期內，存貨之增加，遠甚於應收款帳，則或購買或生產，超過常度，亦不可不切實調查之也。

(三)流動資產與負債額之比率　此係以一切短期暨長期債務除流動資產得之，其目標係以決定如借戶營業，此時停辦淸算其目前償債能力如何。固定資產；不能迅速變易現款，設一營業結束淸算，其所有債務能儘流動資產內付淸，卽其有一與一之流動資產與負債之比率，則其地位，須謂非常堅強也。

(四)債務總額與淨值之比率　此係以債務總額被淨值分之而得，表示被調查營業所用之資本，其屬於所有人者及屬於債權人者比較上大小如何。如其比率甚高而且呈增加之趨勢，則有下述三危險。(一)借戶依賴債權人之扶提日般，如債權人態度改變，索回放款，則倒閉堪虞，尤當金融緊急時季危險綦甚。(二)利息之負擔日重，危及借戶之還債能力。(三)所有人之利害干係，反不及債權人之利害干係之大，是以道德上之危險，愈變愈大。

（五）淨值與固定資產之比率　此之算法係以固定資產除淨值，其所得之商，卽兩者之比率。此比率所表示者有二。（一）所有人所出之資本除以購置固定資產者外，尙有若干在於流動部份之資產。（二）固定資產有否擴充過甚。就原理言之，固定資產應出於所有人之資金，此外所有人尙應再出若干，爲工作資本。固定資本，變賣不易，且所賣之價往往不及原價十之一二，所以淨值超溢於固定資產愈鉅，則債權人之保障愈大，此所以信用調查者欲知所有人資本比較固定資產之大小之如何也。固定資產之擴充，如過於適當之範圍，不特甚不經濟，且當商業蕭條時代危險滋甚，此所以欲知固定資產之有否擴充過度也。如此比率年低一年，則表示資產一年不如一年之流動。故此比率升騰爲好現象，降落爲壞現象也。

（六）貨品銷額與應收款帳之比率　此係以應收款帳除一年之淨賣額得之，其結果表示每有一元之應收款帳，共有若干銷貨數量。此比率之用途，乃以測量借戶信用政策之如何及其催收成績之優劣。譬如借戶所給顧客賒帳之期限爲三十日，又其每月交易數量，皆無大增減，則此比率應爲十二與一之比。蓋於此其每月之賒帳，皆當於下月內收淸，卽每月所收之帳，應等於上月之銷貨故也。今設不然，而爲九與一之比，此可因於以下五事，調查者須作進一步之調查，以決其眞因之爲何。（一）借戶貸放信用過度，致顧客陷於過重之擔負。（二）借戶不嚴於顧客之選擇，對於不應許其賒數者，亦貸以信用。（三）催收工作之不力。（四）市面金融之緊急。（五）交易數量躍增，致催收工作，追隨莫及。如果因此，則非必爲壞現象也。故貨品銷額與應收帳款之比率之用，須參考賒帳期限，方能獲準確之印象。賒帳期限愈長，或催收之工作愈疲緩，則所冒因於商業衰落致帳款無着之危險愈甚。故此比率，其增高爲好表示，降跌爲壞表示也。

（七）貨品銷額與存貨之比率　此比率表示貨物週轉（Turnover）之速度，係以存貨除一年之銷貨得之。無論何企業俱不宜堆積存貨過多。貨品之週轉愈速，則贏益愈大。例如一切其他情形皆同，轉動五萬元之貨物一年二十次，比轉動十萬元之貨物一年十次，其獲益遠大，蓋前者所需之資本，僅半於後者之所需故也。如於兩時期間，此比率呈升騰之勢，則借戶之銷售成績定有增進。又如此比率及貨品銷額與應收帳款之比率俱甚高，則流動資產與流動負債之比率雖稍低，亦無妨也。

（八）貨品銷額與淨值之比率　此比率係以淨值除一年之銷貨得之，表示每有一元之淨值，共有若干元之銷貨，換言之，卽資本之週轉之速度是。一營業之資本有一適中之活動程度。如週轉過緩，則或因於管理之腐敗，或因於產品之惡劣，或因於其他緣由，均爲不利。反之，如此比率過高，則必營業擴充過甚，設一旦市面發生變故，或顧客不能按期還帳，或銀行不肯通融，則地位岌岌可危。故在於一定範圍之內，此比率愈高，則借戶之信用地位愈固，越此範圍，則又當別論矣。

（九）貨品銷額與固定資產之比率　此乃以量測固定資產之生產力，視其所貢獻於營業之大小。如此比率歷年遞增，則爲固定資產生產力遞增之表示，反之，如歷年遞減，則爲固定資產生產力遞退之表示。如固定資產之生產力在於經常以下，而借戶思擴張銷額，冀以增進贏益，則所當致力者，不在於增加機器廠屋，而在於改良機器等之運用，以增進其生產力也。此比率之計算法，以一年之銷貨被固定資產分之便得。

（十）淨贏益與淨值之比率　此係以淨值除淨贏益，所得者爲贏益之百分率。借戶之管理才能，可於此見之。信用調查者之運用此種試驗同時應注意三點如下（一）此贏益之百分率，是否爲被調查企業之經常贏益百分率，（二）所獲贏益若干係由於存貨之增價。及（三）此比率之趨向係上升抑或下降。信用調查者亦須知贏益之百分率，亦有視於管理者力所不能駕馭之事情，如營業之性質商業之狀況等。若謂贏利之變遷，純由於管理之良窳，亦非公平之持論也。

第七章 銀行與商業之季節及循環變化

一 商業之變化

商業白雲蒼狗，變動靡常。美教授密恰爾（W. C. Mitchell）於其所著商業循環（Business Cycle）內曰，『商業情況之時形變化乃一至經常狀態』然則易詞言之，卽商業情形，不能望其不變是也。夫如是，故商業上資金之需求時而躍爭，時而銳減。銀行執金融界之牛耳，各業流動資金之需要，大抵皆於是取給，旣資金之需求，有寬緊之異候，則須早爲之備，方不至陷於捉襟露肘臨渴掘井之窘。其對付此種變化得法與否，不止爲本身利害之問題，社會之幸福胥視所關係綦大也。

商業及金融之變化，有短期長期二種。短期者曰季節變化，長期者曰循環變化。季節變化，大較有定，容易應付。循環變化，則較複雜，推測匪易，然而影響遠大，更不容不早爲之備，以免引起嚴重之時局。茲分別論述兩者之性質及其與銀行之關係於下。

二 季節金融

一年之中，商業通常有活動之時，疲滯之時，而金融亦因之有緊急之時，寬緩之時。此動滯寬緊之遞嬗，固非一定不變。然按諸經驗，乃若春溫夏熱，秋寒冬冷，爲期大較有恆，是卽所謂季節變化也。金融季節，因地不同，視當地產業之種類性質等以爲衡。例如上海，其金融季節大致可分爲六季。第一季包含二、三兩月，因承新舊曆新年之後，銀洋存底既豐，大宗商業復無活動，可謂之金融最寬時期。第二季自四月至六月，斯時絲、繭、茶等均逐漸上市，又值端午結帳之期，資金需要甚爲迫切，故爲金融緊急時期。第三季爲七月，各業大率清淡，銀洋用途均少，可謂金融平和時期。第四季自八月至十月，在此三月內，江浙棉花、漢口雜糧、東三省豆餅等均同時登場，復爲舊曆中秋結帳之期，故資金需要最殷，爲金融最緊急時期。第五季爲十一月，其情形與第三季略同，故亦爲金融平和時期。第六季包含十二月及次年元月，乃陰陽曆年底結帳之時，商賈往來全年交易，均以此結束，故亦爲金融最緊急時期。又如漢口，其金融大概可分爲五季。二、三兩月爲第一季，此時值舊曆新年前後，商業正方更始，雖於三月中紅盤生意發動，交易或頗不惡，然活動伊始，尙難爲充分之發展，故爲金融最寬之季。四、五、六三月爲第二季，此數月中商業漸趨活動，絲、繭大致於五月內登場，新貨雜糧如小麥、蠶豆、菜子等均次第上市，而紅茶、苧蔴等亦大致於五六月內交易漸盛，加以端節大比，爲第一次結帳期，需款甚殷，故此季爲金融緊急季。七月爲第三季，其時絲、茶、蔴等市面之最盛時期將過，又值夏令，各業清淡，故爲金融平和季。八、九、十三月爲第四季，八月內洋莊出口生意發動，金融本極活動，而棉花上市，準備出莊者除需要大批銅元外，並須折借款項，加以九月新貨雜糧如芝蔴、豆類先後上市，又中秋節關亦屆，故此季銀根之緊，乃意中事，爲金融緊急季。十一月、十二月及來年元月、三月爲第五季，在此期內，土貨之銷路仍暢，十二月爲陽曆年底，一月則近陰曆年底，俱爲結帳之期，故市面極俏，爲金融極緊急季。又如天津，其季節變化，大致年初承上年冬季旺盛季節之後，市面偏於堅俏。二三月當舊曆新年前後，市況大致平鬆，四五月氣候轉暖，商業稍形活動，惟大抵尙甚寬裕。六七月時當夏令，市面難見起色。八九月以後，北地糧食、皮毛等土產，相繼登場，金融需要最緊。自是直至年底，市面大致甚爲堅定。統括言之，津埠金融，上半年較寬，下半年較緊，除因軍事關係，每有臨時變化外，其變化大致如此也。

若一國在國際金融上佔極重要地位，則其金融季節，亦有視於定期國外事件。如此項定期國外原因適與國內原因同時相合，則資金之需要，將尤形迫切，可引起利率之激增。例如歐戰前之倫敦，彼時十月至十一月乃其金融最緊之季節，其故固因此時美國穀物進口，須匯鉅款支付，然同時歐洲他國之盛購美國食料原料，對美債務陡增，亦有以促之。蓋戰前倫敦乃世界惟一之自由金市，資金之集散最易，他國支付對美債務，多先購倫敦匯票，然後在彼兌換現金送之美國。英格蘭銀行爲保護國內存金起見，此時每提高貼現利率或金貨之買價，所以金融頓呈極端之緊張也。

當金融緊急之季節，銀行當增添通貨之供給，俾工商企業，不至感周轉不靈之苦。銀行此時能否擴張信用，一視於其準備之多寡，二視於整個銀行制度。銀行若準備短少，勢不能多做放款，故必未雨綢繆，斯所以推測季節變化之爲重要也。至於銀行制度，例如美國當聯邦準備法則未頒行前，銀行兌換券之發行，甚乏伸縮彈性，而存款信用亦受嚴厲準備金規定之限制，不能任意擴充，故每逢資金需要迫切之季節，銀行每有進退維谷之感。至聯邦準備法則頒行後，鈔票及存款通貨之伸縮彈性倶增加，銀行對季節變化，始能應付裕如。觀此更可以見銀行須能應付季節金融變化之重要，此不獨銀行家之事，立法者亦預有責也。

三　商業循環之意義及狀態

商業循環者，於商業經濟之組織下商業活動所特有之一種變化也。商業盛極而衰，衰極而盛，循環不休，故謂之商業循環。在每一循環內，商業皆經四個時期，一曰復興時期，一曰繁盛時期，一曰恐慌時期，一曰衰落時期。此四者順上列次序，更迭輪流，周而復始，無有已時。每一循環所經歷年限長短不一，按諸往驗，平均爲六年或七年。

自有商業，必便有商業恐慌。最初之商業恐慌，概致於各種偶然原因。其後商業組織日漸複雜，遂除此偶然原因外，商業本身之內復生各種勢力，潛伏累積，時一發裂，破壞商業之和平。故其始討論恐慌者，每單就其所研究之個別恐慌觀察，屆拿破崙戰爭以後，均積漸傾注於原理方面，蓋知恐慌之發生，實由於商業之固有勢力，即無特別變故，亦不能永免也。

一千八百三十三年，有威德(J. Wade)者，無意中發創一商業循環約每五年或七年便完成一周，其間繁盛及衰落事象更迭而現之說。此種思想傳播甚速，不久而灌輸於大衆腦中。自此之後，經濟學者凡論恐慌，莫不包含商業各期之變化。故商業循環，乃二十世紀所發創，以形容十九世紀之發明物之名辭也。

商業循環之解說甚多，其中最奇者當推澤豐斯教授(Prof. Jevons)之太陽黑點說(Sunspot theory)，最詳盡及最得學者之推崇者，當推密恰爾教授之理說。據密氏，商業係循環的，其循環有上述之四時期，周而復始，無有已時。故吾人之論述自何時期起均可，蓋不論始於何時期，其結局終必回返於該時期也。

商業之復興乃繼衰落之餘。其始也，商業交易之數量日形起色，初雖甚漸，然乃累進(Cumulative)，日愈久而愈猛，一轉疲滯之市況爲活潑。復興之進展原甚疲緩，但此時若有何順利事情發生，如大有年、新發明等類，則其勢將急轉直下，日以千里。

復興之局面既成，不久營業界之各部份，將一一先後俱呈活潑之氣象。蓋首先恢復之企業，必向供給其原料器具者作較多之購買，而後者遂亦必向供給其原料器具者如是，如此遞相輪流，至於普及。斯時凡營業起色之企業，皆增用工人，多借資金，贏益扶搖直上。有職業者人數既增，而薪資又較前高漲，故一般消耗者之所得，必定擴張，而其購買數量遂隨之加添。由是爲應付增加之需求起見，零售商則向批發商增多其購買，批發商則向製造商增多其購買，製造商則向進口商及原料生產家增多其購買，而諸此各商所支付之工資與利息以及贏益等，遂又均增加，重新增進一般消耗者之購買力。久之，此擴充之購買又輪到首先恢復之企業，再度增進其營業之數量，而由是上述各反動力又重新開始施展，爲勢較前尤猛矣。在此時期內，因商業之起色，一切商人均抱樂觀態度，此亦大足助長商業之活動也。

商業數量既增，物價之降跌，於是停止，而呈升騰之趨勢。蓋各企業所作之交易，既達其目前設備所力勝辦理之最大程度後，對於新來之交易便不得不提高其價格，因辦理此交易，必須雇用新工人，開使壞機器，或購買新工具故也。此時物價雖增，然購者並不因此而節減其需求，反更形踴躍，蓋皆存物價定繼續升騰，不如乘此尚未大昂之際，爲未雨綢繆計，以免將來須償付更高之買價之心理也。

物價之升騰，傳播甚速。每有一物升價，必有若干他物不得不隨之升價，以避損失。各種物價之升騰，其緩速及大小之程度，參差不一。通常躉售甚於零售，原料甚於製造品，生產家貨物甚於消費者貨物。原料之中，礦物價格之增減，比之農產物較合於商業之變化之情形。工資之增加，較速於躉售價格，然不及其甚。長期放款之利率，當復興初期，常無若何之增加，而公司股票之價格則飛騰甚速，較之貨物價格尤甚。

因物價升騰程度有上述之不同，及交易數量之增加，故大多數營業，其贏益皆有增加，蓋雖原料及短期借款之代價，較賣價增加尤速，然多種附屬費用，則因契約之關係，無有若何之增加也。於是投資日多一日，購買機器，簽訂建築契約等事，不絕如縷。結果商業數量，復以增加，致上述各種勢力，愈爲堅固，演成物價再度之升騰。

綜觀上述，在此時期內各情形之舒展，皆累進無已。惟其累進，故能轉移復興之狀態，進於繁盛。不僅每一次交易數量之增加，造成他次之增加，每一度物價之升騰，引起他度之升騰，每一人之樂觀，促致他人之樂觀。且商業之擴充，尚能助長樂觀心理之流播，及物價之騰翔，而後二者，又互爲因果，使愈趨愈甚。再者，所述各種變化，皆足增長贏益，鼓勵投資，而贏益及投資之增加，又轉而助長商業，維持樂觀，及促進物價。

上述各累進動作，固使商業之繁榮，竿頭日上，然同時亦爲衰落之媒。何則，營業數量澎漲，則前此摒棄不用之陳舊器具，不得不重新再用，於是工作之效率減。工人需求增加，則不特工資升漲，且工人之成績遞減，蓋皆以爲工作機會充斥，有特無恐，而不肯力盡其長，其新雇之徒，既乏經驗，又無訓練，效率自必更劣，故勞工之代價增。經理事務繁多，督率上勢不能如前之周到，於是耗損叢生，日累月積，以成鉅額。至原料價格增加之較速於製造品，躉售價格增加之較速於零售，亦皆增加商業之成本。故此時企業家之負擔逐日加添，贏益漸被蠶食，此衰落之危機一也。

因資金需求之澎漲，於金融及投資兩市場資金均漸呈供不勝求之象。其顯著之表示，即爲利率之升騰。利率升騰，不特企業家之贏益重受打擊，且一般商人遂不得不縮減其交易之數量，擱置其擴充之計劃及放棄新企業之舉辦。此衰落之危機二也。

在此情形下，最先感受苦痛者，厥爲製造工業用具之企業。當繁盛之初期，此種企業，興隆特甚。但屆證劵市場空氣緊張，建築成本增加過甚，則企業家相將中擱其建築之計劃，而建築之新契約，遂日少一日。由是鋼鐵廠、機器廠、木材商、建築公司等，咸發覺訂購貨品者日形減少，雖目前工作尚甚忙碌，而後顧之憂，則方興未艾也。

斯時獨一之補救方法，厥爲擡高賣價，以保護贏益之退落，俾投資家仍肯踊躍訂購工業用具。然賣價有則因法律、契約、習慣及營業政策等等之關係，不能任意增加，有則受收穫情形之操縱，欲增反跌，有則因近來生產數量雖增，供需情形相差懸絕，萬無增加之可能。固亦有能時時擡高賣價，使贏益不至受成本蠶食者，然此輩之成功，正使束手無策者，徒其地位愈趨困苦也。

故當商業繁盛將達極峯之時，一般企業之處境，頓發生優劣懸殊之現象。大多數企業，固非常旺盛，所獲贏益，超過多年之記錄。然一部份則贏益日蹙，隱憂甚深。商業之繁榮愈甚，感覺困難之企業每愈多也。

企業之贏益退落，所希望股息自成畫餅，但其結果不止此而已。原來一企業之信用，根本上乃基於其現在及將來贏益所資本化之價值。當繁盛末期社會上之未償信用之數量，大部份均基於一般人對於企業之將來之奢望。當乎利率增加，因某一定數目之贏益資本化之價值之減少，信用之後盾已趨薄弱。如贏益又降，則必有多數債權者心起恐慌，慮債權將無保障，蒙受損失，而起而索欠者。一人作俑，百人效尤，於是索欠之事日多一日，企業相率辦理清算，而商業遂入於恐慌時期矣。

當此清算期中，商人惟孜孜從事保守，無心擴充，故新交易之數量，一落千丈，緊縮政策，風遍一時。此時貼現利率極高，有價證券及貨物之價格，均狂跌不已，工人被辭者日多。然雖如此，不必定有擠兌崩潰之惡象，商業固猶照常進行也。

然如清算之事，不能順利進行，有一二大企業宣告破產，不能償債，則空氣頓變緊張，人心惶惶，前來銀行取現及借款者，裾相接而履相躡，終日不已。斯時銀行若應付裕如，則人心瞬歸鎮定，波平浪靜，指日可期。反之若銀行限制取現，對於能備充分擔保者，亦不肯予以通融，則所謂崩潰(Panic)狀態，必隨之而現，卽市面紊亂萬狀，倒閉破產之事盈耳接目。於是銀行本身亦不免牽入漩渦，信用金融制度完全崩潰。

狂風暴雨之後，必有極端之平靜，故恐慌或破裂期畢，市面卽入於非常蕭條之狀。因失業者之衆多，消費者之需求，遂一落千丈，消費者需求減少，原料、機器以及各種營業用物品之需求亦必隨之減少，而投資家之建築工作之需求縮減更厲。諸此情形，皆致商業數量之減少，而其減少亦爲累進。蓋每有一批工人被辭，消費者之需求卽隨之減少，消費者需求減少各企業營業又因而減，遂不得不再去若干工人，如此循環不已也。

營業數量減少競爭日形劇烈，於是物價繼續下跌，一落百應傳播迅速，且亦爲累進之狀。批發價格之跌，速於零售，原料價格之跌，速於製造品而礦物價格，衡之農產物有較經常之趨勢。工資及長期借款之利率降跌不及物價之甚。頭等債票，獨於此時漲價焉。

營業數量之減少與夫價格之降跌，皆使商人贏益，逐日減少，故悲觀心理，瀰漫四佈，無人肯出資舉辦新事業。然此亦同時造成一種情形，有利於商業之復興，何也。利率及原料價格之降落，皆減低商業之成本。工人謀事不易，必皆小心翼翼，力盡其長，故其工作之效率增。經理事務既閑，督率上必較前周到，故以前多種之耗損，可望消除，此兩者亦皆減少商業之成本。其將資產價値加以更正，租借契約加以修訂之企業，其成本之減低自更甚也。

當成本降落之際，貨物之需求亦漸增加，考其原因，有以下數種：（一）陳舊之衣服、家具機器等，不能不更置。（二）舊日之存貨，經數年之久，銷售漸罄，故須從始生產，以應當時之需用。（三）如有新嗜好或新發明之出現，則新物品之需求，即因而生。（四）利率低下，建築工程廉賤，又資本家對恐慌之事，已日久漸忘，不復如前之膽怯，此皆引起工業用具之需求之增加。以上諸端，皆所以增進商業之數量。商業數量一旦增加，則上述各累進動作，又皆開始，漸致商業於繁榮矣。此時吾人之分析，已復到於復興時期，一商業循環內之各期皆包含於是矣。

四　銀行與商業循環之關係

前述當商業衰落時代，銀行準備豐裕，市面利率低廉。此種情形，乃由於商業淸算時期內存款通貨之減少與夫商業衰落時期內商人借款之不多。固借款廉易一節，單獨不能使商業變成興隆，然一旦商人之信任心增加，則資金之豐足易致有助於企業之擴充匪淺也。

至商業已入繁盛之期後，銀行之勢力便非昔日所可比。銀行爲金融之樞紐，此時力能節制商業之過度之擴充，而防止其繼續進展直趨於恐慌之點，隨之以金融之崩潰。夫物盛極則衰，繁榮愈甚，其將來之反動必愈烈。故銀行此際宜提高貼現之利率，縮緊信用之貸放，以制止商人之擴充之過甚，以防止資金之用於投機事業。銀行之能否如是，端視銀行制度之如何。如乏指導約束之機關，各銀行家各自爲政，皆以贏益爲獨一之目標，彼爭我奪，惟恐營業之落他人後，則難望其此際厲行緊縮政策。關於此點，俟於中央銀行章再詳論之。

當恐慌時，銀行之政策，應當一面提高利率，加厲抵押品之要求，以寓限制，一面儘量放款。斯時借款者之躍增，蓋有二故。其一，商人有多數帳目不能收回，其不欲失信用者，惟有向銀行告貸，以支付債務。其二，多數商人，慮金融之愈趨愈緊，雖目前不需現款，然爲萬全之計，亦未雨綢繆，以免將來需款時臨時張惶。故此時銀行如停止或限制放款，倒帳之事必立時躍增。蓋如甲商借款不成，則必敦迫其債務人乙、丙、丁等等償還債務，乙、丙、丁等等受甲之迫，旣銀行不肯通融，則必轉迫其債務人償還債務，如此一以傳十，十以傳百，被迫者愈多，情形即愈爲緊張也。倒帳之事旣層起迭出，凡有債權者，定皆心駭膽寒，即無索還債權之必要，亦催迫債務人償還債務，其結果不能維持而歇業破產者，愈變愈多，纍纍不絕，而大部份企業，均陷於萬劫不復之地矣。人情對愈不易得之物，其思得之念愈切。故銀行如限制放款，反使前來提款者愈多。若各企業相繼倒閉，存款人羣集提款，覆巢之下，勢無完卵，銀行亦安能自保哉。反之若銀行於恐慌之初，卽明白表示肯儘量通融，則無人願意死藏現款，債權者亦不必催迫債務者償還債務，且定亦不欲如此，陷之於困難，而緊張情形可立刻鬆緩矣。

然應行之政策係一事，其能否實行又係一事。當恐慌之時，卽通常至流動之放款，亦不免暫變呆定。故銀行如欲對商人儘量通融，非存有鉅額準備金，卽必有挹注之機關。各國之中央銀行，卽備以於此時轉貼現各銀行所執之票據，俾其能源源貸出資金。美國聯邦準備銀行（Federal reserve banks）之設，卽鑒於一千九百零七年之恐慌時銀行界狼狽之情形，備防止其再現。中央銀行若奉職不渝，管理得法，則不特能減差恐慌於其既發生之後，且能防止之於其未發生之前，其效能綦大也。

第八章　票據交換所

一　票據交換之意義

票據交換者，銀行每日於一定時間派員會集一處，各出其票據，互相交換，使債權債務，彼此抵消，而祇授受其差額之謂也。銀行每日收回放款及收入存款，得有票據甚多，此外尚有顧客委託代收之票據。若一一持向付款銀行兌取，則手續既煩，時間復耗，且中途或有竊盜之患，而各銀行均須置鉅額準備金，以備應付，缺點孔多。倘行票據交換之法，則上述諸不便，皆可避免，此所以各國皆有票據交換所之設也。

票據交換之作用，可以一簡例說明之。假定甲、乙、丙三銀行合組一票據交換所，某晨其相互應收應付情形如下。甲行應收乙行一萬元，丙行一萬五千元。乙行應收甲行八千元，丙行一萬二千元。丙行應收甲行九千元，乙行一萬五千元。照此數目，甲行應收二萬五千元，應付一萬七千元，相軋應收八千元。乙行應收二萬元，應付二萬五千元，相軋應付五千元。丙行應收二萬四千元，應付二萬七千元，相軋應付三千元。計應付之票據，共六萬九千元，若一一兌取，須六萬九千元現款。於票據交換制下，乙、丙兩行，僅須各付票據交換所其應付之差額，再由票據交換所付還甲行，即統共祇須八千元款項之移轉，其節省爲何如哉。

二　票據交換所之沿革

票據交換所起於何時，無從稽考，照史乘所傳者，以倫敦交換所爲最古，成立於一千七百七十五年。當時倫敦各銀行，其於交易上所收之各種票據，均一一派收帳員分途收款。一日某某兩銀行收帳員偶相逢於某咖啡店中，因避免跋涉之勞起見，遂乃卽於彼互相交換所執之票據，並相約此後每日在此相會。此事漸爲其他銀行之收帳員所悉，一一先後加入，而該咖啡店竟成各銀行交換票據之場所。日久消息傳入銀行經理耳中，有卽嚴禁其收帳員不得爲此者，有則表示贊成，以爲可加以改良採用者，分爲兩派。結果後派主張勝利，而倫敦票據交換所以立。此乃票據交換所之組織之如何濫觴也。

倫敦票據交換所設立後，英國各他地方，相繼組織，而其他國家，亦先後效踵。我國議設票據交換所，爲日甚久，然因種種關係，未能實現，直至民國二十二年，始濫觴於上海，他埠則尙無也。按上海票據交換所之籌備，始於民國十一年，爲上海銀行公會所發起，當時並組織有籌備委員會，擬定章程凡三十三條。不意因各行習慣不同，事以停頓。此後於民國十二年、十四年、及十五年，重提舊議者三次，然均因各種窒礙，不克成功。民國二十一年上海銀行業聯合準備委員會成立，銀行業以票據交換所之組織，不容再緩，乃委託該委員會兼辦票據事宜，居然告成，實亦天幸。所冀上海票據交換所既開我國此種組織之先河，他埠能聞風次第繼起，俾此銀行業之不可少之補助機關，不日得遍見於全國之金融中心點也。

五 票據交換之手續

票據交換之手續，各國大抵皆大同小異，可略述如下。每日各會員銀行於舉行交換之先，將其所有票據，依照付款銀行各彙一包，按行各製一交換通知單，記入票據之張數及金額。又製一交換貸借對照表，於其貸方記入各交換通知單上所載之票據張數與金額。至交換時間，每銀行派二員付交換所，一分送票據及交換通知單於他行，一坐收他行送來之票據及交換通知單。交換既畢，各行各換員乃據他行送來之交換通知單所載之張數金額，一一記入交換借貸對照表之借方，而計算貸借之差額。於是製一差額表交付交換所，而交換所又根據之製一總決算表，如總決算表貸借兩方平均，一切無誤，交換所乃通知各行其應收應解之差額，而預備該差額之授受。倘有錯誤，則發還交換員更正，再爲通知。交換員有延宕及錯誤之事，皆科以一定之罰金。差額之授受，大抵皆用中央銀行轉帳之方法。

上海票據交換所交換之票據，包含匯票、匯款票據、本票、支票、聯合準備委員會公單、經理國債銀行之還本付息憑證、及其他經聯合準備委員會許可交換之票據等。其交換時間除星期六星期日及例假外，每日上午十一時至十一時三十分爲第一次，下午三時二十分至五十分爲第二次，星期六則下午十二時三十分至一時爲第一次，三時二十分至五十分爲第二次。星期六第二次交換時，以支票及聯合準備委員會之公單爲限。凡提出交換之票據，皆應於正面加蓋某銀行、某年、某日交換字樣之戳記。交換之手續，規定於辦事細則，茲摘錄於左。

(一)交換銀行及委託代理銀行提出交換之票據，應依付款銀行及貨幣種類分別理清提出。

(二)提出之票據，應依貨幣種類將張數及總金額分別記載於提出票據通知單及交換差額計算表之貸方，並結算其總數。向他行無票據提出時，應簽具空白通知單。

(三)提出票據總張數及總金額，應記載於第一報告單。

(四)各行交換員到所後，其計算員應即將第一報告單交入由交換所總結算員依據該單所列張數及金額記載甲種交換差額總結算表之貸方，結出總數。

(五)交換所經理應於規定交換開始時間，宣示交換之開始。

(六)經理宣示交換開始後各行傳送員應將提出票據交與對方銀行之計算員點收，計算員點收無誤後，應即簽給收據。

(七)計算員簽給收據後，應即將原票據及提出票據通知單正本交由傳送員攜回銀行，同時應依據提出票據通知單副本記載交換差額計算表之借方，結出總表，並結出貸借兩方相抵後之交換差額。

(八)計算員結出交換差額後，應將借方總數及交換差額，記載第二報告單，交付交換所。

(九)交換所總結算員根據第二報告單內所載張數金額及差額，分別記載於甲種交換差額總結算表之借方及差額欄，並結算其貸借總數及應收應付交換差額總數。

(十)總結算員製就甲種交換差額總結算表後，應將該表宣讀一過，如無錯誤，其交換差額即爲確定。

（十一）計算員於交換終了後，應將提出票據通知單副本交付交換所，以憑記錄，

至於交換差額之授受，交換銀行應於聯合準備委員會開立往來存款戶，爲收付交換差額之需。此項往來存款，存放於中國及交通銀行，給付利息。交換銀行往來戶餘額不敷支付其應付差額時，應於當日下午四時三十分前補足之。於每日交換終了後，交換銀行應塡具差額轉帳聲請書，送交交換所。如與乙種交換差額總結算表核對無誤，交換所卽照轉帳，並塡發報單，而交換手續於是完全竣矣。

四　上海之其他清算中心

上海在未有票據交換所前，錢莊及華商銀行之爲清算，乃在錢業公會之匯劃總會舉行。錢莊互收票據在五百元以上者，由付款莊出給公單。每日晚間各持所有公單，赴匯劃總會軋帳。凡應收公單多於應解公單者，是曰多單，卽交換所所謂應收差額。應解公單多於應收公單者，是曰缺單，卽交換所所謂應付差額。凡缺單之家，如不能解付現款，卽須預先向多單之家折進。故當軋帳之際，其收付大抵均已平衡也。

當時華商銀行匯劃票據之收付，均託錢業代理。華商銀行與錢業間固然，而華商銀行相互間亦復如是。例如甲銀行向乙銀行收本票一萬元，乙行卽出有往來之子莊劃條一紙。甲行收到子莊劃條，因與子莊向無往來，乃交託有往來之丑莊代收。丑莊遂以劃條向子莊收款，而子莊給與公單，列付乙行往來戶帳。丑莊收到公單，乃照數列收甲行之帳，而將公單持至總會軋帳。故甲乙兩行間之借貸關係，一轉移間變爲子丑兩莊之借貸關係。當然甲乙

兩行必須有款項存放子莊丑莊，方能託其代收代付，此無待聲明也。匯劃總會現時之勢力自非昔比，然尚與票據交換所對峙而立，爲錢業之清算中心，於錢莊章內，當再討論之。

尚有匯豐銀行，在廢兩以前，爲劃頭銀兩之清算中心。直接參加此清算者，均係所謂外灘銀行或與外灘銀行通劃條之銀行。此種銀行每日相互間票據之付款，均分別開給匯豐銀行劃條。其應收應付之差額，大都應收者則寄存匯豐，應付者則由匯豐寄庫，以免進倉出倉之煩。至非外灘銀行對外灘銀行之劃頭收解，則多託外灘銀行代理。此種委託行家，均存款項於代理行，以便劃撥。最近廢兩實行，仍用銀兩者，僅限於外商銀行相互之間。就現在之局面推測，將來現款之清算中心，當移於票據交換所也。

五　票據交換所之效用

票據交換所之效用甚偉，其大者如左。

(一)節約現金之使用　無票據交換之方法，則票據債務，均須支付現金，而各銀行皆必死藏鉅額現金以備他銀行之來收票款。有票據交換所則僅票據債務之差額，方以現金支付，而現金之用，可以大省矣。

(二)便利收支之手續　無票據交換之法，凡銀行收入票據，必一一持向付款銀行兌取，而付款銀行亦須一一爲之清理結算，其手續甚爲繁瑣。交換所集各銀行之司員於一處，而行收付之事，既免收帳員奔走之苦，又省出納員支付之煩，所節時間及勞費甚大也。

(三)袪除搬運現金之危險　於直接收兌票據之辦法下，收帳員攜帶鉅金，僕僕路途，縱其皆誠實可靠，有保人或押金，無攜款遠逸之危險，而匪類之搶劫或招誘，則防不勝防。交換所既省現金之搬運，則此意外危險，自消滅於無形矣。

(四)助長支票之流通　支票爲最便利之通貨，前曾敍述。但支票流通之能否活潑，實有視於票據交換所之有無。蓋有交換所，則支票可省收款及解款之煩勞，其流通力必以增加，此所以謂票據交換所能助長支票之流通也。

(五)供給重要之統計　票據交換之總額，乃各國財政家實業家等所據以推測一社會產業狀態之一最重要統計。蓋票據生於交易，故票據交換之數量，可以表示交易之盛衰。如在一時期內，票據交換之數量日趨於減，則商業必爲不振無疑也。此種推測，於工商業之經營極爲重要，故票據交換之統計，有絕大價值也。

六　票據交換所之特種業務

除辦理票據之交換外，各國票據交換所常執行他種職務，玆分述之如下。

(一)檢查會員銀行　各國票據交換所大抵皆有檢查會員銀行之職務與權力。此檢查之成績，於各國皆甚良好。例如從前美國明尼亞波利斯(Minneapolis)票據交換所副檢查員某氏曰，『明尼亞波利斯票據交換所對於會員銀行之檢查，實行纔及一年，而各會員銀行一切之設施，已皆採最良之方法。此乃一般存款者及公衆所承認者，其結果會員銀行相互間，得充分之諒解，萬一會員中之一行，發生被擠之恐慌，不必再待調查被擠銀行之內容，各會員銀行即可從速救濟，以防其波及於全體。進者，檢查實施以後，不獨增進各會員銀行間之信用，兼可博得存款人充分之信任。』至於檢查範圍，例如支加哥（Chicago）票據交換所，係包含各銀行之一切資產、負債、及其各部營業之方法。該所又規定檢查完竣後，檢查員應編製二份報告書，詳述檢查之結果，而對於被檢查銀行所貸與本行職員或董事或有連帶關係之公司或商號之放款，尤須特別提述。其一存於交換所，由檢查員自管，其一交付該行經理披閱，以資參考，以便改良。

（二）限制會員之競爭　各國票據交換所，多訂有種種章程以限制會員間無謂之競爭，因而引起不健全之局面。例如美國票據交換所，大都訂有存款利率及收解手續費表，使全體會員一律遵用，即此意也。

（三）發行票據交換所貸款證券　昔美國聯邦準備制度（Federal reserve system）未頒行時，每當恐慌之時，票據交換所常發行貸款證券，以救市面之緊急。此項證券係以全體會員銀行之準備金為後盾，凡會員銀行現金短絀者，繳入相當抵押品，即可領取之，供濟結交換差額之用，頗有調劑金融及救濟恐慌之效，此又票據交換所之一特種職務也。

第九章 國內匯兌

一 匯兌之意義

匯兌者，所以避免現金之輸送，以了結異埠間之債權債務之關係之方法也。匯兌有國內與國外二種，然其原理，則殊一致。例如上海某甲向廈門某乙購入一千元之貨物，是甲對乙有一千元之債務，必須償付。又同時廈門某丙向上海某丁購買一千元之貨物，是丙對丁有一千元之債務，必須償付。爲避免現金之輸送計，既甲應付乙之款，與丙應付丁之款，同爲一千元，可由廈門某乙向上海某甲發一千元之匯票，售與廈門某丙，再由某丙將該票寄送上海某丁，某丁收到此項匯票，即向上海某甲收款一千元。如此毫不費輸送現金之勞費，而甲、乙、丙、丁間之債權債務關係，均以了結。上例爲國內匯兌之例，如換上海廈門爲上海倫敦，即爲國外匯兌矣。

上例乃就甲、乙、丙、丁彼此相識言，若廈門某乙不知廈門某丙須匯款與上海某丁，則其匯票無從售出，而某丙欲購匯票，亦搔首無從，即相識矣，又必甲欠乙與丙欠丁之數目均爲一千元，若爲不同，則仍無以成交。數目既相同矣，又必某乙所發匯票之期限，與某丙所欠某丁債務之期限相符，不然則猶有困難。故此種相對匯兌，有種種不便，未必皆能實行，而由是遂有銀行之居中爲之斡旋。就上例言，乙既發出匯票，可附以提單、保險單等，將之賣與銀行，變爲現款。丙須匯款還丁，可往銀行買一匯票，寄送與丁。銀行自必將某乙之匯票，寄往上海託該處銀行代收，或者即用此款備付所售之匯票。但無論如何有銀行經營匯兌營業，則匯票供需雙方之相識與否，以及匯票金額之多寡，兌款期限之長短等等，均不成問題，銀行之功用偉矣哉。

二　國內匯兌之起因

國內匯兌，大半起於貿易原因。一國之內，一埠有一埠之產品，而各該埠之產品，又非盡以供本地之消耗，於是埠際之貿易起。埠際之貿易起，遂生埠際之債項，有埠際債項遂有匯兌矣。一國內之各地方，其資金供需之情形，不盡一致。某時甲埠資金多而需要之者寡，乙埠資金寡而需要之者夥，此種現象至爲習見。當斯時也，調劑該兩地資金之供需使得其衡，不特爲事勢上之必要，且有鉅利可收，是又國內匯兌之一大原因。此外如各省之解繳中央稅款，中央之發給各地軍餉，旅外官商之寄送家款，異地學生之寄致學費等等，無一不引起國內匯兌，原因衆多，不遑枚舉也。

三　國內匯兌之種類

我國普通匯款所用方法，有票匯、電匯、及信匯三種。票匯者，匯款人在銀行購買匯票寄送於收款人之謂也。電匯者，不用匯票而憑電報匯款之謂也。電匯乃匯款之最迅速方法，匯款人將匯款、匯費、及電費交與銀行，告知收款人之姓名地址，然後銀行即電託收款人所在地之聯行或代理行，囑其將一定之款付與收款人，而收款人一接到付款銀行之通知，即可前往領款。銀行電匯通電恆用密碼，其碼本除一二重要職員外，其他行員皆不得見，以防串同作弊。亦有銀行與匯款人同時發電，須兩電對照，始能付款者，如此則更爲安穩也。信匯之法，匯款人或具一函，或即以銀行所備匯款用紙，將匯款數目以及本人及收款人之姓名、住址等詳細書明於信封面上或上項用紙，交與銀行代寄，同時並付入匯款及匯費。銀行收款後，即將原信編列號碼，並製匯款通知書，彙寄付款銀行，由付款銀行將原信及正副收條兩紙，送交收款人，俾憑以領款。其不另用信者，則只寄送匯款通知書。

除票匯、電匯、及信匯外，又有所謂活支匯款，但其爲用遠不及上述三種之廣。此種匯款，乃特以便利旅人或採貨商人而設。匯款人既決定所欲旅行之地方及需用之款額，可以該額全數交與銀行，指定將來支款之各埠。於是銀行發給一證書，載明可通融款項之額數，一面命其簽印鑑票多紙，隨即通知有關係之各分行或代理行，並附帶印鑑票。匯款人到所指定之各埠，如需用款項，可持證書往匯款銀行之該各地之分行或代理行支取，如印鑑相符，即可照領。每次支款，付款銀行即將所付數目載證書上，待前後所付者已等於可以通融之限額，證書即由最後付款銀行收去，寄還付託銀行。以上爲活支匯款之辦法，旅行者有此，可免攜帶現款，利便綦大也。

國內匯兌，又有所謂順匯逆匯之別。銀行在本埠先收匯款人之款項，後於他埠代交於收款人者，謂之順匯，如前述之票匯電匯及信匯皆是。在本埠先付款於請求人，始再於請求人指定之他埠銀行取回其款項者，謂之逆匯，如前述之押匯，貼現外埠票據，及代收款項等是。故押匯、貼現外埠票據、及代收款項，現我國銀行皆以匯兌業務視之也。

四 國內匯兌之匯費

國內匯兌，本甚簡單。但在我國昔日兩元並用之時，各地貨幣，參差不同，或用銀元，或用銀兩，而其銀兩，又復名目繁多，平色各異，以致國內匯兌，其複雜無以異於國外匯兌。現今廢兩改元，已經實行，全國貨幣均以新定銀元為標準後，則國內匯兌，當較前簡單多矣。

在我國各地貨幣之單位成色及分量等不同之時，國內匯兌，亦如國外匯兌，有所謂匯兌平價（Par of exchange）。幣制既已統一，國內匯兌之行市，當視供需情形為轉移，而以現金輸送點為其升落之限制。商人之淸結外埠債務，可購買匯票行之，亦可輸運現金行之。輸運現金，手續麻煩，非人所樂，但若匯票之價，超過於輸送現金之勞費，則人又將捨匯票而甯運送現金矣。輸運現金之費，包含水脚、碼頭捐、保險費、公估費、車力、木箱、及利息等。倘匯價漲過此費，則本埠之了結對於外埠各項債務，購買匯票反不如運送現金之有利，而現金之輸出起。反之，倘匯價落過此費，則外埠之了結對於本埠各項債務，甯以現金輸送，不願購買匯票，而現金之輸入生。前者謂之現金輸出點（Specie export point），後者謂之現金輸入點（Specie import Point）。於經常情形下，匯價之變動，不能越過此兩點，但當時局不靖及禁止運現等種種事情下，則又當別論矣。

各種匯款中，電匯之匯水通常最昂，蓋因銀行一面在本埠收款，一面卽須在外埠付款，其間至多僅有半日或一日之差，銀行無何利息上之利益可得之故。至於票匯、信匯，因票據達到外埠後，始付現款，在郵程期日內，銀行可將款生息之故，匯水常較廉。其較廉幾何，則又視當時折息之高低爲轉移也。

五 國內匯兌匯價變動之原因

在經常情形下，匯兌行市之漲落，係隨供需情形爲轉移。設上海方面應收津漢之款，多於應解津漢之款，則津漢匯票之出賣，必多於購進，而津漢匯兌之匯水自必因而縮減。反之，如應解津漢之款，多於應收津漢之款，則津漢匯票之購進，必多於出賣，而津漢匯兌之匯水自必因而升漲，此一定之理也。匯兌供需之增減，其主要原因如下。

(一)進出口貨之多寡　如進口貿易旺，而出口貿易衰，則應解他埠之款，多於應收他埠之款，而他埠匯票之價格自必升漲，因需要多而供給少故也。反之，設出口貿易盛而進口貿易寡，則應收他埠之款，多於應解他埠之款，而他埠匯票之價格，自必增長因供給多而需要少故也。

(二)埠際銀根之鬆緊　設天津銀根緊急，因上海爲我國金融之中心，津埠金融界，必紛紛向滬調款接濟，於是在滬對津匯票之需要，突然增加，而匯價自隨之放長。反之，如上海銀根緊急，外埠均匯款到滬，則在滬外埠匯票，需要減而供給增，其價格自隨之縮短，此理之至現者也。

(三)埠際放款之影響　國內匯兌行市，常受埠際放款之影響，而生漲落。例如滬漢，漢口折息，常年平均計算，恆較滬埠爲高，故上海金融界，常匯款到漢折放，以收其利。斯時也，上海之漢口匯票之需要增，其價格必然上漲。—

至放款滿期，漢口須匯款還滬，則上海對漢應收之款，突增此項，對漢匯價，必隨之下落矣。

（四）其他原因 除上述各原因外，如政府之調款，政治之變化，紙幣之跌價，運現之禁止等等，均與內匯行市有影響也。

六 國內匯兌之匯兌契約

銀行經營匯兌業務，他埠有分行者，自不必說，否則須與他埠他銀行締結匯兌契約，議定互代辦理匯兌事務。普通匯兌契約，對於存款及透支之極度金額，均定有限制，存款額之超過限額以上者，不付利息。至於利息，有時另用利息約定書規定，有時只於匯兌契約上載明。通例存款之利率較低於透支，而前者又比往來存款之利率略低，後者比放款貼現之利率略高，此皆欲使互存之款，早為收回，互借之款，早為償還，以謀資金運轉之靈活也。匯兌契約訂立後，又須交換日後所發票據中所用印鑑樣本及電報密碼。

七 國內匯兌之辦理手續

國內匯兌，雖有各種，然其辦理手續，大致皆相若，不必一一細述。以下祇述票匯一種，其他可以類推。關於票匯，在匯款銀行方面者，其手續如下。

（一）匯款人填寫匯款委託書，交入匯兌股。

(二)匯兌股用匯出匯款及付款銀行之科目作收入傳票，交出納課，並使匯款人向出納課繳款。

(三)出納課收款記帳後，將傳票送還匯兌股，匯兌股乃製匯票，並記入匯出匯款帳。

(四)傳票及匯票送呈經理，經理蓋章後將匯票交與匯款人。

(五)匯兌股發送匯款通知書於付款銀行。

(六)接到付款銀行付款之通知後，對匯出匯款及付款銀行之科目作轉帳傳票，記入分戶帳上付款銀行往帳之貸方，並於起息月日欄內記入付款之年月日。

在付款銀行方面，應辦以下手續。

(一)接到匯款委託書時，用匯款銀行之科目，記入匯入匯款帳。此帳有時稱應解匯款帳，有時亦稱支付匯票帳。

(二)收款人持票支款時，令於票裏書領取訖字樣，交入匯兌股，乃用匯款銀行之科目，製支付傳票於匯入匯款帳記入付款月日及事由，並於他行分戶帳匯款銀行來帳之借方，記入付款數目並起息之月日。

(三)呈送傳票及匯票於經理。

(四)傳票得經理蓋章後，送交出納課付款於收款人。

(五)出納課付款後將傳票送交會計課記帳。

(六)發送付款通知書於匯款銀行。

八　匯兌差額之處理

匯兌差額者，自外埠同業或總分行間之匯兌交易而生之計算餘額也。一銀行以押匯匯票或代收票據委託外埠銀行代收，此代收之款，卽爲委託銀行之存出可任意對之發行匯票。倘提用之數，溢於存出，則變爲透借。凡一方之存出在對方卽爲存入，一方之透借，在對方卽爲透支，而此透借透支，存出存入，卽匯兌差額之所由生也。

匯兌之差額，時時有需整理之必要，而整理之道，如轉撥之法可行，則莫宜使用該法，否則須寄送票據或現金也，何謂轉撥，試設例明之。譬如他分行往來分戶帳內，甲行往帳借方之餘額爲五千元，乙行往帳貸方之餘額爲三千元，前者爲本行對於甲行之存出款，後者爲本行對於乙行之透借款。此時以甲行存款，撥付乙行，卽謂轉撥。此一例也。又譬如他分行往來分戶帳內，丙行往帳借方之餘額爲一萬元，來帳借方之餘額，亦爲一萬元，一爲本行對於丙行之存出，一爲丙行對於本行之存入，兩者利率相等，此時將之彼此相殺，使往帳來帳皆等相零，是亦轉撥，此又一例也。

轉撥之行用，可以減少利息之損失，可以省略計息之煩勞，又可以使匯兌交易，免陷停頓。就上述第一例言之，本銀行存於甲行之款所收之利息，低於對於乙行透借所付之利息，若不轉撥，是坐負利息上之損。就第二例言之，轉撥之後，旣往來帳均等於零，則計息之勞，可以完全避免。又譬如透借之額，議限一萬元，某他行往帳之貸方餘額爲一萬元，來帳之借方餘額爲五千元。若各按帳計算，則本行對於他行之透借，已達限度，非再存款，不能發送匯出匯款。此時爲之轉撥，彼此以五千元相殺，非但可免計算之勞，且本行尚可續發五千元之匯出匯款。上云匯兌差額，時時有需整理之必要，卽指諸此情形謂也。

第十章　國外匯兌

一　國外匯兌所用之票據

國外匯兌，亦猶國內匯兌乃基於債權債務相殺之原理，已如前述。故國際債務之支付，雖云以黃金為主，然其實祇些少差額借重黃金，平常皆以信用工具了結之也。國外匯兌所用信用工具，其主要者有匯票、商業信用證書(Commercial letter of credit)、旅行信用證書 (Traveler's letter of credit)、購票委託書(Authority to purchase)、旅行者支票(Traveler's Check)及銀行郵政匯票(Bankers' post bills)等，茲分別敘述之。

(甲)匯票　匯兌市場所買賣之匯票，就當事人之不同，可分三種。(一)銀行匯票(Bankers' bills)，即出票人與付款人均係銀行之匯票。(二)商業匯票(Commercial bills)，此出票人為商人，而付款者為銀行，在國際商業上使用極廣。(三)商人匯票 (Traders' bills)此出票人與付款人同係商人。

以支付時期為標準，匯票又可別為下列諸種：(一)電匯 (Cable exchange or telegraphic transfer)，係接電即付。(二)即期匯票 (Demand or sight bills)係見票即付，(三)定期匯票(Time bills)係出票或見票後若干日支付。定期匯票通常到期後尚有若干日之恩限日(Days of grace)，其日數各處不同，但普通為三日。

匯票買賣，全憑當事人信用，無他單據作抵押者，謂之淨匯票（Clean bills），有附帶單據作抵押者，謂之押匯匯票（Documentary bills）。照票後單據卽交與承兌人者，謂之照票押匯（Documentary bills against acceptance），交款後方交單據者，謂之現付押匯（Documentary bills against payment）。

又有所謂融通匯票（Accommodation bills）及理財匯票（Finance bills）者。前者係並無資金存在，專爲通融現款而發之匯票。例如上海某甲公司與倫敦某乙公司商妥，由甲向乙出一千鎊之票，三月爲期，由乙承兌，在上海出售，將及到期，又由甲向乙出票發售，所得之款，電匯倫敦，交乙兌付前票，如此一再轉期，此皆融通匯票也。此票既無匯兌資金，自極危險，辦理匯兌者，於辨別匯票時，最應加意。昔埃及銀行（Bank of Egypt）在倫敦頗具信用，及倒閉後，經淸理員調査，乃知其平日僅恃虛名發票周轉，以資支持，及票不能售，乃倒。融通匯票之不可買，觀此明矣。理財匯票，乃銀行家所以調節金融，雖含有投機性質，然與融通匯票迥異，不可混爲一起。例如美國春夏兩季，輸入常超於輸出，匯票之需求多，故匯價貴。秋季大宗棉、麥、五穀出口，匯票供給增，故匯價廉。於是美銀行每於五六月間，得英國銀行之同意後，預向之發行匯票出售，以供需要，而乘善價。至秋季匯票增多，乃以賤價收買，寄往倫敦淸償前發之匯票。此項銀行家所發之匯票，卽所謂理財匯票。一發一收，而匯價不至有過甚之漲跌，此所以謂有調節金融之效也。

（乙）商業信用證書　銀行受進口商之委託，憑存款或擔保品或信用而發出許准國外出口商按照指定之金額、地點及其他條件，向本銀行發出匯票之證書，曰商業信用證書。何以有此項證書？蓋國際貿易之買賣雙方當事人多素昧平生，在賣者旣運出貨物，自亟欲現款到手，以避一切變化，在買者貨未到手，當然雅不欲先付代價。若賣者向買者發出匯票，此不過商人匯票，在國際市場信用甚低，銀行未必肯爲貼現，故必賴一極可靠之第三者爲之溝通，而此卽商業信用證書之所由發行也。請舉一例，紐約某進口公司從倫敦某出口公司訂購一千鎊之布疋，英公司欲卽有現款到手，故要求美公司供給銀行信用。於是美公司商請某某銀行代發一商業信用證書，以應英公司之要求。某某銀行自必先調查該公司之信用，如認爲滿意，卽與之立一合同，承諾代發商業信用證書，而美公司則承諾償付銀行若干手續費及辦理此項事務之開支，並以進口貨物爲抵押。於是某某銀行通知英公司發行商業信用證書之事實由美公司轉達，一面復電其倫敦代辦處，俾亦通知英公司。英公司得到通知後，於是將布疋交付輪船公司運美，而向紐約某某銀行出一匯票，附連各種單據，持向倫敦銀行貼現。倫敦銀行先查驗此各文件是否與紐約某某銀行寄來之商業信用證書之條件相符，果是然後始議貼現之事。貼現之後，倫敦銀行卽將匯票及其他連帶文件寄送其紐約代辦處，託其持向紐約某某銀行收款。使英公司所發匯票係卽期匯票，則紐約某某銀行待美公司付還匯票金額後，始交與各種單據，俾往提貨。若係期票，則祇先承兌，通常由進口商作一保管收條(Trust receipt)，聲明進口貨物係銀行所有，彼不過代爲保管，後卽付給提單。無論出口商所出匯票爲何種匯票，通常進口商均須於其到期前將票面金額付交付款銀行，以備支付之用。故付款銀行所貸與進口商者，不過其信用而已也。

商業信用證書可依發行銀行所負責任之程度，分不能撤銷（Irrevocable）者與能撤銷（Revocable）者二種。前者銀行承諾於指定日期內兌付出口商向其所出之匯票，不得翻言，後者則銀行可隨時撤銷之。商業信用證書有不由發行銀行交與出口商而由他銀行轉達者。如經手銀行此時承認作保，則該證書變爲擔認信用證書(Confirmed letter of credit)，否則曰不擔認信用證書 (Unccinfirmed letter of credit) 也。

(丙)旅行信用證書　商業信用證書每被人與旅行信用證書混爲一談，其實在發行目的上、形式上、及分類上兩者皆有顯著之區別也。商業信用證書乃以利便國際之貿易，而旅行信用證書則以利便旅行者之支付旅費。商業信用證書係發行銀行致於出口商許准之向其出票之書狀，而旅行信用證書則係一銀行致於另一銀行，請其在一定之期限內兌付某某旅行者所發在一定金額內之匯票之書狀。銀行發行旅行信用證書，通常委託人須先交款項，而發行商業信用證書則例待後來匯票將到期時，方始收款。前述商業信用證書有不能撤消及能撤消者，旅行信用證書則無此分別。指定某某銀行付款之旅行信用證書，謂之特別旅行信用證書 (Special traveler's letter of credit)，其可由旅行者向多個銀行支款者，謂之一般旅行信用證書(General traveler's letter of credit)。

旅行者向銀行購買旅行信用證書之際，銀行須向之徵收印鑑或簽字式樣，或使作於信用證書上，或另製印鑑及簽字證書，交與收執，以後提用款項所作簽字或所用印鑑，必與此相符方可。至於付款銀行爲何，斯時亦應列單付之。在指定之時期及一定之金額內，旅行者得隨時向任何一指定銀行支款。付款銀行每次支付款項，須將付出金額登記於信用證書後，並向收款人徵收據二紙，一存案備查，一與劃款報告單郵寄發行銀行。至前後提款總額已相當於信用證書上所載之金額時，則證書由最後付款銀行收回，寄還發行銀行作廢。

旅行信用證書之用各方面皆有好處。在旅行者，祇須持一紙字據，便可到處取款，不須囊攜多金，致遭意外之損失，其爲利自甚大。在發行銀行，既有手續費之收入，又可利用旅行者預存之款項調劑業務，所益亦匪鮮。至於付款銀行，則於換算貨幣時，照例能够市價稍佔便宜，亦不無好處也。

（丁）購票委託書　遠東諸國之輸入貿易，前因銀行事業未甚發達，多用所謂購票委託書。用之既久，遂成習慣，迨今猶然。購票委託書者，一銀行委託另一銀行購買某某出口商向某某進口商所出匯票之證書也。例如上海進口商甲向紐約出口商乙訂購機器一架，計值美金二千元，議定由乙對甲發行匯票。但此種商人匯票，信用薄弱，銀行家例只肯代收，不願收買。爲擔保乙能脫售該匯票起見，甲就商其銀行，由之委託紐約代辦處代爲購入。紐約銀行接到此項委託書後，通知乙商。乙商乃按滬銀行所開條件，將貨裝運，一面向甲出一匯票，附連各種必要單據，賣與紐約銀行。紐約銀行既不過爲滬銀行盡代買之勞，故買後將買價登於滬銀行之帳，隨將匯票、單據等郵寄來滬。滬銀行接此之後，即日通知甲商，俟其付款，然後給予棧單，俾往提貨。以上乃購票委託證書之使用之方法之大概也。

購票委託書亦有能撤銷與不能撤消及擔認與不擔認等別，惟出口商所出之匯票，祇可向通知銀行脫售，故無特別與一般之分。購票委託書又有有涉者（With recourse）與無涉者（Without recourse）之別。凡匯票付款人不履行債務時，出票人例須負責。根據信用證書所出之匯票，付款人既爲銀行，履行債務一節，自不至發生問題，故出票人之責任，無異於零。反之，按購票委託書之辦法，匯票付款人仍爲輸入商而非發書之銀行。苟輸入商不承付時，出票人仍須負償付之責任，雖已將匯票售脫，而干係尚未脫却，此之謂有涉。然輸出商亦非絕對不能脫却此連帶干係，如欲脫之，可於匯票註明此點。此亦爲票據法所允許也。允許出票人免負連帶責任之購票委託書，謂之無涉委託書。

購票委託書，有缺點多端，殊不能與商業信用證書比肩而語。基於購票委託書發行之匯票，不能在市場貼現，故普通附帶利息，其負擔由進口商肩之，此其缺點一。匯票既不能貼現，故不克輾轉讓與，資爲抵注，收買之銀行，必死藏之，此其缺點二。輸出商祇有通知銀行，可以脫售匯票，故匯價須聽該銀行計算，無力與之爭議，此其缺點三也。

（戊）旅行者支票　此爲銀行爲旅行便利而發之支票。旅行者購買此項支票時，須於票之上端預留簽字式樣，日後支款，應另簽字，須與前者相符，方爲有效。旅行者旅行各地，可將此項支票隨時賣與銀行，按該地當時收買本國即期匯票之市價兌款。多處旅館、運輸公司等，亦肯代兌此項支票。發行銀行，亦有在票上預定各種外幣之兌價者，如此，則旅行者毫無匯兌上之風險，但發行銀行，則必與外國付款銀行，訂立特別契約，代肩匯兌上之風險也。旅行者支票無劃一形式，有爲發行銀行委託他銀行付款之式，有爲發行銀行手票之式。

（己）銀行郵政匯票　此項匯票，通常乃用以匯款與居住外國偏僻地方，並不諳使用支票匯票之人。其用法，匯款者將匯款交付發票銀行，折成一定額之外幣，該銀行乃交給收據一，而作匯款通知書，寄與收款人所在地方之代理銀行，委託將款交付收款人。被委託銀行接得此項通知書後，將款封入信封，或交郵局，或派專差，送交收款人，令收款人塡一收據，以便寄與發票銀行，轉交匯款人，以爲匯款照付之憑據。故收款人不必經手匯票，而款自送到其門，此即是種匯款之目的也。

二　匯票之供需

國際間交易而須使用匯票者，約有以下七端：

(一)外國貨物之輸入也。一國輸入外貨須購買匯票，寄與外國出口商，以還貨價，此乃匯票之需要之最大起因。但亦有由外國出口商出一匯票向本國進口商或其銀行索價者。

(二)外國服務之購買也。此項服務，最普通者爲外國輪船公司、保險公司、及金融機關之服務。一國購買外國服務，無異購買外國貨物，其引起匯票之需要正同。

(三)外國證券之購買也。此與外國貨物及服務之購買無異，故對於匯票之影響亦相同。

(四)以前賣於外國之證券之還本付息也。償付此項本息，必須購買匯票，寄往外國，所以增加匯票之需要。

(五)旅行者、留學生、及使領用費之寄送也。此般人之用費以及薪俸，皆須由國內匯出，通常均以在國內購就之匯票遞送，其數目雖不及他種國際付款爲鉅，但積少成多，亦自可觀。

(六)外僑之寄送家款也。外僑在我國經商或服務，常不時匯款還國，與其家族，亦爲需要匯票之一原因。

(七)國際短期貸款之做出也。資金乃流動之物，常視利率高厚之所而趨之，不限國界。當夫國內利率跌降，或外國利率升騰，則銀行家及資本家匯其剩餘資金於外國，以取厚利，雖所用方法可有種種，然亦增加外國匯票之一原因，無能否認也。

外國匯票供給之來源與其需要之來源正成一反比例，即如下。

(一)國貨之出口。

(二)本國證券之賣出或以前購入之外國證券之轉賣。

(三)國際短期貸款之借入。

一二兩原因，其理至現，無須解釋。第三原因，其作用有需說明。當本國利率升漲，高於外國之時，常常外國銀行家與本國銀行家會商，由本國銀行家向其發行匯票，在本國市場以本國貨幣計算出售之，以此移轉外國之資金到此。銀行家出售外國匯票，外國匯票之供給自因是增加。紐約倫敦之間此項交易甚多，其所得利益由兩國銀行家共分之。

三　金本位國家間之匯價

金本位國家間之匯價，以法定匯兌平價為中心，現金輸送點為其上下之界限，在此界限內，視匯票之供需情形而升跌。何謂法定匯兌平價，即一金本位國貨幣單位所含純金與他金本位國貨幣單位所含純金之比率是也。例如德國馬克含純金〇・三五八四二三格蘭姆，法國佛郎含純金〇・〇五八九五格蘭姆，以〇・三五八四二三被〇・〇五八九五除之，得六・〇八，是即一馬克合六佛郎零八仙丁(Centimes)此即為德法之匯兌平價。其餘金本位國家間之匯兌平價，亦可用此法求之也。

至於現金輸送點已在上章述之。如匯價漲過此界限，則匯款往外國，與其購買匯票，毋寧輸送現金，而現金之輸出起。反之，倘匯價跌過此界限，則本國債權人不願向外國債務人發出匯票，售之市場，以收回債項，而寧認付運費，令債務人送交現金，而現金之輸入生。前者謂之現金輸出點，後者謂之現金輸入點，與國內匯兌無異也。

現金輸送點，並非固定不變也。現金輸送點乃構成於運費、保險費、利息等項，故如輪船公司提高運費，或保險公司提高保險費，或中央銀行提高利息，則現金輸送點立卽變動，而匯價漲落之範圍，隨之擴伸矣。例如當歐戰之時，保險費及運費，俱因海航之危險，竿頭日上，利率亦騰翔無已，以此當時各國間匯價，其變化之激烈，較之平常蓋倍蓰而不止也。

現金輸出，其結果外匯之需求，必趨減少，使其價格，傾向跌勢。何則，蓋此際匯兌銀行家，必爭相減低匯水，藉以招徠顧客也。卽使不然，他種經濟動力，亦必不久發現，促使外匯之跌價，其最重要者爲貼現利率。何則，現金出口，國內準備金勢定隨之減少。使現金之外流，繼續不已，則中央銀行之準備，將日以薄弱。爲保護準備起見，中央銀行此時常提高貼現利率。中央銀行利率增加，如市場利率隨之增加，則外國銀行家將運送其資金到此投資，換言之，卽委託本國銀行向之發行匯票售於市場。如是外匯之供給增，而價格趨於跌落矣。

四　金本位國與銀本位國之匯價

金本位國與銀本位國間，無匯兌平價，蓋因其貨幣之本質參差不同，價值互異，又金銀之市價，時有漲落，生金與生銀互換，無一定不易之比價之故。故金本位國與銀本位國間之匯價，須以金銀之時值，兩相比較，求得一時之平價，以爲計算之中心。此一時之平價，隨時因金銀比價之變動而不同，可名曰相對平價（Relative parity）。

世界用銀國家，計現只有中國一國，故金本位國與銀本位國間匯價之問題，事實上即我國與外國間匯價之問題。我國外國匯兌交易，乃以上海爲樞紐，而上海外國匯兌之市價，又視倫敦銀價爲轉移。惟自歐戰以來，生銀之由紐約直接運滬者，爲數亦不少，是以上海外匯市價今亦受紐約銀價之影響也。上海外國銀行每日均接有倫敦銀價電報，即根據該銀價推算對英電匯，次據對英電匯分別推算各國電匯，然後更據各國電匯分別推算其即期遠期等匯價。

昔兩元並用之時，上海之對外匯價，以規元爲計算單位。故計算匯價必先求得規元銀一兩對於倫敦每盎斯（Ounce）生銀之相等數目，此謂之定數（Constant）。定數既得，然後以之乘倫敦當日所開近期大條銀之行市，所得之積，即對英電匯行市之平價。

廢兩改元，今已實行，對外匯價已改用元爲計算單位，故茲計算匯價，可直接先求國幣一元對於倫敦每盎斯生銀之相等數目，以爲計算起點。按國民政府新定之銀元，含純銀二三·四九三四四八格蘭姆。倫敦標準銀之成色，爲千分之九二五，故每盎斯標準銀，應含純銀二八·七六七五格蘭姆。（一盎斯合四八〇格蘭，一五·四三二格蘭合一格蘭姆，故四八〇格蘭合三一·一〇格蘭姆，三一·一〇格蘭姆之千分之九二五爲二八·七六七五格蘭姆。）兩者比較國幣每元，應合倫敦標準銀〇・八一六六，此可謂我國對英匯兌之新定數也。

既有定數，卽可進一步而求國幣一元對於英幣之一時匯兌平價。例如倫敦大條銀價爲二十便士，則國幣一元，可合英幣一六・三三二〇便士（.8166×20=16.3320）。如爲十八便士則國幣一元可合英幣一四・六九八八便士（.8166×18=14.6988）。以上兩數目，卽中英之一時匯兌平價也。

但現時上海各銀行之計算外幣匯價，乃以法定七錢一分五釐之規元折合率，改用銀幣計算，故仍先須計算規元對於外幣之匯價，然後折爲銀幣。上海外國匯兌經紀人公會之計算規元對於英幣之一時平價，係用懷德氏(H. O. White)所定之一・一八二之定數爲標準。一・一八二云者，謂規元一兩等於倫敦標準銀一・一八二盎斯也。大條銀自海外輸入滬埠，係用廣平過重，計每重百兩者，平均約值規元一一一・二兩，廣平一百兩，計合一二〇・八盎斯，所以一百盎斯，祇合廣平八二・七八一五兩。（廣平一兩等於五八三・二格蘭，惟商務習慣上則認等五七九・八四格蘭，英制一盎斯合四八〇格蘭，以四八〇除五七九・八四，卽廣平一兩等於一・二〇八盎斯，故一百兩等於一二〇・八盎斯。）運力保險費等等，約佔千分之十至千分之八，平均爲千分之九。自倫敦運入之大條銀，其成色平均爲千分之九九八。英之標準銀，其成色祇千分之九二五。每重二百四十盎斯之標準銀，內含純銀二百二十二盎斯，同重量之上海大條銀，則有純銀二百三十九盎斯半。故每百盎斯上海大條銀所含之純銀，約可抵倫敦標準銀一〇七・八二九盎斯內之純銀。基於上述諸事情，懷德以連鎖法求得其定數如左。

標準銀若干（卽定數）　　規元一兩

規　元	111.20兩	=	大條銀廣平100兩
廣　平	82.7815兩	=	100盎斯(英金衡)
英金衡	100盎斯	=	100.90盎斯(加運費等)
大條銀	100盎斯	=	107.8829盎斯標準銀

$$\frac{1\times100\times100\times100.90\times107.8829}{111.20\times82.7815\times100\times100}=1.182\text{盎斯}$$

其後又有法大普祿(M. Bouleau)者,以爲現在重廣平百兩之大條銀以鑄寶銀祇能值規元一一〇・九兩,故改正懷德之定數爲一・一八五七。又有英人耿愛德(E. Kann)者,不計運費,改普祿之定數爲一・一七五。故以規元言,其與倫敦標準銀較通用者有三定數。今設倫敦近期大條銀之行市爲二十便士,則據懷德氏之定數,規元一兩,可值英幣二三・六四〇便士(1.182×20=23.640)。據普祿氏之定數,可值二三・七一四便士(11.857×20=23714)。據耿愛德之定數,可值二三・五〇便士(1.175×20=23.50)。

既知一兩規元合英幣若干,然後可以〇・七一五乘之,(卽法定之七錢一分五釐之折合率)卽得本位幣一元所合英幣之數矣。

金本位國家間之匯兌,有現金輸送點,金本位與銀本位國家間之匯兌,則有現銀輸送點,特現銀輸送點,銀價每有漲落,卽隨之改變,不若現金輸送點之比較固定耳。上海電匯行市,其漲也,不能出現銀輸入點以上,其落也不能至現銀輸出點以下，祇在此二點之間，則視外匯供需之情形，而時呈漲落。譬如上海對英匯價，每本位幣一元爲二先令，按倫敦大條銀遠期市價折算，每本位幣一元之生銀，在倫敦售之，可得二先令二便士，由上海至倫敦之輸送費爲一便士，則運每元之生銀到英，所費僅二先令一便士，而可獲二先令二便士，利之所在，人將趨之若鶩矣，故此時匯價二先令一便士，卽爲我國現銀之輸出點。再就倫敦方面言之，設每元之銀之市價及輸送費俱如以上之假定，則此時二先令三便士爲我國現銀之輸入點，蓋匯價若超過二先令三便士，則倫敦商人寧輸銀至上海，不復購匯票矣。由此觀之，假定每元之生銀在倫敦之售價爲二先令四便士，倫敦至上海運銀每元之耗費爲一便士者，則上海對英匯價，每元合二先令三便士爲我國現銀之輸出點，每元合二先令五便士爲我國現銀之輸入點。但一旦倫敦大條銀市價改變，設每兩規元之生銀在倫敦可售得二先令五便士者，則我國現銀輸出點卽改爲二先令四便士，輸入點改爲二先令六便士。由此可見現銀輸送點，乃隨銀價爲轉移，不能如現金輸送點之固定也。

五　上海對其他各國匯價之計算

上海外匯行市，除對倫敦、香港爲直接之行市外，餘均間接用倫敦行市計算得之，是曰套價（Crvss rate）。茲試舉對美及對法電匯二例，說明套價之計算。

假如某日上海對英電匯爲一先令八便士，倫敦對美電匯爲一鎊合美金四・八五元，對法電匯爲一鎊合一二五佛郎，則是日上海對美之電匯，應爲美金四〇・四一六元合國幣百元，對法之電匯，應爲一四一六・六六佛郎合國幣百元其算法如左。

×美　金 ＝ 100 元國幣

1 元國幣 ＝ 20 便士

240 便士 ＝ 4.85 美金

$$\frac{100\times20\times4.85}{1\times240}=40.41\dot{6}$$ 美金元合國幣百元

×佛　郎 ＝ 100 元國幣

1 元國幣 ＝ 20 便士

240 便士 ＝ 125 佛郎

$$\frac{100\times20\times125}{1\times240}=1416.66$$ 佛郎合國幣百元

六　金本位國與紙幣本位國間之匯價

所謂紙幣本位國者，係指使用不兌換紙幣，或禁止金貨之自由輸運之國家。此等國家，其貨幣不復與金貨有連帶關係，故其價格，亦不復與金價有連帶關係，而於是有購買力平價說（Purchasing power parity），以解釋其匯價。

購買力平價云者，謂以兩國貨幣之比較購買能力，以決定其匯兌平價也。欲知貨幣之購買力，必有精密之物價指數。以兩國物價指數相除，再以其平時法定匯兌平價乘之，即得兩貨幣之購買方平價。其公式如下。

$$\text{購買力平價}=\frac{\text{甲國物價指數}}{\text{乙國物價指數}}\times\text{昔時法定平價}$$

例如英美，於一千九百二十四年十二月，美國物價指數為一五七，英國物價指數為一七四，則是時英美貨幣之購買力平價為四・三九一，其算法如下。

$$\frac{157}{174}\times 4.8665=4.391$$

購買力平價說，創於瑞典教授加塞爾(G. Cassel)，甚得學者之重視，然殊有弱點，不可不於此揭出之。(一)購買力平價說，乃基於貨幣數量說，以為若貨幣數量增加百分之二十，物價平線必即隨之增加百分之二十。此揆諸事實，殊未盡然，前討論貨幣數量說時已詳之矣。(二)購買力平價說謂匯價乃左右於物價，然其實匯價每為物價之變動之原因。例如當一千九百二十三年夏間，德國馬克慘跌之時，柏林各商家爭先恐後，將其貨價擡高，往往匯價祇跌百分之五十，而物價便增加百分之六七十者。斯時德國之外，奧國、波蘭、蘇俄等之物價，亦皆視美金匯價為轉移，此蓋因匯兌市場較貨物市場尤有組織，所以感覺能力尤為靈敏之故。然則貨幣購買力說殊難免顛倒因果之誚也。

竊以為紙幣本位國之匯價，決不止定於其紙幣之購買力，國際銀行家能否相信其有兌現之日，實大有關係。

使此信任心堅固，則其價值料不至大跌，否則必江河日下。如紙幣之發行數量，財政之前途，軍事之成敗，政治之情形等等，均與斯項信任心息息相關也。

七　匯兌之定裁

國際間匯價發生差異，銀行家因以一面購入匯兌，一面賣出之，從中殖利，或因以選擇最有利之方法，清結國際債項，謂之匯兌定裁(Arbitrage of exchange)。申言之，匯兌定裁定有兩個或兩個以上國家牽連在內，又必同一貨幣之價格，在國際匯兌市場發生差異時，方行之有利。例如紐約對英電匯爲四・八六元，而倫敦對美電匯亦爲四・八六元，則無匯兌定裁可行。反之，如紐約對英電匯爲四・八六元，而倫敦對美電匯爲四・八六二元，則匯兌定裁行之有利矣。匯兌定裁之牽連兩國貨幣在內者，謂之兩方匯兌定裁；其牽連三國貨幣在內者，謂之三方匯兌定裁，以此類推。一貨幣在兩地價格發生差異之事，決不能持久，蓋匯兌定裁之行作，終將使之復趨一致也。

茲試舉兩例，說明兩方匯兌定裁及三方匯兌定裁之辦理，俾此種匯兌作用，得以瞭然。設某日倫敦對美電匯行市，爲四・八六美金元一鎊，紐約對英電匯行市爲四・八六五美金元一鎊，如此時紐約銀行家電託倫敦銀行售出美金十萬元，一面在本地售出二萬零五百七十六鎊二先令七便士，則轉瞬之間，可獲總益美金一百零二元八角七分。蓋在倫敦售出美金十萬元電匯，其存放英銀行款項，可因此加添二萬五百七十六鎊二先令七便士，在紐約售出二萬五百七十六鎊二先令七便士，可收美金十萬零一百零二元八角七分。自美金十萬零一百零二元八角七分減去其應付之所售美金十萬元電匯後，尚餘美金一百零二元八角七分。自此數目內應付電費及倫敦銀行手續費等，其所剩則皆淨利也。

上例倫敦美金之匯價，較低於紐約，故紐約銀行家出售電匯。若情形與此相反，則經營匯兌業者可買進電匯以牟利潤。故兩方匯兌定裁，或出售匯兌，或買進匯兌，純視匯價之情形爲定也。

三方匯兌定裁，其原理無異於兩方匯兌定裁，特有三國市場牽連在內，不僅兩國市場而已。姑舉一例，以說明之。譬如日人某甲欲匯日金千圓往英，當時東京對英電匯爲二先令一圓，對美電匯爲美金四十九元半百圓，而紐約對英電匯爲美金四元八十四分一鎊。若某甲直接購買英鎊，則祇可購一百鎊，如先買美金，再在紐約購買英鎊，則可購一百零二鎊有餘，某甲必採後法，而此即三方匯兌定裁也。

第十一章　中央銀行

一　中央銀行之意義及進展

中央銀行者，抱有特殊公共目的之銀行，申言之，即不以牟利爲主要宗旨而乃所以統制全國金融市場之銀行也，歐戰之前中央銀行在歐洲已有強固之地位，惟在他處則猶寂寞無聞。當時經濟學者之對斯組織態度不一。有則推崇備至，有則以爲其法則頗滋缺陷不如用他法改良銀行制度之爲愈。例如於美國，其邦人反對中央銀行之激烈，至使組織中央銀行之提議欲一在議會討論亦不可得。又如於加拿大，其經濟家及銀行家均坦白表示無設立中央銀行之需要。又如於澳大利亞，澳大利亞共和國銀行（Commonwealth Bank of Australia），雖於銀行家之熱烈反對中毅然設立，然究不能踐中央銀行之實。至於他處，中央銀行之職責及其營業之範圍，均無明晰之規定，其可許擴伸營業至何範圍，論者主張紛歧，爭執不已。尤其一般銀行家對之莫不劍拔努張，日惴惴其權利之被侵剝也。

歐戰以來，情形一變。當此時期，中央銀行控制物價及救濟國庫之效用，彰明較著。而一千九百二十二年日內瓦會議，又建議諸新立國家當均設一中央銀行。故組織中央銀行之運動，磅礴蔓衍，不數年間，中央銀行幾遍全世界國家。茲將歐戰後新設立之中央銀行，列表如左，其數蓋將及全世界中央銀行之一半也。

歐戰後成立之中央銀行一覽表

行名	成立之年
南非洲聯邦準備銀行	一九二一
祕魯準備銀行	一九二一
立陶宛銀行	一九二二
拉脫維亞銀行	一九二二
蘇俄國家銀行	一九二二
奧大利國家銀行（改組）	一九二三
哥倫比亞銀行	一九二三
旦澤銀行	一九二四
波蘭國家銀行	一九二四
匈牙利國家銀行	一九二四
德意志銀行（改組）	一九二四
由古斯拉夫國家銀行	一九二五

阿爾巴尼亞國家銀行	一九二五
墨西哥銀行	一九二五
智利中央銀行	一九二五
捷克斯拉夫中央銀行	一九二六
保加利亞國家銀行	一九二七
赤道國中央銀行	一九二七
愛斯同尼亞銀行	一九二七
中國中央銀行	一九二八

二 準備之維持

中央銀行之首要職責，爲維持充裕之準備以供不時之需要，以爲金融界之最後救濟。前曾云凡銀行均應儲貯若干現款，以供顧客之提取。此項現金準備，其在平時，無需甚鉅。蓋銀行普通每日收進之現款，可約略相抵其付出之現款，如有相當於有求卽付之負債之二成左右，應便足資應付。但銀行往往遇有存款支付特別繁多之時，有時且存款人於提取存款外，尙要借款。一管理得宜之銀行，其處此也，通常並無何困難。此時彼或可減少或完全收回其對於非存戶之放款，或可變賣其所收執之有價證券，或可以所有放款憑證轉向他行通融，以蘇其困。

惟上述各法之能資為救濟與否，有視此時他銀行之有否擴張其放款之能力。若收買有價證劵者不得藉銀行之放款以支付其一部份之買價，則有價證劵之銷路，將立即縮減。其基於有價證劵或商業票據之通知放款，若借款者轉借無門，則其勢必不能掃數收回。至於商業放款，其能準期收回，必生產及銷售程序，均如常順利進行，不生阻礙，若借款者之顧客，不能自銀行得到平常之接濟，而因此不得不延欠貨價及減少購買，則其本身履行債務之能力必亦退落，此勢也。商業放款數量一減，物價之跌降，貿易之衰落，必接踵而現。如銀行更圖銳減其放款，則工商業又加一重之壓迫。苟放款又縮減不已，其結果必破產倒閉之事，四處蔓延，覆巢之下，勢無完卵，銀行亦將不能自保也。要而言之，銀行不能突然剝奪工商業其所需要之資金，而不引起嚴重之結果，禍變既生，借款者固首當其衝，放款者亦不能獨逃其患也。

由此言之，銀行業之經營，除備有足供平時支付之數量之現金準備及在經常情形下可能即刻變賣之放款與投資外，尚必銀行團體中之何處儲有足堪應付非常需要之現金及放款能力，然後方不至發生波折。此或着一切銀行均維持超過於通常所需之額之準備金，或責幾家或一家銀行肩擔此任。在加拿大，銀行事業幾全握於十家特許銀行(Chartered banks)之手，故此十家銀行承認其責任所在，均維持非常充裕之準備。至在銀行繁衆之國家，則責任分散，無願承認。試思彼林林銀行，各孜孜為利，互相競爭，孰肯死存鉅額資金，犧牲一己利益，為社會全體謀幸福者。故在此等國家，如不指使特別銀行維持充實準備，以供非常需要，一當金融緊急，未有不危機叢生者也。

昔美國未設聯邦準備銀行時，國立銀行所必儲之現金準備，不可謂低也。在美政府之意，亦以爲既以法律限定銀行之準備金之最低額，而此最低額又遠在通常之需要之上，宜可放心無慮。孰知當金融緊急之時，準備金徒豐，於事無補，必利用之方足爲金融之救濟。於銀行繁衆領袖無人之國家，當恐慌之時，各銀行其勢必至單顧一己之利益，羣採緊縮政策，置大局於罔問。觀美國自一千八百七十三年至一千九百零七年，每當恐慌，銀行皆減縮放款，而當一千八百七十三年、一千八百九十三年、及一千九百零七年之恐慌，竟停止付現。一千九百零七年大恐慌後，美國深感有組織中堅銀行之必要，聯邦準備銀行之設立，即基於是也。

中央銀行既爲準備金之最後供源，則必有創造準備金之權力，然後方不至有限越之虞。所以俾其創造準備金者，其道有二：曰予以發行紙幣之專利，或至少予以發行紙幣之優越權利，曰使各銀行皆將其準備寄存中央銀行，以備隨時提用。如是當金融緊急之時，中央銀行可轉貼現各銀行所收執之票據，或發給紙幣，或轉爲存款而借款，銀行即可基此新添準備，營做新放款。各銀行既皆在中央銀行有存款帳，則其相互之債權債務，可在中央銀行用記帳方法清算，而所需用之貨幣，因此又可節省不少矣。

或有疑慮當恐慌時中央銀行紙幣未必能得人信任者，不知此時中央銀行因其地位之關係，其所發行紙幣，人視之無異現金，各國中央銀行之往驗在在可爲此說之左證也。故此時中央銀行增發紙幣，斷不至引起擠兌之危險，而可以大大鎮定市上貨幣之恐慌。其在平時中央銀行發行紙幣，可資以吸收金貨，增厚實力，法蘭西銀行之雄厚實力，即藉此致之。故發行紙幣，乃中央銀行所不可少之權利，在舊國家業經有若干銀行發鈔者，現已漸趨集中之傾向，在新國家則其所設之中央銀行，莫不獨享發行之權也。

三　信用之控制

中央銀行之第二要職，爲控制信用之供給以預防或制止物價之升騰與夫現金之出口。中央銀行所以實行其預防政策者，有下述幾法曾經行用。(一)提高貼現利率。(二)徵收金貨申水 (Premium on gold) 此係戰前法蘭西銀行用之最常之方法。(三)更換金貨之買賣價格，英格蘭銀行常行之。(四)與他銀行成立諒解禁止運出現金，傳說德國中央銀行，前曾屢用是法，以德人之富於國民性，諒非誣言。(五)拋賣所收執之外國票據。

除提高貼現利率一法外，其他各法，均不過一時之救濟方法，充其功效，不過能暫時略致準備之加添或略殺現金之外流，斷不克制止信用之澎漲，遑論預防。中央銀行提高貼現利率，必市場利率能隨之升騰，方於事有濟。而使市場利率能就其羈範，乃中央銀行一最難處理之問題也。當夫準備金減少之勢未著，中央銀行不過爲預防計而擡高其利率時，常難使市場利率步其後塵。蓋若他銀行資金豐裕，未見有採行預防之必要，中央銀行雖高增其利率，奚能影響及金融市場，其結果不過徒自致營業之縮減耳。果中央銀行之放款，平素在銀行全體放款中居一大部份，則於其擡高利率之後，前往他銀行告貸者，勢必躍增，可望市場利率，不久亦自升高。但通常中央銀行之放款，比較銀行之全部放款，有如九牛一毛，故他銀行可盡頂中央銀行之放款，不必感覺須提高利率也。

然則當此之時，中央銀行有何法可使其貼現政策發生效力乎。曰，必先剝奪金融市場所有之剩餘資金，使其成依賴中央銀行之勢。從前英格蘭銀行，往往賴發售其所收執之公債，德意志銀行，往往賴轉貼現其所收執之庫券，以收此效，其結果皆甚美滿。蓋不論購者爲誰，各銀行之現金必將因此減少，而設如其準備金減少百萬，其放款必須縮少數百萬也。

雖然，上述剝奪金融市場之剩餘資金之法，亦非一定可賴也。設資金之供給，源源而來，例如外國源源運入鉅金，償付債務，則中央銀行實無法可以停止信用之膨漲，雖知此膨漲之結果將不堪設想，亦無如之何也。即使中央銀行此時能使市場利率稍稍升增，亦未必於國內銀行情形有大裨益。蓋當商業隆盛，投機狂熱之際，利率之高騰，固可使舉充國內用途之借款呈現減少，然未必定克制止其最非所欲之借款之需求也。總而言之，中央銀行非眞能剷除諸凡金融弊病之原因。勢誘利導，或能緩和當繁榮期中信用之膨漲，至於絕對管理或消滅該趨向，則非其力之所逮也。從前美國之投機風氣，遠熾於歐洲，與其謂因美國未有中央銀行之設，無寧謂因其乃較新國家，物產豐富，機會充斥之故。當本世紀初年，德國自工商業上言之，亦猶一新興之國家，所以投機之風，亦綦猛烈，德意志銀行往往感覺駕馭之艱難。然則中央銀行雖可憑其地位實力影響全體銀行之放款政策，其能收效與否，則繫乎他者甚大也。

中央銀行若欲控制金融市場，使其服從其信用政策，必須在公共市場自由活動，常與商家直接交易，方克有濟。世之論中央銀行者，頗有以爲中央銀行乃所以應付不測之機關，其活動當限於緊急期內，猶如救火機器，有事則用，無事則藏。當美國聯邦準備條例在於審議之時，彼邦銀行界曾極力運動，勿參入公共市場權力諸條。此輩之持論，以爲中央銀行受國庫及他銀行之存款，既不計息，奚可復讓其與他銀行作營業之競爭，而自妨其指導者之地位。且保持實力俾營業穩健，資產流動，亦不容其經營普通商業銀行之營業。蓋商家借款，常有到期不能還償而必須轉期之事，積之既久，漫無限制，卽不免有呆帳之虞。中央銀行，乃衆銀行所賴爲挹注之最後之淵源，安可稍涉冒險，若無直接交易，自可杜此流弊。殊不知欲操縱市場及控制工商業之金融，必時在市場交易並與商家直接往來，然後方能收效。不與市場作直接之接觸，不免市情隔閡，而無以行使職權。且若不與商家直接交易，必至有時餘款太多，虛存無用。雖曰中央銀行主旨不在牟利，然經費股息等等，必有所出，不能完全不顧也。歐戰以還，各國中央銀行，其公共市場權力，皆大擴充云。

四 中央銀行與恐慌

以前曾論當恐慌之時，銀行當以高利儘量貸放信用，庶幾人心得以鎭定，恐慌可卽敉平。中央銀行之此項效用，最爲顯著，不乏史乘可稽。蓋無中央銀行，匪特各銀行之實力，往往不逮，且每只圖鞏固一己之地位，不相救援，故縱國內有豐富之準備金，而分散於各地各行，多者擱置，缺者張惶，無補於金融之救濟也。有中央銀行在，則各銀行可將票據前往轉貼現，轉帳變爲存款，而據之增做放款。各銀行可以轉貼現之票據一日未罄，及中央銀行之資金一日未竭，則銀行界一日能繼續擴充其放款也。況中央銀行此時又可增發紙幣，卽紙幣準備金一時降至法定最低額以下，亦不至有何危險，蓋斯時人民之視中央銀行紙幣，常無異於現金也。

除儘量擴充其放款外，近年中央銀行曾行另一救濟方法，惟其採用，有需各銀行之協作而已，其法卽當恐慌之時，出聯合他銀行共同維持其週轉不靈，然非不可收拾之大銀行，俾不至陷於絕境，立須停業淸算，藉以防止恐慌之蔓延及其程度之增加。此種動作，非素得商界之信任，如中央銀行者，難有他人出而提倡，卽有亦未必能得他銀行之同情也。

各銀行間債權債務之率在中央銀行轉帳淸結，大可減少恐慌時現金之支取。蓋銀行之需要現金，除有擠兌之事外，大抵係用以支付所欠他銀行之債務，今債權債務旣用記帳方法淸結，則各銀行之向中央銀行借款，可只轉爲存款，而不必提取現款矣。祇須有中央銀行在，他銀行囤積準備金之危險可以取銷，蓋中央銀行可以其須將準備自由運用爲與以通融之條件也。

五 中央銀行與政府之關係

中央銀行以地位之關係，通常與政府有密切之關係。如經理國庫，代募公債，及遇稅收稀淡，政府短期間感支出之不足時，爲之墊款等，幾成不易之原則。政府財政上之收支，爲數至鉅，對金融有浩大之影響，實不可無一經理人爲之斡旋於金融市場，俾收財政金融相濟之效。然政府當財政困難之時，往往利用中央銀行爲國庫之外府，濫借無度，借而不還，此徵之各國史乘，昭昭可考。故上云關係，利害參半，要視其維持之如何耳。

要而言之，中央銀行應立於超然地位，不受政治及其他牽制。日內瓦會議，明白宣布此點，而歐戰後新立之中央銀行法規，無一不採此種原則。中央銀行之業務而受制於政府，無論其關係之爲直接與否，終易爲政府所利用，或爲臨時之轉帳，或爲短期之透支，抵押既無，追索自難，馴至貨幣膨漲，幣值遞落，終底於不能兌現，亦未可知也。

爲預防中央銀行之孜孜逐利因而有礙其職責之奉守起見，各國多對其股息之分派，加以限制。美國聯邦準備銀行之股息，至多限按年六釐，過此以上之贏益，統歸國庫所有。德國中央銀行於分派八釐之股息後，所餘贏益，由政府與股東按一定之比例公分，不得歸股東獨享，此皆其例也。

第十二章　儲蓄銀行

一　儲蓄銀行之定義及功用

儲蓄銀行者，所以助長資本之積聚及便利資本之移轉之機關也。資本來自儲蓄，儲蓄銀行給予人民一安固所在，存寄儲金，俾免謾藏侮盜之患，同時又付給利息，啓其利心，深足鼓勵儲蓄之風，此所以謂其助長資本之積聚。資本若分散於各儲蓄者手中，則有之者未必知所以用之，即知所以用之，而因其數目之細小，故未必能以爲用。儲蓄銀行吸收各人之零星儲蓄，積少成多，然後舉以貸諸工商各業爲生產之用，是使有資本者能利用其資本，無資本者能得資本之用，此所以謂其便利資本之移轉。至於減少社會投資之損失，助長生產數量之增加，指導企業經營之趨向，又其不可泯沒之功用也。

儲蓄銀行與商業銀行不同之處，其犖犖大者，有以下諸點。(一)商業銀行之存戶，大都爲商人，而儲蓄銀行則以薪俸及工資階級佔多數。(二)商業銀行之存款，多由放款變成，其爲現金者甚寡，而儲蓄銀行則大部份屬現款。(三)商業銀行之存款，多爲短期性質，銀行對之負有求即付之義務，而儲蓄銀行則期限較長，且多屬定期之性質。(四)基於上故，儲蓄銀行可將所收資金，以長期放出，不似商業銀行祇可經營短期放款，否即有週轉不靈之危險。

(五)基於同一原因，儲蓄銀行所儲之準備金，不必如商業銀行之多，可較自由運用其存款。(六)儲蓄銀行之投資，通常比商業銀行受較嚴厲之法律上之裁制，蓋政府以儲蓄銀行之存戶，多爲小戶，應特別保護之故。(七)商業銀行之存款，多以支票提取，儲蓄銀行則類憑存摺或存款單據。(八)儲蓄銀行所付存款利息，較高於商業銀行。

二　儲蓄銀行之起源

儲蓄銀行，或謂濫觴於德，或謂濫觴於英。傳云一千七百零五年，德國即有儲蓄銀行之創，供工人利用，此有謂即儲蓄銀行之鼻祖。但一方面又謂該銀行之營業，與現所謂儲蓄銀行者異，蓋不過陸續收入工人之餘資，經若干年後每年付給定額之年金，並不許其自由取回，所說不同如此。

其有記錄可考之儲蓄銀行，最初成立者爲一千八百零十年當坎牧師(Rev. H. Duncan)所組織於司格蘭當非利斯州(Dumfriesshire)魯司衞爾區(Ruthwell)之教區銀行(Parish bank)。又四年後，愛丁堡儲蓄銀行(Edinburgh savings bank)成立，迄今猶在，爲英國第四大之儲蓄銀行。自是以還，儲蓄銀行設立者日多，蔓延於全世界各國。

以言我國，開儲蓄銀行之先河者，爲清光緒三十四年附設於大清銀行之儲蓄銀行，後雖以辛亥之役，半途輟業，然固不失爲第一家之普通儲蓄銀行也。其有獎儲蓄機關，其由外商經營者，創於民國元年成立之萬國儲蓄會，其由國人自辦者，創於民國三年中國交通兩行合辦之新華儲蓄銀行。自此以後，儲蓄機關，積漸增加，普通儲蓄，由商業銀行兼營者有之，特設機關專營者有之。有獎儲蓄機關，則更揣摩人心，各樹異幟，高懸巨獎，以求擴充，演成倒閉之慘劇者，不知凡幾。

三　世界各國儲蓄銀行之分類

世界儲蓄銀行可以三法類分之。第一，儲蓄銀行可分為互助儲蓄銀行（Mutual savings banks），股份儲蓄銀行（Stock savings banks）及合作儲蓄銀行（Coopesative savings banks）。互助儲蓄銀行通常由若干永久受信託人管理之，受託人不分潤贏利。股份儲蓄銀行亦猶普通股份公司，其管理權力係在股東會所選舉之董事會之手。合作銀行則由會員所推選之職員管理之。

第二，儲蓄銀行可分為公共或私營機關，前者包含郵政儲金銀行及地方儲蓄銀行（Municipal Savings banks），後者上述之互助儲蓄銀行股份儲蓄銀行及合作儲蓄銀行皆屬之。

第三儲蓄銀行有單位制度，有連系制度（Chain system）。於單位制度下，每銀行皆獨立組織，與他行無連帶關係。於連系之制下，則各銀行不過為一系中之一份子。如各國之郵政儲蓄銀行，德國之市立儲蓄銀行，歐洲各國之信用合作銀行，皆連系制之儲蓄銀行也。

四　各種儲蓄銀行之特點

(一)互助儲蓄銀行　互助儲蓄銀行，爲一切儲蓄銀行之權輿，上述當坎牧師所創辦之教區銀行，卽係是種組織。組織互助儲蓄銀行之動機，大都出於慈善之心腸，毫無商業上之衝動。發起互助儲蓄銀行者，槪屬一班慈善家，以鼓勵貧苦階級之節約行爲，俾得改善生活上之幸福爲目的。彼不特毫無報酬，且最初須拿出金錢，作爲開辦費用，待銀行營業發達，基礎穩固時，方陸續收還墊款。互助儲蓄銀行不發行股票，卽以收進之存款，作爲營業基金，所以存戶同時卽係股東。其每年之贏餘，據各國法律，於支付用費及提撥公積金後，皆當分諸存戶，受信託人不許沾潤分毫。但存戶事實上雖爲股東，銀行之用人行政，則全歸受信託人處置，不得干涉。第一次受信託人，係由發起人任命，自後則由受信託人公選之也。

(二)股份儲蓄銀行　股份儲蓄銀行，不以慈善爲職志，而以牟利爲唯一目的。其每年所獲贏餘，皆係分諸股東，存戶祇得固定之利息，而股東有選舉董事管理銀行之權。所以股份儲蓄銀行與互助儲蓄銀行，自組織之動機上、主權上、以及管理上言，皆有顯著之區別。相同之處，祇有俱只收受儲蓄存款，而不經營商業銀行之各種業務而已也。

(三)保證儲蓄銀行　在美之紐罕什爾州(New Hanpshire)，又有所謂保證儲蓄銀行(Guaranty savings banks)，其性質介於互助儲蓄銀行與股份儲蓄銀行之間，獨樹一幟。於保證儲蓄銀行，存款分特別與普通二種。普通存款之利息，係固定的，而特別存款，則視銀行之剩餘贏利爲轉移。凡銀行之贏利，於支付普通存款利息後，均歸特別存戶。故在銀行營業不佳之時，普通存款之利息，不至受何影響，而特別存戶，則有向隅之危險。反之，於銀行營業與隆之時，則特別存戶，可受甚厚之報酬也。特別存戶；於銀行倒閉時，須負連帶賠償責任。綜觀上述，特別存戶實不啻銀行之股東也。

(四)合作儲蓄銀行　各國之信用合作銀行及平民銀行，實皆儲蓄銀行，均可歸入此類。此種銀行，具有三種目的。第一爲經濟上之目的，卽藉結合之力以增進平民階級之經濟地位。第二爲道德上之目的，卽養成平民協作及自治之精神，及以勤儉誠實爲一切動作之基礎，俾會員均養成良好之品行。第三爲教育上之目的，卽與會員以理財及商業智識之訓練，使原無機會學此智識者均獲得之。至其經營，乃以下述三事爲法則。(一)極端之負責，所以會員多負無限連帶責任。(二)極小之冒險，所以惟品行無疵者，方許加入，而放款皆限於會員，且用途稍涉不穩者，卽加拒絕。(三)絕對之公開，所以行中各事除各人之存款數目外，大抵莫不公布，而又定期發行財產報告書，以堅固外界之信任心。信用合作銀行之發起人，最著者爲萊發巽(Raiffeisen)及許爾志(Schulze-Delitzsch)，兩者皆德人也。

(五)郵政儲金銀行　現世界主要國家，除德國及瑞士外，無不設有郵政儲金銀行。雖各者之詳細章程，互有異同，然大體辦法則殊一致，卽政府利用郵局收進人民之儲金，將之投資於本身之公債，而一面對儲戶負絕對歸還責任，並付給些微之利息是也。我國郵政儲金，創辦於民國七年，本爲郵局附屬業務之一，十九年另設郵政儲金匯業局管理其事，與郵局獨立，但現又擬併於郵局矣。郵政儲金最少限一元，一元以下可購儲金郵票，不爲立戶。最多限三千元，三千元以上則不付利息也。

（六）地方儲蓄銀行　地方儲蓄銀行，爲地方政府所設立，於地方自治制度發達之國家，最見繁盛，蓋其經營，必地方精神富足，地方政府清廉，及地方官吏素擁重大權力始易發達也。現德、奥、法、意、丹麥、瑞典、日本等國，俱有是種儲蓄銀行，而數目最多，種類最繁者，首推德國。

（七）商業銀行、信託公司等之儲蓄部　各國商業銀行、信託公司等，多附設有儲蓄部，辦理儲蓄業務。我國專營儲蓄之銀行，寥寥無幾，儲蓄之業，大都由商業銀行兼營之也。

五　儲蓄存款

我國儲蓄存款，可分爲普通儲蓄及有奬儲蓄二種，而普通儲蓄，又可分爲活期儲蓄、定期儲蓄、及特種儲蓄三種。

活期儲蓄，卽無定期之儲蓄存款，隨時可以存入，亦隨時可以取出。其收付大抵依據存摺，然亦有憑印鑑或支票者。各銀行對此種儲蓄存款，於數額上多設有限制，大半以一元爲最低額，五千元爲最高額。

定期儲蓄，有四種之別，曰零存整付，曰整存零付，曰整存整付，曰存本付息。凡以零星金額，分期存入，至到期時支出一整數者，謂之零存整付。凡以整款存入，預定按月、按季、或每半年、或每一年分期支取本息者，謂之整存零付。整存零付又可分二種。其一，以一定額之整款，如一百元、二百元等存入，預定分期支取本息若干。其二，以每期欲支本息之數額爲標準，而定存款金額，例如欲於一年或十年內按月支取十元者，應一次存入多少之類。凡以整款一次存入於一定期限後一次取出本利者，謂之整存整付。整存整付亦有二種。一則存入若干金額，於一定期限後，本金加利，一併取出。一則由存款人預定到期欲得本利若干，然後計算應存入幾何款額，而至期支出預定之數目。故前者存款人之目的，在以整款爲定期之存入，以博一定之息金，後者在於一定期限後本利相加，可得一定額之整款也。凡以整款存入預定期限，分期領息，到息取本者，謂之存本付息。其辦法亦可分兩種。一、以若干整款存入，預定年限，分期領取利息。二、預計每期欲支利息若干，再定存款數目，而按期支領豫定數額之利息。

特種儲蓄係具特殊目的之儲蓄存款，如撫卹儲金、奬學儲金、兒童儲款、學校基本儲金之類。此類儲蓄存款之利息，往往較高於普通儲蓄存款。

有奬儲蓄，謂有得奬金希望之儲蓄，有奬儲蓄之章程，雖各行不同，然大致無甚出入。玆以萬國儲蓄會之辦法爲例，其他可以類推。萬國儲蓄會之儲金，以二千元爲一整戶，認繳半戶或整戶之四分之一者亦可。以整戶言，每戶每月須繳十二元，或按季繳三十六元，或每半年繳七十二元，或全年繳一百四十四元。存款期限，爲十五年，而繳款期限，則僅爲十四年。蓋每月十二元至十三年底，總計已繳一千八百七十二元，餘一百二十八元，可於十四年內繳清之也。奬金每月開搖一次，分特等、頭等、二等、三等、四等、附奬、末奬諸種，每種各若干個，共計合當月所收儲款總數之四分之一。每戶得奬一次或數次，其總額尚未滿二千元者，仍得繼續存儲。其已過二千元者，爲得奬滿額，除領取奬金外，得照規定數目領回資本，而其儲金號碼，卽行取消。存戶之儲款，除提出四分之一充作上述奬金外，其餘以投資生利。所收利息，提出五釐半補足本金，其餘以半數充會中經費，而所剩皆以分派於各儲戶，於十五年底同本金一併分發。故儲戶於期滿除本金外，尚可領得利息若干也。

六　儲蓄銀行之投資

儲蓄銀行管理上之大問題，厥爲投資問題。如運用其資金於高利之投資，則收益雖大，而危險可慮。反之，如運用之於低利之投資則雖本利之安全可無問題，而收益微薄。於安全及收益之間，維持一適當關係，是誠不易之事也。

大概言之，儲蓄銀行之投資，當以安全爲第一要素，蓋其存款，多係平民血汗所積，萬不容倒。故各國政府對於儲蓄機關之運用資金，均有嚴密之規定。我國前清所頒行之儲蓄銀行則例，亦有以『存款四分之一，將現金或國債票或地方公債票及確實可靠之公司股票，存於就近大清銀行或其他殷實銀行』之明文。其後儲蓄銀行法草案，亦限儲蓄銀行資金之運用，於（一）認購國家債票及其他確實有價證券，（二）國家債票及其他確實有價證券爲質之放款，（三）兩家以上署名之票據貼現。（四）以各該戶所存金額爲限之放款，但須以儲戶存摺爲質，（五）存放於其他殷實銀行。

第十三章　投資銀行

一　投資銀行之職務

投資銀行之職務，數語足以蔽之，卽向商業公司買入有價證券，後復轉賣之，介於需求資金者及擁有剩餘資金者之間，使得各遂其所欲是已。

投資銀行業務之性質，其類似貿易之業者，厥有多端。普通貿易商人購入貨品，後復轉賣之，投資銀行亦如是，不過其所買賣者係有價證券而非物品，此其相似者一。商人之贏餘，視於其貨品買價賣價相差之多寡，投資銀行之利益，亦繫於其包銷證券之買賣價格之差額，此其相似者二。商人之大問題，爲選擇貨品，視其何易於轉賣者買之，投資銀行營業之關鍵，亦在於選擇證券。投資家之心理，瞬息千變，有時無論何等證券，均有買主，有時則僅最上等債票，方有銷路，故投資銀行營業之成敗，全視其善否逢迎時好，與商人正同，此其相似者三。

二　商業公司申請投資銀行包銷證券之利益

企業之經營，必有資本，此現常由發行證券致之。商業公司之自直接推銷證券者，固不乏例，然大多數則係託投資銀行包銷，其故有二如左。

(一)比較經濟　商業公司如自推銷證劵，則必先設相當組織，辦理推銷事務，又須印發傳單，登載廣告，作種種宣傳，往往其費用遠大於請投資銀行包銷所付之代價。若投資銀行則素專此道，既有完善之設備，又與投資界接觸甚密，其推銷之費用遠省。彼貴此廉，商家當然擇其廉者，此商業公司之所以常請投資銀行包銷其證劵者一也。

(二)比較可靠　再者，商業公司如自事推銷，不能保何時能將證劵售罄。而建造計劃，既已設定，資金需要，即有定期。設屆時證劵尚未全售，因以資金無着，則進行停頓，信用動搖，爲患匪淺。至於請投資銀行包銷，則現款可於約定時日，穩穩到手，是變渺茫爲確定，希望爲事實，此商業公司之所以常請投資銀行包銷其證劵者二也。

三　投資銀行之發展

投資銀行之事業由來甚久，中古時代卽有之，但彼時所謂投資銀行，與現之投資銀行有異。彼時投資銀行之放款，多係以供政府或王室作戰爭及消耗之用，現則全用於生產事業。彼時放款之資金，多出於投資銀行家自有之財產，今則投資銀行不過居於中間人之地位，所有放款，都係從旁人收集也。近代投資銀行之鼻祖，據云爲洛司柴爾德公司(Rothschild Company)。工業革命之後，工廠制度發達，大宗生產，成爲恆例，資本之需要日殷，投資銀行之發達，當自此始也。

我國現時尚無專營投資事業之銀行，此蓋因工商企業未甚發達，公司證券之發行不多之故。但歷次政府發行公債，多係由銀行界包銷，是亦投資銀行業務也。

四　投資銀行之組織

投資銀行之組織，大概包含購買、推銷、統計、及會計四部。購買部之職務，爲調查各公司及同業交來之建議，及辦理購買認爲可買之證券之手續。各大投資銀行之購買部，類皆與所注意之企業非常接近，同時又靠旅行推銷員，報告各業之情形。

購買部購進證券之後，即將之移交推銷部。推銷部通常設一經理，指揮各推銷員之工作及各分行處之辦理，投資銀行大部份之生意，皆係由推銷員向四處兜攬而來也。推銷員旅行於經理派定之區域內，招徠顧客，推銷證券，並按時向總行報告各地之情形，其功績偉著者，則通常擢任分行處之經理。

統計部之職務，爲編製各種統計，預備宣傳文字，答覆顧客之詢問、及分析各方之提議等。統計部之工作，給予推銷部莫大之幫助，不可以其爲不活動部份，而等閑視之也。會計部辦理一切金錢上之事務，如向銀行借款等等。

五　投資銀行之工作

投資銀行之包銷證券，其工作可大別爲二：一曰調查，一曰推銷。

(一)調查　投資銀行於承銷證券前，例須作一度詳細精密之調查。其首當調查者，爲證券之本身，即其價值能否固定，利息是否公道，銷路是否廣闊，發行是否合法。決定該證券之具諸此資格與否，投資銀行須對發行公司之固定資產，財政情形，管理性質，以及法律地位等，一一詳加審慮。如其爲政府，則尙應調查其課稅之權力，人民之財富，以及其地位是否安固，以前之有否抵賴債務等。如其爲公用事業公司，則尙應調查其營業特權之範圍，當地人口之性質，附近工業之種類，及定價自由之奚若等。如其爲鐵路公司，則尙應調查其營業區內人口之情形，氣候之如何，物產之多寡，工業之盛衰，競爭之大小，及地勢之險坦等。如其爲工業公司，則尙應調查其產品之性質，原料之來源，勞工之情形，及競爭之狀況等。

(二)推銷　調查既畢，如允爲包銷，即繼以推銷之工作。推銷之第一步驟，爲登布通告，招請公衆認購。斯通告通常敍述發行之數量，利息之幾多，擔保之性質，發行公司歷年之淨利，及定贖之限期等，而有時尙附以發行公司經理或重要職員之信札，說明公司過去之繁榮，以及將來發展之計劃。通告登出之後，如認購者踴躍，全數證券，均得售脫，自不必說。否則復須向投資家作直接之游說，或用書啓，或憑推銷員，或兩者夾攻，雙管齊下。有時於未登通告之前，全數證券，即已由人預定完畢。若是則通告實爲多餘，但以聲明證券已經售罄，藉以增長發行公司之信用地位而已。

六　包銷

投資銀行之包銷證券，有二種方法。其一，所有證券，先由發行公司自事推銷，如不能掃數售脫，則其餘賸部份，由投資銀行以一定價格收買之。其二，投資銀行以一定價格向發行公司買入全部證券後轉賣之，何時可以轉賣得出，及轉賣之贏虧如何，概係銀行之事，與發行公司無干。於第一種包銷方法下，無論投資銀行須出資收買與否，例向發行公司徵收百分之幾之佣金，以爲其保證之代價。

若證券發行數目過鉅，一投資銀行不欲獨擔包銷之任，則可邀請他行參加，或參加者俱直接對發行公司負責，每行認銷若干，或僅原接洽包銷者對發行公司負責，而參加者又對其負責。前者之例，譬如發行數目爲一千萬元，投資銀行甲邀請乙、丙、丁三同業參加包銷，甲認定四百萬元，乙、丙、丁各二百萬元，甲決以九八價格發行，而發行公司得其九二，於是甲墊付公司三百八十萬元，乙、丙、丁各一百九十萬元，其後包銷之贏虧，合全體計算，由四行按各者認銷之百分率比例攤分之。後者之例，譬如投資銀行戊以九二之價包銷五千萬元之債票，決定以九六價格發行，因其數目過鉅，乃將四千萬元以九三之價邀請同業包銷，剋期交款。於此戊對發行公司負責交付四千六百萬元之款，而參加包銷者又對戊負責交付三千七百二十萬元之款，戊不止負擔大大減輕，且對轉包出四千萬元之債票每百元可坐獲一元之利益也。

投資銀行所墊付發行公司之款，其大部份常係以包銷證券向商業銀行抵押借來，故經營投資銀行，所需之資本，遠省於經營商業或儲蓄銀行，蓋其交易多係憑函件或推銷員接洽成立，非顧客到行面商，故不必有巋巍奪目之行址，及精緻奢華之設備，況又可向商業銀行假借所墊付之資金乎。

七　投資銀行之附連職務

投資銀行之經營，貴能保留已有之主顧，日增月積，以達巨數，然後當有證券待售，方可期振臂一呼，應者四集，頃刻之間售脫而罄。故投資銀行例對顧客盡種種之義務，如教其選擇投資，供給以投資之資料，保護其投資之利益等。甚者對所經手之證券，遇發行公司不能按期付息時，自己出資墊付，當市場銷路沈滯時，自己出資收買。法律上投資銀行並無此義務，此皆以保全名譽及堅固顧客之信用也。

第十四章　信託公司

一　信託公司之定義

信託公司者，以辦理信託事業爲主要業務之機關也。信託公司，常被稱爲財政百貨商店，(Department store of finance)此蓋因其常於信託業務之外，兼營衆多他業務之故。例如上海信託公司有信託部、銀行部、產業部、保管部、保險部、法律部、旅行部、船務部、華僑部。觀其業務錯雜多歧百態千姿，誠有若百貨商店也。

信託公司英名爲(Trust company)又有所謂托辣斯(Trust)。托辣斯乃產業上之一種結合，產生於結合合同(Trust agreement)，通常乃由前此互相競爭之機關組織成之，以避除競爭造成專利。故兩者之性質逈異，不可因其名稱之相若故而混爲一談也。

信託公司之業務，乃起源於信託之觀念。何謂信託，例如甲以某項財產與乙，而託丙爲乙代管，此即謂信託。在法律上甲稱爲信託人，丙曰受信託人，乙曰受益人。創造此信託之契約，或爲信託合同，或爲遺囑。

一切信託，無論其如何創立，其當事人槪祗有上述三造。受信託者之執行信託，必不可圖利自己，必須遵守信託條件，及必須謹愼從事，否則受益人可訴之於法。事實上信託乃世所視爲最神聖不可侵犯之法律上之義務也。

二　信託公司之發展

信託觀念發源於英，而信託公司，則濫觴於美。美之第一家信託公司，組織於一千八百二十二年，先名農民火險及放款公司（Farmers' Fire Insurance and Loan Co.），後改爲農民放款及信託公司（Farmers' Loan and Trust Co.）。南北戰爭以後，信託公司成立者益多，而他國亦相繼效尤，創此組織。然現時信託公司最發達者，猶推美國。

我國信託事業，發軔於民國十年。是年八月，上海通商信託公司成立。是乃我國信託公司之鼻祖。計是年一年之中，以上海一隅言，信託公司成立者達十二家，而交易所亦蜂起泉湧。但皆以投機爲殖利之捷徑，互相狼狽爲奸。交易所則以其所值么麼之股票在信託公司抵押鉅款，信託公司則以其股票在交易所投機買賣，時漲時落，從中取利。故不數月之間，均相繼倒閉，信託公司之未入漩渦屹然猶存者，惟中央通易兩家，是卽世所稱信交風潮。

信交風潮以後，人民對信託一辭，幾有談虎色變之態，故年來信託公司成立者甚少。吾國實業尚未十分發達，公司爲數不多，委託事件，勢不能望其繁盛。而數千年來人民之心理，雅不欲將財產事務，託諸外人。富戶欲爲投資者，卽洞曉信託之意義，而處今日之經濟情形下，實無委託信託公司代辦之必要。故環察各方情形，我國信託事業，今尚無十分擴充之可能也。

三　信託公司與個人信託之比較

在未有信託公司前，信託事務，勢只有由個人執行。個人執行信託事務，遠不如信託公司，覶縷如下。

一、信託公司之較安穩可靠也　信託公司上有政府之監督，下有資本之保證，而營業所在，既有一定之地址，隨時可以接洽，不若個人之行蹤飄忽，往往欲晤末由。且個人疾病死亡，在所難免，若不幸此等事發生，則信託事務，即因停頓，從新改託，復滋靡費。至信託公司，則係永遠組織，斷無有不能執行職務，以影響信託事務之事也。

二、信託公司之較為適任也　個人無論如何勝任，然難免以己事為先，而置信託事務於其次。信託公司則係法人，毫無私事，以經營信託事務為專職，故萬不至有忽略遺誤之虞。且又設備周全，經驗富足，各種事宜，均用有專家為之指導，斷非個人所能比也，

三、信託公司管理上之較為經濟也　信託公司與投資市場甚為接近，又其所作交易甚大，故投放資金，較個人獲利常較優。個人受信託者，往往虛報用費，飽己腰囊。信託公司則必為永久之計，必力圖節省用費，以事招徠，較以事務委託信託公司，常較委託個人為經濟也。

四　個人事務之信託

信託公司之業務，至為廣泛，前已言之，茲以篇幅之限，不能一一細述，祇擇其特殊者論之。

關於信託公司之信託業務，是可分為個人事務之信託與公司事務之信託。個人事務之信託，其所由起也不一。其起於信託人所立之信託合同者，例如商人事務繁忙，不能兼顧私產之管理，於是委託信託公司代庖。又如富

家子弟，生長酒肉，自知無管理財產之才具，於是委託信託公司代庖。又如一人欲出外游歷，在旅行之期間內，不能管理財產，於是委託信用公司代庖。又如年老衰弱者，欲退居休養，不欲以財產之事，擾亂心神，於是委託信託公司代庖。於諸此情形下，信託公司接受信託財產之完全管理權。其爲有價證劵者，不止須妥爲保存，且須代收利息本金。其爲不動產者，須加以相當之改良修理，視其情形，租與妥當租戶，按時收取租金，完納租稅，及將之保險。凡租據契約等，信託公司皆可充任信託人之法律代表，全權簽訂。至於所收之諸種本金息金，或寄還信託人，或以之投資，視信託合同之規定爲斷。

各國法律，多許信託公司爲遺囑執行人。於此信託公司收取死者遺留產業之一切債權，償付其一切債務，然後將所餘財產，依照遺囑分配之。死者未留遺囑，或遺囑上未指定執行人者，外國現時，法院多任命信託公司處理遺產之分配。無遺囑足資遵守，則按當地之法律處理之。

外國信託公司，常被任爲未成年者及其他無權力處理財產事務者之後見人。此或由信託人自由委託，或由法院任命。總而言之，如經法律之承認，凡一人能代他人辦理之事，信託公司無不能爲之也。

五　公司事務之信託

各國信託公司，通常爲公司代辦之事，可彙分如左。

（一）過戶經紀人　股票如有轉讓買賣之事，須經過過戶手續，方爲有效。此過戶手續，公司有自辦理者，然現今傾向，則爲委託信託公司代辦。

（二）登記　凡新發之證券，須經過登記，然後不至有假造與濫發之弊。例如紐約證券交易所之章程，規定凡由過戶經紀人所發之證券，必須經過登記，而同一機關，不得兼任一證券之過戶及登記事務。登記之目的，既以預防濫發，故不容讓發行公司自辦，現普通皆由信託公司辦理之。

（三）財政經理人　信託公司常常受公司之託，經理支付其股息利息，此卽所謂財政經理人（Fiscal agent）。

（四）保管公司抵押借款之抵押品　公司發行債票，舉行長期借款，往往以指定財產爲抵押，此現常由發行公司委託信託公司爲購買債票者之利益經管之。通常如抵押品爲有價證券，則卽交與信託公司保管，如爲房屋機器等物，則仍留與發行公司使用，而信託公司監視其維持其價值，履行一切借款條件。如有違犯，則收取變賣之。

（五）保管公司改組時持有其債票者之債票　公司因事改組，各種執有債票者必組織團體，保護其利益，而必交與債票以爲其權力之憑證。該團體勢不能保管此項債餘適常委託信託公司代管之。

（六）財產代理人與財產接收人　公司營業失敗，其股東或債權人往往委託信託公司淸理債務，此之謂財產代理人（Assignee）。有時債權人迫於事勢，不得不訴於法院，由法院委任信託公司淸理者，謂之財產接收人（Receiver）。財產代理人與財產接收人之職務，完全相同，卽收回公司之人欠及儘量淸結其債務。其目的皆在於輔助公司解除困難，恢復健全，俾得積漸轉損爲贏也。

六　信託公司之其他業務

信託公司大都兼營銀行業務，置有銀行部及儲蓄部。關於銀行業務之經營，已詳述於以上各章，信託公司無具何特別之處，茲不復贅。

信託公司乃發源於保險公司，故現時信託公司，無不兼營保險業務。當信託業務尚屬幼稚之時，信託公司盛行人壽保險之業，現則漸少。今日各國信託公司所經營保險事務中之最主要者，爲信任保險（Fiduciary insurance），信用保險(Credit insurance)及權利保險（Title insurance）。此三種保險尚未流行於中國。中國信託公司所經營之保險，以水火二種爲多。

信託公司莫不設有保管箱，租人存放貴重物品。信託公司祇盡保護該箱之任，至於內存何物及如何處理，概不過問。此業務現極爲發達，有一日千里之概焉。

第十五章 農業信用機關

一 農業信用之性質

農業之需要資金之接濟，與他業無異。農業信用，可分長期短期二種，前者乃以俾農民購置田地及經營各種改良設施，後者乃以充農業工作資本，如購買種料，支付工資，及運銷產物等等。農業爲基本企業，又農業人口在世界各國大都佔第一地位，故農業之發達與否，與夫農民之生計，與國家之經濟及政治情形，均關係綦切。所以近時各國對於農業信用機關，其注意日甚一日，孜孜建樹培殖，不遺餘力也。

二 長期農業信用之供源

長期農業信用之來源，可分爲二大類，一爲普通信用機關，一爲特別長期農業信用機關。第一類包含個人投資家、商業銀行、保險公司、儲蓄銀行以及各種基金等。當特別長期農業信用機關未發達時，此乃長期農業信用之主要供源。而至今於英美二國，大部份農業資金，尚來於是。

於大多數國家，則長期農業信用之經營，傾向集中於特別機關之手。此特別長期農業信用機關，大都得有政府之援助，均許發行債票以籌集放款之資金，有則專營農地抵押放款，有則兼營都市不動產抵押放款。凡長期農業信用機關發達之國家，幾無一不有完全不動產登記制度，蓋若非不動產所有權，有記錄可考，則不動產未得謂安全之抵押品也。

三　長期農業信用機關之種類

經營長期農業信用之特別機關，可彙分三種，曰合作機關，曰官營機關，曰民營機關。第一種機關中之最老並最重要者，當推德國之土地抵押信用協會（Landschaften）。此項協會係地主之聯合組織，其經營原則，為集合多數地主之田地，用為擔保品，基之發行債票，吸收現金，用以救濟會員之需要。初濫觴於西利西亞（Silesia），後次第成立於德國他處、芬蘭（Finland）、俄屬波蘭、加里西亞（Galicia）及匈牙利等處。其組織不募資本，純賴發行債票從事放款。原始會員借款，即給予債票，俾自設法變賣，間亦有附設銀行專為會員代理變賣債票者。大戰以還，因證券市場之惡化，遂放棄此債票放款制度，而改給現金，自售債票。此不特免卻借款者不少之不便及損失，且債票可擇時而發，而放款之利息及歸還期限等條件，亦得因時制宜，不復如前之呆定也。此項組織，大抵皆享有多種特權，惟亦受政府嚴厲之監督。

中小地主繁多之處，土地抵押信用協會之組織，不甚合用。故在此地方，或普通信用合作團體，本設以經營短期信用者，兼將就經營長期信用。例於丹麥，此種合作機關，到處林立。於法國，農村信用合作銀行（Caisses Crédit agricole mutuel），初本設以供給短期農業信用，後法政府撥給鉅款，俾以兼營長期農業信用。於美國，聯邦農地放款制度（Federal farm loan system），實亦脫胎於合作原則。於印度，皇家農業委員會（Royal Commission of Agriculture）所建議之土地抵押合作銀行（Cooperative land mortgage banks），一千九百二十八年後已見成立，組織者漸多矣。

其於合作團體不發達之中小地主衆多之國家，則政府常出而肩任長期農業信用之供給，或特置機關經營之，或擔保私營機關之債票而置該機關於嚴密之監督。於愛爾蘭，無數農民憑政府之協助，由佃戶而躋於地主之地位。俄國當專制時代，貴族地主則有貴族土地銀行（Gosudarstvenny Dvoriansky Zemelny Bank），普通地主則有農民土地銀行（Krestiansky Pozemelny Bank），爲之通融，農民憑後者之助而購有田地者，不知凡幾。德國公營長期農業信用機關最多，有所謂地租銀行（Rentenbanken），土地改良銀行（Landeskultur-Rentenbanken），此外尚有衆多各種政府所辦之銀行，兼營長期農業放款。奧國自私營不動產抵押銀行因農業恐慌而瓦解後，省立不動產抵押銀行成爲長期農業信用之惟一供源。以上所述，乃公營長期農業信用機關之比較彰明較著者也。此外加捷克、猶哥斯拉夫、保加利亞、希臘、意大利、瑞典、挪威、瑞士、南美主要諸國、波斯、土耳其、南非利加、新西蘭、及澳大利亞各邦等，無不皆有公營長期農業信用機關，或私營而有政府擔保者。

於資本制度發達之國家，則有私營不動產抵押銀行，經營農地放款。大規模私營不動產抵押銀行之權輿，當推法蘭西不動產信用銀行（Crédit Foncier），其後他處組織此項銀行，大抵皆奉之爲模楷。現有私營不動產抵押機關者，計有比利時、荷蘭、瑞士、德國、西班牙、葡萄牙、美國、及日本等國。英國銀行事業，最稱發達，而農業信用機關，視他國獨望塵莫及，直至一千九百二十八年，始由英格蘭銀行與各大股份銀行聯合組織一農業抵押公司（Agricultural Mortgage Company）前此並無不動產抵押銀行也。

四　長期農業放款之抵押品

長期農業放款之經營，有幾普通原則。第一，放款既係長期，必有確實耐久之抵押，方可保安全，故此種放款，概係以田地爲抵押，然土地非盡堪充抵押品者，一須有永遠可靠之收益，二須爲第一次抵押者，三最好須有保險。夫農民之歸還借款，端賴地上之收入，若其收入非永遠可靠，則借款者之還款能力，亦不足久恃，此所以押地之須有永遠可靠之收入也。徵收抵押品之用意，卽以備借款人若不履行義務，將之變賣取償，若押地已經負有債務於先，則當執行抵索權時，必不免一場糾紛，此所以押地之須係初次抵押者也。天災流行，勢所難免，如押地未經保險，一遇水火之患，則貸出之款，卽有危險，此所以押地宜經保險。但欲農民將其地產保險，爲事甚難，放款機關，於此不得不從長考慮也。

一地產可抵押若干，須加以估價決定之。抵押之額，宜祇限於其估定價值之數成，而萬不可超過其眞正價值，此蓋因估價每難確準，且地價饒多變化故也。法國土地信用銀行及美國聯邦土地銀行（Federal Land Bank）均限每地抵押額於其估定價值百分之五十，德國土地抵押信用協會大抵亦如是。估價之事，需要專門識驗及熟悉當地情形，非人人可任。各國農業信用機關對於押產之估價，大都加以再三之覆核，蓋以其關係至重故也。

五　土地債票

長期農業信用機關，莫不賴發行債票以籌措放款之資金。蓋此項資金之需要，爲數至鉅，其無資本之組織，自不待言，卽有資本亦斷不勝其負荷，非時發行債票以爲挹注不可也。此項債票之易否發售，所關不止發行機關之成敗，全國農業之命運斯視，故各國政府對其發行，莫不嚴加監察，有時尙擔保其還本付息也。要而言之，此項債票須有十足之第一次不動產押契爲擔保，並尙須對發行機關之一切財產有最優先抵索權。其流行之額，不可超過發行機關當時之未收回放款總額，而最多不得逾其資本及公積金之十倍或十五倍。如是則保障充實，當不患銷路之狹窄也。

爲推廣土地債票之市場起見，各國政府及發行機關多設有獎勵辦法，茲彙列之如左。

(一)得充官廳保證金，一切擔保品及各種基金暨信託款項之投資。

(二)免負納稅義務。

(三)無論有何事故，不得將之強制執行。

(四)有得獎希望。

(五)還本之際，可得相當彩金。

（六）買主不必即時繳清買價，可分數次償清。

六　分期攤還之辦法

長期農業放款之歸還，大抵皆採分期攤還方法，即借款人於放款之期間內，每年繳還一定數之款，一部份係以付當年之息金，一部份以還本金。其利息祇就未還餘額計算，故每次所繳者，利息之部份，遞期減少，本金之部份，遞期增加，至放款限滿，本利即均還清矣。

何以長期農業放款，均採分期攤還方法歸還乎。蓋自借款人方面言之，此項放款，大抵皆以充購地及改良之用，斯種用途每年所可收之效果，爲數甚微，故必多年銖積寸累，方能成一整數，以償清之。然自債權人方面言之，農民多拙於居積及投資之術，今若三五十年之放款，必待年限滿後方一次收還，安保農民不盡耗其歷年之所積，屆時除原有土地外，一無他物，致債權人陷於進退維谷之地位。故農民必遞年銖積寸累方能還淸借款，而債權者之利益，又不能靜待其銖積寸累，然則分期攤還，乃一折衷辦法，所以兼顧雙方之利益也。

對於每年零星收回之放款，各國放款機關，有即以贖還所發之債票，有暫以投資生利，待積成整額後再以收還債票二法之中前法比較普遍，若債票之流行額，不得逾於未收回放款之總數，則其勢必須採用斯法也。

七　短期農業信用機關

短期農業信用，在英美等國，一大部份係來自商業銀行。然在普通情形下，農民與商業銀行不易接觸，而商業銀行通常放款所要求之擔保，又非農民所能具。故近來各國之籌給短期農業信用，大抵皆以提倡農村信用合作社之組織爲首務，知商業銀行之非適妥機關也。

各國之農村信用合作社，大抵盡以德人萊發巽(Raiffeisen)所發起之農村銀行爲模範。萊式信用合作社之原則，可簡要列之如下。

(一)不募股本而靠存款爲放款，存款不足，則以社員之集合責任向商業銀行借之。

(二)社員擔負無限連帶責任，惟品行純正名譽佳好者，方許入社。

(三)限制營業之區域，不容擴張過大，所以俾社員之信用易於調查，借款之用途易於監視，及社中之團結，不至渙散。

(四)凡放款必須用諸生產方面，借款人借款時須指定用途，以後不得擅移作他用。

(五)社員供款，須有保證。

八 中國農業信用機關之概況

我國以農立國，幅員廣大，然長期農業信用機關，殊寥如晨星，歷歷可數。政府之提倡見諸法令者，民國三年有勸業銀行條例，民國四年有農工銀行條例。但前者實際上有等具文，而根據後者所設立之農工銀行，全國計不過十餘家而已。

農工銀行之不發達，殆由於下列幾原因。

(一)農工銀行獲利之較輕也　農工銀行，本爲小農小工之利益而設，所以農工銀行條例第三十七條，規定財政部或該管官廳如認爲必要時，得限制農工銀行放款及其他各種營業，第三十八條規定農工銀行放款利息，其最高率應於每年營業期前稟由該管官廳查核，轉報財政部備案，其隨時變更利率亦同。夫農工銀行既爲股分組織，而又不得逞肆其規利之術，世間人能放大眼光，爲社會及實業謀幸福，甘心收取較輕之利益者，其能有幾。此所以近年各大市鎮中商業銀行，如春筍怒發，而組織農工銀行者，則寂無所聞也。

(二)登記制度之未完也　農工銀行之放款，原以不動產抵押者爲多，其抵押之確實與否，關於營業至鉅，辦理農工銀行者不能不注意及此也。我國登記法尚未實行，所有權之確定者固多，而轇轕不清者亦復不少。昔法匈等國，當登記法律未完備前，人民之欲以土地抵押借款者，幾於告貸無門。我國農工銀行之不發達，殆亦有感於放款之困難也歟。

(三)政府鼓勵之不力也　昔日本東京府設立農工銀行時，其資本總額定三十五萬圓，招股時東京府知事及地方公共團體均竭力援助，東京府並認購四千股，以資提倡，且以頭十五年內應得股利，掃數捐充公積金，以固其基礎，因此人民認股踴躍，竟達定額四倍以上。日本他地方之組織農工銀行，地方政府亦加入股分，在五年內不取分派之股利，以爲補助。今我國政府對農工銀行之組織，既不能予以金錢上之補助，而又未聞有何獎勵之設施，誠不無遺憾也。

(四)募集債票之不易也　農工銀行之羅致放款之資金，端賴發行債票，各國皆然也。我國投資市場之組織，非常簡陋，公司債票之發行，尚未陶染成風，人民之知以儲蓄購買公司債票者，十無一二。況農工銀行名目較新，無久遠之歷史成績，足供投資家參考，其募集債票，能不遭遇困難。夫農工銀行既恃發行債票為挹注，債票不易募集，則營業難期發展，國人其有鑑於此而裹足不前乎。

(五)人才之缺乏也　農工銀行之辦理，亦必有專門人才，為之指導。又其性質與商業銀行不同，審乎彼者未必即審乎此。中國人士對此學術之有高深研究者，殆如鳳毛麟角，迄今即高等以上學校，尚鮮聞開設此科者，至於著作更無睹矣。夫工欲善其事，必先利其器，世未有某種學術不普及，又乏專門人才為之倡導，而該種事業能發達者也。民國十一年全國農工銀行事務局長王世澄及王大貞、卓定謀、楊孝慈等有鑒於此，附設農工銀行講習所，當時各省派遣來學者達百餘人，濟濟一堂，頗極一時之盛。旋因減政關係，全國農工銀行事務局亦被裁撤，該講習所遂即停辦，殊可惜也。

至於信用合作社，則年來之進展，尚差強人意。計全國現有二千三百家左右，大都集中於江蘇、河北及浙江三省。此三省信用合作事業之所以特別發達者，蓋因江蘇有江蘇省農民銀行，河北有華洋義賑會，浙江有中國農工銀行浙江分行為之提倡扶助。於此亦可見中國農民尚談不到自助互助之原則，而必賴外界之提攜也。

我國信用合作社資金最重要之來源，為社外借款，其來自存款及股金者，寥寥無幾。此種借款，以上述江蘇省農民銀行、浙江農工銀行、及華洋義賑會爲最多。江蘇省農民銀行，成立於民國十七年七月，係以孫傳芳在江蘇時所征收之畝捐撥充。其主要業務爲補助農民經濟之發展，以低利資金貸與農民，且以貸於農民所組織之合作社爲限。計自成立時至民國十九年末，共貸出放款二百八十餘萬元。浙江於民國十七年，亦有組織農民銀行之決案，但後以基金之困難，將農行事務，完全委託中國農工銀行浙江分行，並由省政府先存入十二萬元爲農民貸款之用，此所以浙江農工銀行成爲該省信用合作社挹注之中樞。但究竟責任不專，且資金有限，所以其成績遠遜於江蘇省農民銀行也。華洋義賑會，係因民國九年大旱而起之中外合辦之籌賑機關。至十年秋，其所有賑款，尚餘二三百萬元，遂以一部份充提倡信用合作之基金。我國信用合作社之發源，乃完全由該會提倡指導之力也。最近有組織豫鄂皖贛四省農民銀行之議，其章程已經訂定，不久當可見於成也。

第十六章　中國之錢莊

一　錢莊之起源

我國錢莊，殆脫胎於從前之山西票號。票號之濫觴，大抵當有淸乾嘉之際。據云彼時有雷永泰者，在天津開設日昇昌顏料號。顏料中有銅綠一種，產於四川，雷氏須時往採購。因感輸運現銀之不便，乃創匯兌之法，先於四川設立分號，凡津川間各商往來銀錢，皆可爲之代兌，人大稱便。於是先後於他地遍設分號，而效尤組織者日多，票號及匯兌莊，日以繁衆。但鼎革以來，票號勢力日就衰微，而錢莊後起之秀，營業反蓬蓬日上。

二　錢莊之組織

錢莊大抵均爲合夥之組織，其係獨資經營者，固亦有之，然爲數較少。錢莊股東，俱負無限責任，故客戶保障，並不僅以實收資本爲限。往往錢莊資本名祇十餘萬金，而遇市面緊急時，股東墊款，乃達數十萬金者。故錢莊股東之財力及信用，實卽錢莊之財力及信用，斯亦錢莊所以雖有銀行之競爭，而能屹然不被淘汰之一原因也。

錢莊之內部組織，各處不同，未能作一概論。就上海言之，每莊皆有一經理，以協理或襄理一二人輔助之。經理之上，間設有督理，然無實權，乃股東派以監察經理者。經理以次之職員，普通有以下諸等。一曰淸帳，專司淸理帳目事務，如編製月結年結，計核利息，決算盈虧等等。二曰跑街，專門在外招攬生意，爲借貸往來之中間人，並任調查信用之責。三曰錢行，專任市場折銀並買賣銀元事務。四曰匯劃，專任考核存欠，記錄帳目，管理出納，及查核票據等。五曰洋房，掌司銀洋鈔票之出納，及洋款帳目之記錄。六曰銀行，專與銀行接洽往來折款之事。七曰信房，專司來往信札，及接洽客路，代理收解。八曰客堂，專任應接賓客及一切庶務。以上八職，俗謂之八把頭。此外尙有棧司，掌任送銀，送票，解銀行，打回單等事，其職務亦綦重要。

漢口錢莊之組織，管事爲全莊之長，亦有另設副管事一人，專管內部事務，俾管事得專心對外，謀營業之發展者。管事以下之職員，一曰司帳，專司全體帳目之計算，表格報告之編製，以及有價證券之保管等務。二曰管平，又曰銀房，專司銀洋及銀票之出納與保管，及銀票之匯劃等事。三曰信房，專司一切信札文件。四曰管錢，又曰錢房，專司現錢之出納，用具雜器之購置，店員薪水之分發，以及其他雜費之支付等。五曰大經手，又曰上街，專司在外招攬生意及買賣錢洋等事。六曰照場，專司在店招待顧客，及處理不專屬各他職員之一切事務。此外尙有辦理雜事之中班，及供應驅遣之小官，小官卽學徒是也。

天津錢莊經理主持全體事務，輔以副經理。經理之下，大抵設七部，曰營業，曰會計，曰出納，曰交際，曰文牘，曰庶務，曰外莊。外莊之職務，爲管理分號往來、匯兌、調款等事。其他則顧名思義，可知其大概也。

三　錢莊之營業

錢莊之營業種類，與商業銀行大同小異，有存款、放款、貼現、票據匯兌、買賣生金銀、代售有價證券、代發鈔票、及兌換銀洋等類。其存款分浮存、長存、及同業存款三種。浮存卽商業銀行之往來存款，長存卽商業銀行之定期存款，同業存款爲同行及銀行之往來存款。

錢莊之放款，以信用放款爲最大宗，其故已述於放款章內。錢莊之活期存款，通常語曰浮缺。此項放款，無一定期限，錢莊可視需要之緩急，及借款人信用之消長，隨時催令清還。其有一定期限之放款，稱曰長缺。

錢莊常應商家之請求，或因放款之關係，發行所謂莊票。此項票爲無記名式，用以替代現款，與銀行本票之性質相同，其種類有卽期與遠期二種。錢莊發行莊票時，每向請求者扣取票費，至支付莊票時，又每向收款人徵收票力。持票人向錢莊取現之先，例須將莊票請求承認，錢莊如承認付款，乃於票面蓋章，是曰照票。

福州錢莊發有所謂台伏票及大洋票，在市面流通，與銀行鈔票無異。但政府現對此嚴厲限制，其數日少，終當歸於淘汰之列也。

錢莊有與銀行訂立合同，代發鈔票者。領鈔時，一部份可用莊票及公債，不須全付現款。是故以數成之現金，可得十成現鈔以爲用，利自甚大，所以代發鈔票，遂成錢莊之一種營業也。

四　上海錢業之匯劃總會

上海錢業之匯劃制度，實開我國票據交換之先河，故不惜詳細述之。其匯劃方法，分爲二步，第一步曰領公單，第二步曰軋公單，其互相對軋，幷算淸應收應解款項之所曰滙劃總會。

領公單者，各錢莊每日就來往票據銀項之數目互相送交後，不以現付，而僅履行一種照票手續，幷就其未滿五百兩或五百元之尾數，暫時登帳，待於陰曆每月初二、十六兩日解現淸訖之行爲是也。玆試舉一例，設甲錢莊某日收入乙錢莊票據四萬六千一百零二元九角四分，則甲錢莊可於該日下午二時後將該票據送交乙錢莊。此時乙錢莊不須付現，照票後祇須出四萬六千元之公單交付來人，爲當晚軋帳之憑據，其餘額一百零二元九角四分，因未滿五百之數，據錢業規則，不能列入公單，只暫時記帳，俟與乙錢莊收入甲錢莊票據餘額相軋之。

當日乙錢莊當亦收有甲錢莊之票據，設其數爲三萬三千零二十八元七角二分，則下午二時後亦遣人送與甲錢莊，向之收取三萬三千元之公單。尙有餘額二十八元七角二分。因未滿五百之數，則與其應解甲錢莊之餘額相軋。相軋之結果，乙錢莊尙應解七十四元二角二分，但不必卽日付現，可俟下屆陰曆初二或十六淸之。然此但爲尾數銀之處置，而公單本身，尙未淸理，於是有第二步之軋公單。

各錢莊至下午七時，大都互送票據及互送公單已畢，於是就其發出與收入之公單，計算其當日應解及應收之款額。若解多於收，則或解付現款，或先向同業折進其應解之數，以補足缺額。若收多於解，則可收入現款，或先向同業折出其應收之數，以免收現。倘多銀者皆折出，缺銀者皆折進，則各莊間公單收付銀數，可以完全相抵也。公單齊備之後，各莊卽彙交滙劃總會，註明應解應收之數。其有應解應收差額者，則由滙劃總會發出劃條通知，並指定互爲收解。其已作折進或折出之布置者，則自然可免此手續也。

因尾數銀之不須卽解，故各錢莊皆須繳存基金於總會，以爲保障。當上海票據交換所未成立時，各銀行所有與錢莊有關之票據之收付，均託錢莊代理，在匯劃總會匯劃，故斯時匯劃總會實卽上海市場之票據交換所也。

五　錢莊之特長

錢莊之組織，遠不如銀行之完備，輓近銀行設立者日多，而錢莊能不受淘汰，猶在金融界佔重要勢力，是必有故。嘗考究之，得六端如左。

（一）銀行放款每須抵押，而錢莊則注重信用，卽無抵押保證，亦可通融，故商人樂與錢莊往來，此錢莊所以能保持其勢力者一也。

（二）錢莊放款額數可大可小，不分歧視，而銀行放款數目較大，零星小數每不歡迎，於是較小之商家，惟有捨銀行而從錢莊，此錢莊所以能保持其勢力者二也。

（三）錢莊終日辦公，一年除幾規定休業日外，並無其他例假，不如銀行每日祇有數小時營業時間，而星期日又不開門。普通商店營業時間，與錢莊相同，故與錢莊往來實較方便，此錢莊之能保持其勢力者三也。

（四）銀行組織既大，事務亦繁，對於各業商家，每多隔閡，對於商情市況，亦不能洞識無遺，而錢莊之經理，則大都爲本地錢業出身，自學徒而漸躋經理，積數十數之經驗，對本地之商況人頭，極其熟識，又用有跑街，專在外面拉攏聯絡顧客，調查刺探市情，且同業之間，團結極固，聲氣互通，往來融洽，此錢莊之能保持其勢力者四也。

（五）銀行當局，其處事也，常遇種種之掣肘，既須仰承董事之意指，復必遵守章程之縛束。而錢莊經理，則一人獨裁，得因事制宜，隨機應變，有直接管轄之利，無政出多門之弊，此錢莊之能保持其勢力者五也。

（六）錢莊大都爲合資，而股東又負無限責任，金融緊急之時；則股東有分攤加資之義務，營業虧折之時，則股東有按股墊款之責任，故雖固定之資金有限，而客戶之保障無窮，所以人樂與交易，此錢莊之能保持其勢力者六也。

第十七章　各國銀行制度

一　英國

甲　英格蘭銀行

英國之銀行制度導源於十七世紀後半葉之倫敦金匠（Gold smith）。最初倫敦商人多將其款項存入倫敦堡壘（Tower of London）由政府保管，頗稱滿意。一千六百四十年英皇查理第一（Charles I）將該款約十三萬鎊沒收，充作軍費。於是商人不敢復將款項寄存於彼，不得不另尋妥穩之地，而金匠當時信用卓著，遂羣向之。金匠既收受商人之存款，浸漸開始經營放款、貼現、及兌換外國貨幣等業務，實開英國銀行制度之先河也。其始金匠未與政府往來，營業頗爲蒸蒸日上。迨後英政府因度支不裕，屢以稅收向金匠抵押借款，而金匠亦貪其給息之豐，且恃有擔保無恐，頗樂爲之。孰知稅收既不能直接處理，日久變不可靠，金匠窘態日甚。至一千六百七十二年，英政府因對荷開戰，財政部停止一切支付，於是金匠之放款，完全不能收回矣。金匠既不能追還放款，自不得不停付存款，結果無辜受累者纍纍，而金匠之信用亦一敗塗地，倒閉者不可勝數。英國人士因思組織正式銀行，一千六百九十四年，遂有英格蘭銀行之設。

據英格蘭銀行之原始特許狀，該行之資本定一百二十萬鎊，全數借與政府，年息八釐，得發行同額紙幣，並經營放款及買賣匯票與生金銀等業務。一千七百零九年，英國會又給與略等專利之權利，禁止凡六人以上合夥之公司，不准在英格蘭發行鈔票。當時發鈔乃銀行所視爲首要業務，所以此法令實不啻禁止凡六人以上合夥之銀行也。故多年之間，英格蘭銀行事實上獨佔銀行事業。此期間內，其特許狀迭經重展，大概每次展期，均有新放款貸與政府，或將舊放款利率減低，蓋政府每以此爲重展特許狀之條件也。

一千八百二十六年，英政府因英格蘭銀行之設備之不足供應民衆之需要，故明令六人以上合夥之銀行，許在距離倫敦六十五里以外營業，並得發行紙幣。一千八百三十三年，復規定凡不發行紙幣之股份銀行，得在倫敦設立，同時以英格蘭銀行紙幣爲無限法幣。自是股份銀行如雨後春筍，日多月衆，而紙幣之流通數量，亦呈激增。一千八百三十六年及一千八百三十九年之兩恐慌，當時說者均歸咎於紙幣之濫發，於是遂起改革銀行業之議，結果爲一千八百四十四年皮爾條例之頒佈，開英國銀行制度之新紀元焉。

皮爾條例分英格蘭銀行爲兩大部，曰營業部，曰銀行部。是年英格蘭銀行鈔票之平均流通額爲一千四百萬鎊，遂以該額爲其保證準備發行之最大限額，由營業部撥與發行部是額之證券爲準備，交換鈔票。此外發行部若增發鈔票，則必有十足現金準備也。當時享有發行權利之銀行，仍許繼續發行，以其最近六個月中之平均發行額爲限，不得增發，以後凡中止發行者，其發行權得由英格蘭銀行承繼，但祇以其數額之三分之二爲限，並須提出十成之保證準備。因有此項規定，故股份銀行及私人銀行之鈔票，日漸減少，至一千九百二十一年完全絕跡，而英格蘭銀行之保證準備發行之數額，則逐漸增加也。

皮爾條例將鈔票之伸縮彈性，剝奪無餘，前此鈔票爲基於銀行普通資產之信用工具，其供給能隨商業上需要之增減爲轉移，今則一變而爲金貨之收據矣。此種缺點，三年之後，即以骨露。是年英國發生恐慌，需要貨幣甚殷。英政府不得已明令暫停皮爾條例，許准英格蘭銀行增加其保證準備之發行，以爲救濟。計至世界大戰發生時止，皮爾條例經政府明令停止者，共凡三次。夫一法律既可隨時停止，復何貴於有之哉。所幸英國支票制度極爲發達，交易之事，多用支票，鮮有用鈔，故鈔票之無伸縮彈性，尚不足爲商業之大害也。

世界大戰爆發後，英政府復停止皮爾條例，俾英格蘭銀行得增加其保證準備之發行。同時又發行政府紙幣，爲額至鉅。大戰告終，因紙幣充斥，物價騰貴，改革貨幣制度之說，囂然塵上，屢有委員會之組織，以研究改革方策。卒於一千九百二十八年，頒行通貨及銀行條例，將英格蘭銀行之保證準備之發行額，擴充至二萬六千萬鎊，且規定『銀行於任何時期，向財政部陳請保證準備發行數額須擴充至二萬六千萬鎊以上時，財政部得核准增發，惟其限期不得逾六月，此項增發經用同一方法呈請後，得行展期，但除議會有相反之決定外，不得使繼續至二年以上。』此可謂英格蘭銀行條例之大改革也。至於政府紙幣，亦移歸英格蘭銀行。英格蘭銀行此後得發行一鎊及先令券，前是其鈔票面額，最低限五鎊云。

英格蘭銀行之營業，可於其每週之報告見其一斑。該報告之形式暨登布，亦制定於皮爾條例，至今並無何大更改也。下列爲一千九百三十三年八月二日以前一星期之報告。

英格蘭銀行之報告（單位鎊）

發行部報告

負債	
兌換券發行額	
在於流通中者	三八二，一八四，一七三
在於營業部者	六七，九七一，三四一
共計	四五〇，一五五，五一四
資產	
政府欠款	一一，〇一五，一〇〇
其他政府證券	二四三，八四四，七二五
其他有價證券	一，五〇〇，〇一二
銀幣	三，六四〇，一六三
保證準備發行	二六〇，〇〇〇，〇〇〇
金幣及生金	一九〇，一五五，五一四
共計	四五〇，一五五，五一四

營業部報告

負債	
資本	一四，五五三，〇〇〇
公積金	三，五七六，九一九
政府存款	二一，五一七，〇二三
其他存款	一四三，二六七，二四九
銀行	八九，四五七，三九五
其他	五三，八〇九，八五四
七日及其他票據	一，〇六一
共計	一八二，九一五，二五二
資產	
政府證券	九〇，〇二〇，九六三
其他證券	二三，五五七，二七四

貼現與放款	一一，一七一，九二九
其他	一二，三八五，三四五
兌換券	六七，九七一，三四一
金銀貨	一，三六五，六七四
共計	一八二，九一五，二五二

關於發行部之報告，經以上對於英格蘭銀行發行制度之敍述後，除內中銀幣一科目外，應無須作何解釋。據皮爾條例，發行部所存之現金準備中四分之一得爲銀貨，所以有此銀幣一項。但英國貨幣本以金爲本位，若用銀爲兌換準備之一部，則當人民要求兌換之時，必先以之換爲金貨，始爲有效，故上列報告，列之於保證準備下也。

關於營業部之報告，資本金及公積金二項無何可說。政府存款，爲英政府之存款。英格蘭銀行代理國庫，凡英政府之公款皆存於是。大抵在每年之始，因支付國債利息之故，政府存款數額必低，而於完納租稅時季，則必陡增。當政府存款增加之時，銀行及私人之存款，每呈減少，蓋因其爲國庫吸收之故。其結果市面之金融必趨緊急，而市場利率與銀行利率漸形接近焉。

其他存款，卽政府以外之存款，分銀行存款與一般人存款。從前英格蘭銀行不作此彙別，此乃最近之更革也。銀行存款一項，乃推測倫敦金融情形之最好材料，爲至重要科目。蓋英國銀行之習慣，僅留少數現金於行中，以敷日常之支付爲準，其餘則統存於英格蘭銀行。故銀行存款實乃英國全體銀行之準備金，英國銀行貸放信用能力之大小，卽可於此測之。如某時其數額增加至平均以上，則市場上資金必甚充足，利率不久定可下落。反之，如某時期減落至平均以下，則市場上資金卽有缺乏之虞，利率不久定趨升騰也。

七日及他票據，爲英格蘭銀行所發於七日或其他日數之後付現之票據。此種票據之發行，權輿於一千七百三十八年。其發行原因，蓋以其支付在七日以後，卽在輸寄程中被盜，原所有者亦儘有時候通知英格蘭銀行，停止支付以免損失，彼時頗爲社會之所需。今則匯款方法甚多，故其使用，日漸減少矣。

營業部報告之貸方之第一項爲政府證券，此包含營業部所收執之一切英政府債券，或爲長期公債，或爲短期庫券，或爲暫時墊款。其他證券項下之貼現及放款部份，爲直接向借款者貼現或放款所收入之證券或票據，有價證券則包含一切其他投資也。

貸方之最後兩項，兌換券與金銀貨，乃全報告中最重要及最爲人注意之科目，蓋不止營業部對其全體負債之準備金，盡在於是，卽英國全體銀行界之準備金，亦盡在於是也。以上曾述英國各銀行之款項，大抵盡存於英格蘭銀行，故各銀行當需要現金之際，其所出首法，卽向英格蘭銀行提取或假借。故此兩科目合計爲數之多寡，實關係英國全體金融之安危，英格蘭銀行斷不能容其減至過少，一減過少，則金融界必立時發生震動也。

大戰之前，因英國執世界工商業之牛耳，故倫敦成爲世界之獨一自由金市，其他國家之中央銀行，常常用種種方法，阻礙現金之輸出，英國獨否。當時對倫敦所發之匯票，到期定十穩可以支現，而世界之國際貿易，亦幾全用英鎊匯票爲支付工具。因此之故，英格蘭銀行不止須預備供給國內現金之需要，且須準備支付此鉅量之國際匯票。此又乃英格蘭銀行營業部報告上兌換劵及金銀貨二項之爲非常重要之原因。彼時該報告一出，不特本國銀行家爭以先睹爲快，凡國際銀行家無不如是也。

英格蘭銀行所負之責任，既重大若是，則不可不監視現金之移動，加以控制，使現金不至外流過甚，以搖動金融。平時英格蘭銀行所用之方法，爲提高其貼現利率，然必市場利率，隨之增加，方能生效，當初英格蘭銀行之貼現利率，確可以左右金融情形。但近來各大股份銀行之勢力日形膨漲，有浸浸與英格蘭銀行並駕之勢，故英格蘭銀行之利率政策，時亦不能控制市場，使之取同一態度。當提高貼現利率不能收所期之效果也，英格蘭銀行惟有將營業部所有之證劵賣出，以吸收市場之流動資本，使之缺乏融通之能力。蓋如是則購買公債者，必向其有往來之銀行發出支票，交與英格蘭銀行以償買價，於是市中銀行在於英格蘭銀行之存款必因以減少，換言之，即其準備金必隨之減少，準備金減少，則不得不亦提高其放款利率矣。

英格蘭銀行之貼現利率，於每星期四決定一次，於他時從無更訂之事。但此乃所謂法定利率(Official rate)，至與個人顧客往來，固常用較低利率也。大戰之後，倫敦所處國際金融上之地位，遠不如戰前之重要，現更又禁止現金出口，故以上所述，乃就戰前情形論，與今日情形，不能盡一一相符也。

於結束對於英格蘭銀行報告之論述，先有一點不可不加以聲明，即營業部何以將本行鈔幣充當準備金是。此其故有二。(一)因皮爾條例之束縛，發行部例存有甚高百分率之現金準備，故其鈔幣實際上與現金相去無幾。(二)營業部與發行部係完全分立，營業部如需要現金，隨時可將其所有鈔幣向發行部兌換。有此二故，所以營業部不妨視本行鈔幣作現金準備也。

英格蘭銀行現有十一分行，其管理機關爲董事會，由總裁、副總裁、及董事二十四名構成之。總裁、董事等皆由股東會選舉，故英格蘭銀行平時係完全自主，不受政府之監督，有特殊事情發生時，始與政府取一致行動也。

乙 股份銀行

英國股份銀行濫觴於一千八百三十三年，其最早設立者爲倫敦韋斯特敏斯德銀行，（London and Westminster Bank）迄今猶在，爲五大（Big five）之一。英國股份銀行營業上極爲自由，除不得發行鈔票外，別無他種限制。初其業務專重存款及放款貼現，他鮮過問，現則漸趨於兼業化也。

當大戰期內，英國股份銀行合併之運動極爲激烈。斯運動原於大戰二十餘年前，已見萌芽，但戰前之合併，爲大銀行併吞內地小銀行，而戰時之合併，則爲大股份銀行之自相併吞也。因此合併之故，現英國祇餘十六股份銀行，而其中又五家之存款，佔全體百分之九十左右，故英國之銀行業務，大抵皆在其手。此五銀行，世稱爲五大云。

考上述合併運動之原起，雖不無競爭思念存其中，然英銀行家之感覺須集中國內資金，方能應付他日戰後工商業之需要，俾其克與他國企業角逐於世界市場，實爲其第一主要原因。但英國人士睹獨立銀行之日形減少也，指摘紛起，僉謂國內金融泉源一旦過以集中，足以嚴制銀行間之自由競爭，殊非國民之福。於是英政府於一千九百十八年三月特設一委員會，研究銀行合併問題，約同時財政部又與股份銀行立約，規定銀行未得財政部之許准前，不得再擅自合併。嗣後委員會之報告亦不贊成股份銀行之再行合併，而自該年以來，亦未聞有大合併之事也。

丙　商人銀行

倫敦之商人銀行（Merchant banker）或承兌店（Acceptance house），其在倫敦金融市場之地位，僅亞於股份銀行。從前倫敦之所以爲世界金融之中心，卽因票據承兌業務之發達及票據貼現市場之完備故也。商人銀行之主要業務，爲爲他商人承兌票據，但亦有同時充任外國銀行或政府之倫敦經理處者。商人銀行，本亦不過第一流商店，經營商品之貿易，並非從始卽爲承兌票據之銀行家。其所以成爲今日之承兌機關者，乃因信用較薄之商人，覺其爲進出口貿易，如經大商店承兌其票據，可佔種種利益，故寧償付小費，請之承兌，而此項商店，既見承兌業務日益發達，獲利日益優厚，遂漸次捨其本業，專營票據之承兌，而成爲倫敦之一特殊機關也。

從前倫敦承兌業務，幾完全操於商人銀行之手，現則股份銀行、匯兌銀行、殖民地銀行等亦闌入斯業，分潤其利矣。

丁　票據經紀人及貼現公司

倫敦之貼現市場，構成於奔走經紀人（Running broker）、票據經紀人（Bill broker）及貼現公司（Discount Company）三者。三者皆經營票據貼現之事業，但其組織及方法，甚爲不同。奔走經紀人奔走於有票據貼現者及欲購買票據者之間，自身毫無資金，純盡介紹人之職務，賺獲微薄佣金。今其數已甚少，漸歸淘汰矣。票據經紀人一面向各處買入票據，一面將之賣與銀行，廉買貴賣，以獲微利。故票據經紀人必須備有資金，不能如奔走經紀人之不具本錢。其資金小部份係出於己囊，大部份則由銀行借得也。貼現公司包含三大股份公司及幾個人店號，其所貼現票據，多存待滿期，鮮有將之轉賣者。其所用資金大部份亦係貸諸銀行，所自有者曾不及全體十之二三也。

戊　其他金融機關

除上述者外，英國之金融機關尚有個人銀行(Private bank)，海外銀行(Oversea bank)，外國銀行(Foreign bank)，發行店(Issue house)，投資信託公司(Investment trust)，及儲蓄銀行等等。個人銀行經股份銀行之併吞後，存者無幾，現僅餘四家。其所往來顧客，多爲貴族富室，蓋其源起卽多爲管理富豪之家產而設也。海外銀行，分殖民地銀行(Colonial bank)及匯兌銀行(Exchange bank)兩種。前者如澳洲、新西蘭、加拿大、南非洲等銀行是，後者其最著名者爲匯豐銀行及麥加利銀行。此項銀行之主要業務爲溝通本國及殖民地或外國間之貿易金融及充任殖民地各機關之倫敦經理處，或總行設在倫敦，而於殖民地設立分行，或於殖民地設立總行，而置分行於倫敦。外國銀行爲外人所設立之銀行，一種爲依照本國法律所設於倫敦之分行，一種爲在英國法律下所組織之銀行。英國對外人之在其境內設立銀行，均聽自由，法律上毫不加限制也。外國銀行之主要業務，爲發行本國公債及公司債，代本國或外國銀行辦理匯兌業務，及收受存款等。發行店之業務爲代理發行債券，或以一定價格向發行機關購入全部債券，而後漸次推銷之於投資家，其贏其虧，悉歸自任，不干發行機關之事，或祇爲發行機關盡經紀人之職，收取手續費。其所代理發行之債劵，多爲外國中央政府及地方政府與本國地方政府之公債，對本國企業公司，反不喜往來，因此亦頗受國人之責難也。投資信託公司係最新之一種金融組織，其經營方法，爲自民衆募集資金，然後將之投資於各種性質不同之證券，俾投資者之資金，既可賺滿意之利益，而又無投機之危險。換言之，即採行危險分散（Distribution of risks）之原則也。儲蓄銀行，有郵政儲蓄銀行、信託者儲蓄銀行，及地方政府設辦之儲蓄銀行，共三種云。

二　法國

甲　法蘭西銀行

法國之第一發行銀行，爲一千七百十七年羅約翰（J. Law）所組織之普通銀行（Banque Générale）。設羅氏謹其管理，則該行或能與當時法國之工商業以重大之貢獻，殊未可知。惜不久牽引之捲入殖民地投機之漩渦，至一千七百二十一年一敗塗地，不可收拾。而自此五十餘年之間，無敢再發起組織發行銀行，直至一千七百七十六年，始有第二發行銀行之設立。該行曰貼現銀行（Caisse d' Escompte）初經營頗甚順利，但後法政府向之借款不已，不啻成其外府，迨革命發行，與皇室同時傾覆，數名董事，竟因職務之累而上斷頭臺焉。

現時之法蘭西銀行組織於一千八百年，爲拿破崙之所建設。當其成立之始，祇有三千萬佛郎資本，並無享何特別權利，而着其先鞭者，已有活期存款銀行（Caisse des Comptes Courants）、商業貼現銀行（Caisse d' Escompte du Commerce）及商業銀行（Comptoir Commercial）等發行銀行。但因其有拿破崙之卵翼，故諸此發行銀行，均先後歸於淘汰。至一千八百零三年，法政府給以在巴黎發行鈔票之獨佔權，又規定此後人民欲設立銀行，必先得政府之許可，由是其資本遂增至四千五百萬佛郎。拿破崙欲其營業得普及全國，五年之後，又給以在其凡有分行之地之發鈔獨佔權。

拿破崙失敗後，法蘭西銀行在政治上失一重要憑依，勢力漸次衰落。一千八百三十年至一千八百四十年之間，多數地方銀行，紛紛設立，均發行鈔票，與法蘭西銀行競爭甚烈。惟屆一千八百四十八年之恐慌，均陷入窮境而先後併於法蘭西銀行，作其分行。自是以來，法蘭西銀行之勢力，蒸蒸然駕一切銀行之上，而執金融界之牛耳。斯時其資本增至九千一百二十五萬佛郎，並獲得發鈔之獨占權。

法蘭西銀行雖亦係私營銀行，然其與政府之關係，較英格蘭銀行之與英政府，遠爲密切。除代理國庫外，其多種利益，皆須與政府公分，而總裁副總裁等之任免權柄，亦操諸政府之手。其貸與政府之無期放款，置大戰期中及以後之放款不計外，尚不下二萬萬佛郎左右也。其營業範圍，亦規定於法律，限於下列幾種。

（一）三個月以內短期票據之貼現。

（二）存款。

（三）代理保管事務。

（四）兌換券之發行。

（五）短期票據之發行。

（六）代理買賣有價證券。

（七）以生金銀、鐵路公司股票、中央政府、地方政府、或殖民地政府之公債、或土地抵押銀行債劵爲抵押之短期放款。

法蘭西銀行之發行制度，宿採最高發行限制方法。此最高發行額，因恐慌戰爭等等原因，自一千八百四十八年以來，前後曾擴充二十餘次，最後幾達初年一百七十倍之鉅，故採行該法之本意早已喪失無餘。是以一千九百二十八年之貨幣法，毅然改絃更張，換採比例準備法，規定法蘭西銀行對其紙幣發行額及活期存款，應保有百分之三十五以上之現金準備，此可謂法蘭西銀行制度之大改革也。

法蘭西銀行之貼現利率，通常在他國中央銀行之下，且較爲安定。自一千八百二十年至一千八百四十七年，其貼現利率未嘗超過二釐，在一千八百九十年歐洲各國利率最低之時，亦仍居二釐左右，而於二十世紀初葉，亦常在二釐三釐之間。當一千九百零七年美國恐慌之時，英格蘭銀行及德國帝國銀行之貼現利率，各漲至七釐與七釐五毫，而法蘭西銀行僅由三釐五毫提至四釐，又當大戰期間，英格蘭銀行之貼現利率，有時將及一分，而法蘭西銀行始終平均在於五釐。法蘭西銀行之此種安定政策，固亦由法實業家之不喜利率有急遽之變動，然其可以銀幣兌現，實爲主要原因。蓋法蘭西者爲跛本位國，五佛郎銀幣爲無限法幣，法蘭西銀行可以之兌換鈔票，其要求金幣者，可向之徵收兌換費，使其反不如在市場蒐集金貨之爲廉，故各國中央銀行必賴貼現政策以保護存金，而法蘭西銀行獨否，可不必頻更其貼現利率也。但現時法蘭西已改採純正金本位制，徵收現金兌換費之法自不能復用。惟無論如何，法國之經濟情形，較他國遠爲安定，各貼現利率，總不必似他國之頻須更改也。

法蘭西銀行營業上尙有一他特色，卽其所貼現票據，甚多爲小面額之票據，是五佛郎以至十佛郎之票據，並不爲罕，有時一佛郎之票據，亦有之也。此可證法蘭西銀行經營之平民化，不係專與銀行及大資本家往來。事實上法蘭西銀行之個人顧客，遠多於英德之中央銀行，故其左右金融之能力綦重大也。

法蘭西銀行現有資本一萬八千二百五十萬佛郎。其管理機關除總裁及副總裁外，有董事會、貼現委員會、及股東代表會。董事會由總裁、副總裁、及股東代表會所選之理事十五人及監事三人組織之。貼現委員會則由監事於股東中指派十二人組織之。股東代表會構成於股東中之有股份最多者二百人，謂之代表會，卽以此也。現時法蘭西銀行之分支行處，共有六百餘所云。

乙　商業銀行

法國商業銀行，最大者曰里昂銀行（Credit Lyounais）、保商惠工銀行（Goliété Generae）、國家貼現銀行（Comptoir National d'Escompte）、及工商銀行（Crédit Industriel et Commercial）。此四銀行，法人稱之爲大信用機關（Grands établissement de crédit），以別於其他普通銀行。其分行林立全國，全國之商業銀行業務，幾全爲所壟斷，小地方銀行之不勝其壓迫而停業者，不可勝數。今日之尙有數百地方銀行在者，蓋因地方銀行現大都限其經營於發展地方事業，而此則大信用機關所不屑爲及所不能爲。蓋大信用機關之眼光，係注於大交易，又銀行援助地方事業之發展，往往須貸以數月或數年之長期無擔保放款，並對其進行及經營，須時時監督指導，此有非從外地派來之分行行長所勝其任也。

法國商業銀行之業務，亦不外存款、放款、貼現、匯兌等等，然一方面則不如英美商業銀行之分業化，而兼營投資銀行之業，一方面又不如德國商業銀行之與工業之關係之密切之甚。買賣大公司或大企業組合之證劵，乃大信用機關之主要營業之一，而地方商業銀行，則常爲地方事業代理發行證劵，惟對於含有投機性之證劵，兩者例均不過問，而另有投資銀行經營之也。

丙　投資銀行

法國之投資銀行，可分二種，一爲私人銀行（Banquiers privés），一爲實業或動產銀行(Banque de Crèdit mobilier)。前者之中，其年代較久財力較雄者，又稱高等銀行（La haute banque），最著名者當推洛司柴爾德兄弟銀行(Messrs. Rothschild)。後者之最大者爲巴黎荷蘭銀行(Banque de Paris et des Pays-Bas)。

投資銀行之主要業務，爲經營有價證劵之買賣。但因此種營業之消長，所視於環境者至大，非永年常有，故亦有兼營普通信用交易者。私人銀行，於此之外，多又代管財產及充任外國政府及公司之經理人。

實業銀行因資本之較厚，其競爭能力，遠大於私人銀行。自巴黎荷蘭銀行成立之後，私人銀行即備感脅迫不得已與之合併而成其附屬銀行者，其數甚多。故爲圖自存之計，個人銀行亦聯合組織巴黎聯合銀行(Banque de I' Union Parisienne)，以與抵抗。該銀行亦實業銀行中最大之一也。

丁　土地信用銀行

法國土地信用銀行(Crédit Foncier)爲世界此種銀行之最大者。其主要業務，爲（一）土地抵押放款，（二）公共團體放款，及(二)發行債券。其放款以七十五年爲最長期限，大抵均採分期攤還方法。凡土地房屋，可押至相當於其價值百分之五十，森林菓園，祇得押至相當於其價值百分之三十，而公共團體之借款，則無須抵押也。至於債券，分不動產債券及公共團體債券二種。後者係代表對於公共團體之放款，無擔保品，前者係以借款者所押之不動產爲擔保。兩種債券之發行額，合計不得超過資本之二十倍，亦不得超過未收回放款之總額。故債券之還本皆以每年抽籤方法舉行，初不問其期限之幾何長也。現該銀行雖無享何特別權利，然事實上獨佔法國不動產抵押事業，蓋無競爭機關之故。該銀行可得自由發行有獎債券，無須事先請示於政府，此亦有助於其營業匪鮮也。

戊 合作銀行

地方農業信用合作銀行 (Caisses locales crédit agricole mutuel) 及全區農業信用合作銀行 (Caisses régionales crédit agricole mutuel) 爲法國之純粹農業金融機關，其分別爲前者可對農民個人及農業團體貸放信用，而後者則只可對於地方銀行及農業合作會貸放信用。蓋後者乃設以爲前者之挹注機關，其資金之大部份係向法政府貸之。又有平民銀行(Banques populaire)，亦爲合作組織，至少須有七名會員，祇得對於商人經營放款。法政府亦曾貸以鉅款，其數至千餘萬佛郎而不收取利息。當大戰時，爲增進小商人貼現票據之便利計，法政府又特頒法例，規定聯保社 (Sociétés de caution mutuelle) 之設立，以擔保或背書會員之票據爲業務，亦係一種合作組織也。

大戰發生之後，法政府曾設三信用機關，頗堪注意。其一爲不動產銀行(Caisse foncier de Crédit)以救濟工業上住宅之擁擠狀況。二為國家信用銀行（Crédit National），以對於受戰事損失者貸放信用。三為法蘭西國外貿易銀行（Banque National Francaise du Commerce Extérieur）以發展國外貿易此三者均為國家銀行，其資本純由國庫撥給也。

三 德國

甲 國家銀行

德國現時之國家銀行，乃自前帝國銀行改組而來，而帝國銀行又係自普魯士銀行（Preussische Bank）改組而來。蓋德國當未統一之時，貨幣與銀行上均無統一之制度。及統一完成，先於一千八百七十三年頒佈貨幣法，從始貨幣制度之整理後又於一千八百七十五年制定銀行條例，將普魯士銀行改組，更名帝國銀行，執行中央銀行職責。而帝國銀行，自大戰發生後，卽濫發紙幣無度，以至基礎破壞無遺，故一千九百二十四年，又將之改組，以成現之國家銀行也。

在各國幣制簡史章內，曾述當帝國銀行成立時，尚有三十二家發行銀行，德政府許其繼續享受發行權利，惟後以不堪法律之束縛，一一相繼將該權利放棄，現時只餘四家，猶尚發行。此法律縛束其一為凡發行銀行均應每月報告其兌換券之發行額暨一般營業情形於政府四次，而比此更為嚴酷者，則為當帝國銀行貼現利率在四釐以上時，其他發行銀行須維持更高之貼現利率，而當帝國銀行貼現利率在四釐以下時，其他發行銀行之貼現利率亦不得比之低至二毫半以下。蓋德政府以爲欲使帝國銀行有駕馭其他銀行及調劑金融之勢力，必與以發行獨佔權，但若公然剝奪他銀行之發行權，不免引起熱烈之反抗，故用此間接壓迫方法，使各銀行不得不自動停止發行也。據當時之規定，發行銀行有放棄其發行權者，其保證準備之定額得由帝國銀行承繼之。

國家銀行與帝國銀行不同之處，最大者在於發行及管理之制度。關於發行制度，已詳於各國幣制簡史章內，茲不復贅。關於管理制度，前帝國銀行，其董事率由德皇委派，而總裁即由帝國宰相兼充，故管理權力可爲全在政府之手。國家銀行則不受政府之干涉，然有外人勢力參入其中。現其管理組織，分董事會（Direktorium）普通委員會，（Generalrat）中央委員會（Centralausschuss）及股東大會四部。董事會爲管理機關，由總理一人及董事若干名組織之。總理之選舉權，在普通委員會之手，以得九票以上者爲當選，但其中至少六票，須爲德人所投。總理之任命證書，須經德國大總統副署，若大總統拒絕署名時，則須重行選舉，但選舉至第三次者，雖大總統不予贊同，亦爲有效。董事之任命，由總理提出，經普通委員會之通過而行之。普通委員會爲監督機關，由七名之德國委員及英、法、意、比、美、荷、瑞士等七國各一名充之。總理爲德國委員之一，兼任其委員長。除選舉總理及董事外，該委員會尚得選派外籍委員一人充兌換券管理員。中央委員會爲顧問機關，由股東會選舉若干委員組織之。

國家銀行之業務，經法律規定者，爲下列幾種。

（一）生金銀及外國票據之買賣。

（二）有三人負責之三月短期票據之貼現與買賣，但票據之附有相當抵押品者，只有二人之署名亦可，然此種票據，不得超過貼現票據總額三分之一。

(三)三個月以內之動產抵押放款。

(四)代理買賣生金銀及有價證劵。

(五)代理收支款項。

(六)代理保管貴重物品。

(七)收受不付利息之定期或活期存款。

國家銀行對於德政府之放款，受有嚴厲之限制，此乃所以防止國家銀行之重蹈帝國銀行之覆轍，而亦德國銀行制度所有之一特點。現國家銀行對於德政府之放款數額不得過一萬萬馬克，期限不得過三個月，每營業年度終了時，須完全收清之。此外對於政府之郵政及各鐵路機關，尙得作二萬萬馬克之放款，但不得更多。

德國國內支票之行使，遠不及英美之發生，然有轉帳制度(Giro)較支票制度亦不多讓。此轉帳營業，各大銀行均有辦理，然以國家銀行最發達。蓋辦理此種營業，有一要件，卽必分行衆多。分行愈多，其行用能愈普遍，而德國銀行分行處之多者，原始當首推帝國銀行也。轉帳制度之下，若甲乙二人同爲一銀行之存戶，卽係天各一方，其債務關係，亦可託銀行以轉帳法在其存款帳上了結之，以省支付貨幣之煩勞。近來轉帳之辦理，愈變愈便，祇有一方關係人爲銀行之存戶，卽可利用之矣。

乙　信用銀行

德國之信用銀行或商業銀行，其經營上有一大特色，卽採百貨商店式之經營方法，而與工業有至密切之關係是也。其所以然者，蓋因德國比較上爲後進國家，當資本主義發展之初，企業家深感資本之缺乏，故信用銀行不得不引接濟以長短期資金爲責任，且又當時土地信用機關及合作銀行，均早已發達，信用銀行見於地主及小工商人方面，無甚堪發展之地，故不得不挺而走險，向工業方面以求發展。前世紀德國工業之能於短促期間與英美等先進國並駕齊驅者，信用銀行實大有力。但當最近經濟恐慌，因工業之失敗，信用銀行幾無家不蒙受鉅損，仰賴政府爲之維持，卽勢力赫赫之D幫銀行(D-Grossbanken)，亦有因此倒閉者也。德國大信用銀行(Grossbanken)對於國外貿易事業，亦汲汲提攜援助，不遺餘力，其於世界各大商埠，均設有分行或附屬銀行，以利便及協助國人發展進出口事業。德國國外貿易之旺盛，此乃一大原因也。德國銀行業之集中運動，不下於英法，該運動濫觴於一千八百七十三年之恐慌之後，至今日幾乎全國股份銀行，均受柏林幾大信用銀行之控制矣。

丙　土地信用機關

德國土地信用機關，最爲發達。其爲合作組織者，有農地抵押信用協會(Landschaften)，及城市抵押信用協會(Stadtschaften)，而前者又聯合組織有中央農地抵押信用協會(Zentral landschaften)。其爲股份組織者，有不動產銀行(Hypothekbanken)，而此又分純粹與混合兩種。前者專營不動產抵押放款，而後者則兼營其他銀行業務。其由公家設立者，有從蘭丹銀行(Rentenbank)改組之農業中央銀行(Rentenbank-Kredit-Anstalt)，土地改良銀行(Landeskultur-Rentenbanken)、及地租銀行(Rentenbanken)等。而此外各邦、省、區、市等所辦之銀行，亦無不兼營不動產抵押放款也。凡此土地信用機關，均以分期攤還方法，貸出長期不動產抵押放款，發行債票籌措放款之資金，其經營均受政府嚴密之監督云。

農業中央銀行之放款，以對於(一)由法律特別指定之不動產抵押機關，(二)由法律特別指定之經營農民個人信用放款之機關，及(三)由政府管理之各墾殖機關為限，不得直接對於個人放款。其管理組織，設一董事會，由國內最重要之農業金融機關及合作團體之代表一百十一人構成之，一管理委員會，其委員一半由董事一半由國會議員中選任之，一執行委員會至少以委員二人組織之。

丁　合作銀行

德國為合作銀行之發源地，故合作銀行之多，為世界國家冠。其合作銀行，可別為二系，曰萊發巽系(Raiffeisen System)，曰許爾志系(Schulze-Delitzsche system)。前者為農民之組織，概設於農村之中，後者為小工商人之組織，多在於都市之內。兩者之目的，皆為提倡儲蓄，使會員藉自助互助之力，增進其經濟環境，以浸漸達於自立之地位。但萊系銀行多無股分，而會員均負無限連帶責任，許系銀行則多為有限股分組織。又萊系銀行，多兼營消費合作社之業，許系銀行則概限其經營於銀行業務範圍內也。

萊系及許系合作銀行，均自有中央銀行，以供會員之挹注，但普魯士政府又設有普魯士中央合作銀行(Preussisch Centralgenossenschaftskasse)，以對於一般合作團體經營放款。現該銀行之資本一大半為普政府之所給，一小部份則為各合作團體之投資也。

戊 公共信用機關

德國所謂公共信用機關(Die Oeffentlich-rechtlichen Kreditinstitute)，除上述各公立銀行外，尙有其他多種。德國係聯邦國家，各邦大抵均設有邦銀行，其中最大者爲普魯士邦銀行(Seehandlung)，現德國金融市場上，國家銀行以外，卽以該銀行爲最有勢力也。普魯士之各省亦大都有省銀行之設，此外各地方政府亦大不乏辦有銀行者。

金貼現銀行(Golddiskontbank)，爲德國最新之公共信用機關之一。該銀行成立於一千九百二十四年三月，以救濟國外貿易之金融爲目的。蓋當時帝國銀行已奄奄一息，失其經常之機能，而蘭丹銀行所發之蘭丹馬克，又祇能在國內行用，不能應付出口貿易事業之需要，故特設此銀行，貼現出口商之票據，並特許其發行金鎊紙幣，專在國外流通。但該銀行成立未幾，新國家銀行旋卽產生，故其活動時期，祇有幾個月之久，因而金鎊紙幣竟未曾一發也。該銀行之股本定一千萬鎊，分甲乙二部。甲部由舊國家銀行擔負，乙部由各主要銀行所組織之銀行團承購之。但乙部股票其後亦全爲國家銀行收買，故該銀行現實乃國家銀行之附屬機關也。現除貼現出口商之票據外，該銀行之資金，一大部份係用以購買農業中央銀行之債票，卽用於農業方面是也。

前述德國現除國家銀行外，尙餘四家發行銀行，此亦應列於公共信用機關類下。此四銀行爲巴威利亞發行銀行(.Bayerische Notenbank)，薩克森銀行(Saechsische Bank)，巴敦銀行(Badische Bank)及瓦敦堡發行銀行(Wuerttembergische Notenbank)。其發行之最高限額，巴威利亞發行銀行爲七千萬萊赫斯馬克，薩克森銀行同之，巴敎銀行爲二千七百萬萊赫斯馬克，瓦敎堡發行銀行爲二千五百七十一萬四千二百五十四萊赫斯馬克。

德國儲蓄銀行，爲數甚多，不下三四千家。其中之爲私營者，殆不及十之一二，多爲地方自治政府所設辦或擔保。各處儲蓄銀行多有聯合團體之組織，而此又與政府協組有中央轉帳所（Girozentralen）。中央轉帳所之職務，爲爲各銀行辦理轉帳及清算事宜。德國現有三大清算制度，一爲國家銀行清算統系（Reichsbank-Giro），一爲郵政局之清算統系（Postscheck-Giro），一卽爲中央轉帳局統系也。

四　蘇俄

甲　蘇維埃聯邦銀行

蘇俄之有銀行制度，始於一千九百二十一年之末。前此俄政府曾將銀行收爲國有，併一切金融機關於國家銀行。後國家銀行改爲人民銀行，而未幾人民銀行暨其分行，又全被撤消，全國遂無銀行。至是採行新經濟計劃，覺有銀行之需要，遂又恢復之也。

銀行制度復活之第一步，爲蘇維埃聯邦銀行之組織，此後稱之爲國家銀行。國家銀行設董事會，掌理全行事務，其主席由人民委員會任命之。下分發行及業務兩部，分掌發行及銀行事務，此外設計部及統計部，亦爲至重要之部份。設計部與國家計劃委員會有密切之聯絡，專門計劃信用之穩定與擴張，其提議卽可視爲國家計劃委員會之提議之一部，故與國家經濟有重大影響也。

國家銀行之業務爲發行鈔票、代理國庫、及經營存款、放款、貼現、匯兌、保管等事項。其分支行處共有數百所，分支行處不僅處理本行之事務，且常充工業銀行、農業銀行、及其他銀行之經理處也。

國家銀行之顧客，大抵盡係國營之產業機關，申言之，即與國家銀行同爲國家經濟份子之單位。職是之故，國家銀行之信用政策與資本主義下之銀行完全不同。第一，其放款不以牟利爲目的，且本利之安全與否，亦不絕對斤斤較計，惟放款之後，對於借款者之運用借款，則嚴密監視，並常負責督責借款者完成其預定之計劃。第二，其一重要任務，爲盡量發展產業，故對於不發達之任何國民經濟部份，常以無條件之方法援助之，不若資本主義下之銀行之對不發達企業之避之若不及。自一千九百二十三年之後，國家銀行每季初皆有信用計劃之編製，先估算本季內能有若干資金，然後考察各產業之需要而決定其如何分配。自然國家銀行之顧客，均欲先知於一定期間內最多能借多少，故國家銀行編製信用計劃時，必與有關係之機關，如最高經濟會議、國家設計委員會、交通委員會等等會商也。此信用計劃自非絕對確定計劃，蓋若國家銀行所收入之資金，比預算者有過或不及，則臨時或不得不變通辦理。但計劃既定之後，而國家銀行竟應某產業之請求，擴張其所享受信用之額，雖亦有之，然絕少也。

觀以上所述，可知蘇俄銀行制度上並無所謂貼現政策，甚爲明現。蓋國家銀行之調節信用，並不以貼現利率，而即將貼現利率提高百分之若干分，對於各產業資金之需求，亦不能發生影響也。自一千九百三十年信用改革法案頒行之後，匯票之爲物，幾絕跡於金融市場，貼現利率更無所施其用矣。

一千九百三十年之信用改革法案，其要點爲廢除舊式之商業信用制度，而代之以直接銀行信用。前此銀行之放款，大致用票據貼現方法，例如工業機關將貨物賒與商業機關，乃向商業機關發行匯票持往銀行貼現。是於新法案下，國營之合作事業及其他一切企業，均不許再彼此借貸信用，如需要信用，必須直接向銀行請貸。於是銀行變握有無上之權力，而向以爲信用工具之匯票，則絕跡市上矣。

據該改革法案，凡國營機關之一切支付，均須經過國家銀行之帳，換言之，即兩個國有機關間之借貸關係，均須由登記於雙方在國家銀行往來帳上之貸方與借方而清算之。所以一機關購入原料，其付出貨價，係以銀行信用，售出貨品，其收入貨價，亦爲銀行信用。故於此制度下，國家銀行甚易計算全國國營事業之貨物生產與販賣之情狀，因而監督各計劃之進行，並同時殆成短期銀行之獨一泉源。又通貨之使用，此後必大爲減少，蓋僅當付給工資及向零售商爲零星購買時方需要之也。

國家銀行之資本，係由國家撥給，無一定總額，前後曾增加多次。除資本外，其資金之主要來源爲發行紙幣及存款。其存戶大都爲國家機關，其爲私人者，寥寥無幾也。

乙　股份銀行

股份銀行包含工業電業長期信用銀行，蘇俄遠東銀行，蘇俄國外貿易銀行等等。前二者雖爲股份組織，實際上無異政府機關，蓋其股份多由國家機關，如最高經濟會議，財政委員會，商業委員會，電力廠等收執，私人股東，寥寥無幾。至蘇俄國外貿易銀行，則私人股份，比較爲多也。

股份銀行中之最大者爲工業電業長期信用銀行。該銀行本兼營短期及長期信用，一千九百二十八年起專營長期信用，而將短期資產及負債，統讓與國家銀行。其放款資金大部份係由政府撥給。各工業之存款，亦佔其一小部份。

蘇俄遠東銀行，設於一千九百二十二年，以開發遠東及便利遠東貿易金融爲宗旨。我國哈爾濱，有其分行，上海，天津，張家口等處皆有其哈爾濱分行之經理處。蘇俄國外貿易銀行，亦成立於一千九百二十二年，以發展國外貿易金融爲目的。但國家銀行，亦有經理國外貿易金融。在一千九百二十八年，蘇俄國外貿易銀行所經理支付之國外貿易之金額，祇佔全數百分之十六而已也。

丙　其他金融機關

蘇俄之金融機關，此外尚有地方銀行，合作銀行，儲蓄銀行，及信用合作社等。地方銀行之職務，爲經理地方金庫及經營地方建設事業之放款，其最大者爲莫斯科地方銀行。合作銀行之最重要者爲全俄合作銀行，以供給一切合作組織以金融之便利爲目的。初其放款長期短期俱有，現用短期信用劃歸國家銀行獨營，故祇經營長期放款，而其重要遂亦不如前矣。從前農業中央銀行，於信用制度改革施行之後，亦改組爲農業合作銀行。儲蓄銀行，亦爲國家所經營，其規模甚爲廣大，分支行有二萬餘家之多，遍布於國內各地。蘇俄政府設立儲蓄銀行之目的，與他國逈異。其在他國，儲蓄銀行乃所以獎勵儲蓄，爲個人之利益着想。而於蘇俄，則在乎利用其大宗存款，以發展政府事業。故工廠工人之工資，大半係在儲蓄銀行存款帳上記帳而爲支付，而勞動者會議，並決定將工資一部份保留於儲蓄銀行，換言之卽實行強迫儲蓄也。信用合作社，有農業信用合作社及相互信用合作社。後者乃個人工商業者之惟一信用機關，與私人金融市場有最密切之關係，不受國家預算之何等補助，亦不向國家銀行作多額之融通。其所用資金，大部份乃自存款來也。

五　美國

甲　聯邦準備制度

美國南北戰爭之前，銀行情形，混亂不可言狀。初於一千七百九十一年及一千八百十六年，有合衆國第一銀行(The First Bank of United States) 及合衆國第二銀行 (The Second Bank of United States) 之設，以代理國庫，統一幣制，並思以積漸控制其他銀行。設無黨派之爭，該銀行得繼續存在，則美國銀行制度，或大異今日，而與歐洲諸國取同一發展趨勢，殊至可能。不幸因政治緣由，其特許年限一滿，政府便不予延展而解散之。於是州立銀行 (State banks) 風起雲湧，其所基之法規，既州各不同，故經營上毫無劃一標準。又復皆力求鈔票發行額之擴張，不謀兌現，有竟故匿藏於深林大澤人跡所不到之地，以避持執鈔票者之面者，故當時有野猫銀行 (Wild cat bank) 之名稱焉。當南北戰爭爆發時，市場上流通之銀行劵，計有一千六百餘種之多，大半不能兌現，其流弊可想而知。

半以劃一鈔票制度，半以推廣公債銷路，故美政府於一千八百六十三年頒佈國立銀行 (National bank)

條例，創設國立銀行。國立銀行制度之特點，在於國立銀行必以資本之一部份購買公債而發行鈔票，必繳存公債於財政部爲擔保。至於州立銀行鈔票此後須繳付百分之十之發行稅，故未幾便絕跡於市場上焉。

國立銀行條例，雖使銀行業之經營有劃一標準，銀行兌換券之發行有統一制度。然該條例之下，銀行兌換券毫無伸縮彈性，不能應商業之需要爲增減，而銀行準備金，又極端分散，一遇金融緊急之秋，則各銀行各死守其所存準備金，不能互相救援，而又無中央銀行盡調劑之職。故一千八百九十三年，一千九百零七年迭起恐慌，國立銀行制度之弱點，彰然大露。

於是一千九百十三年美政府頒佈聯邦準備條例（Federal Reserve Act）以行改革，此即美國現行銀行制度之所根據。聯邦準備制度之組織，美國全國分爲十二聯邦準備區，每區設一聯邦準備銀行。該銀行之股本最少限美金四百萬元。凡本區國立銀行均須以其資本及公積金百分之六入股，而州立銀行與信託公司，其基礎鞏固願遵約束者，亦得加入。如各出資銀行投資之總額不及四百萬元之數，則另向民間募集之，但一私人或一法人之股份不得超過二萬五千元。倘仍不足，則由政府撥給其餘。

聯邦準備銀行之管理，設一董事會掌之。董事會置董事九名，分甲乙丙三種。甲種代表出資銀行，由出資銀行選舉之。乙種代表實業界，但亦由出資銀行選舉之。丙種代表公共之利害，由聯邦準備委員會（Federal Reserve Board）委派之。又每準備銀行皆設一聯邦準備經理人（Federal Reserve Agent）同時兼充董事會之主席，其任務爲溝通銀行與聯邦準備委員會之關係，其人選由聯邦準備委員會就丙種董事中指定之。

所謂聯邦準備委員會，乃聯邦準備銀行之監督機關，置委員八人，除財政部長及通貨監督爲當然委員外，其餘由大總統諮詢上議院之同意任命之。該委員會之權力極爲廣汎，簡括言之，可分爲下列幾種。（一）可以隨時檢查聯邦準備銀行，（二）對於聯邦準備銀行之董事及職員，有罷黜成停職之權。（三）苟聯邦準備銀行有違犯聯邦準備條例之時，得停止其營業而取而管理之，或加以整理，或重新組織，均無不可。（四）監督及支配聯邦準備銀行之一切事務。尚有一聯邦諮詢會（Federal Reserve Council），爲聯邦準備委員會之諮詢機關，由十二準備銀行之董事各選委員一名組織之。

聯邦準備銀行之主要業務，爲發行兌換券，收受會員及政府存款，對會員爲票據之重貼現或擔保放款，代收票據及辦理票據交換事宜，代理國庫，及經營公共市場之交易等。其交易範圍，祇限於銀行與政府之間，除公共市場交易外，不許直接與民衆往來。其對於會員銀行之放款，期限至多不得逾十五日，其重貼現票據，亦有種種之限制。大抵票據以基於商業上實在交易而生者方爲合格，其期限以九十日爲最大限度，惟因農產交易發生者，其期限得延長至六個月。

所謂公共市場交易，包含買賣生金銀，外國匯兌，商業票據，政府公債庫券，及地方政府六個月以內期票等等。此種交易乃聯邦準備銀行所以控制金融市場及調節利率與現金之移動之手段。蓋欲控制市場，必常在於市場舉行交易，然後方能有效也。

聯邦準備銀行得發行兩種鈔券，一爲聯邦準備銀行券，一爲聯邦準備鈔券，其性質已述於各國幣制簡史章內。聯邦準備鈔券，乃所以改革國立銀行制度下鈔券之缺點，蓋乃以商業票據爲準備，而祇需百分之四十之現金準備，故其增減，能較與商業之需要相呼應也。又當必要之時，聯邦準備委員會得應準備銀行之請求，停止現金準備之需要，以三十日爲限，期滿仍可賡續，每次以十五日爲限。惟際此時期，苟現金準備之百分率減至百分之三二·五者，對其不足之額，準備銀行須納每年百分之一之發行稅，減至百分之三二·五以下者，則每降百分之二·五，稅率卽增百分之一·五。此發行稅稅率，準備銀行當貼現票據之時，須將之附加於聯邦準備委員會所定之貼現利率之上。此種規定，一面可使聯邦準備鈔券之伸縮彈性，充於極點，一面又可限制斯時會員銀行借款之要求，誠法之至善者也。準備銀行至少須將相當於聯邦準備鈔券百分之五之現金，存於國庫，爲兌換基金。人民有將該項鈔券至財政部請求兌現者，財政部須應其要求，兌後則又須將收回之鈔券歸還發行銀行，令其補充兌換基金，一準備銀行不得以他準備銀行之準備鈔券爲支付工具，當收到他準備銀行準備鈔券時，必速送還之於發行銀行或國庫，否則課以罰金。此乃所以促速準備鈔券之收兌，使不至於需要減退之時，仍充斥市面而釀成通貨澎漲之局也。

國立銀行制度，有準備金分散之缺點，已述於上，故聯邦準備條例，規定凡會員銀行均須以其支付準備金，存於聯邦準備銀行。在國立銀行制度之下，中央準備市及準備市之國立銀行，須置百分之二五之支付準備金，地方銀行須置百分之十五之支付準備金。新法之下，會員銀行之存款，分爲活期定期兩種。對於活期存款準備金之法定最低百分率，中央準備市銀行爲百分之十三，準備市銀行爲百分之十，地方銀行爲百分之七。對於定期存款，其百分率一概爲百分之三不分等別。故現時支付準備金之法定百分率，較前遠低，蓋以爲準備金既已集中，則易於調動，可以節省也。聯邦準備銀行對其存款須維持百分之三五之準備金，但於必要之時，得請聯邦準備委員會停止其需要，與關於兌換準備金不足時之辦法一一相同。

國立銀行制度之下各銀行對於外埠寄來支票之支現，多征收手續費，惟由往來銀行送來者，方照票面支付。因此爲避免或減輕收款之費用，故遂引起支票迂道支現之事，流弊滋多。斯時又以無中央清算機關，故運現之事，不絕如縷，勞費不貲。新制度之下，聯邦準備銀行對會員銀行及加入票據交換制度之銀行，盡票據交換所之職務，凡向各該銀行所發之支票，無論由本區或外區寄來，均以平價代收。故區內各銀行間之債權債務關係，可逕在聯邦準備銀行帳簿上結算，無須每次輸運現金。至於各聯邦準備銀行間之清算，則設置一金貨清算基金(Gold settlement fund）於國庫行之，由聯邦準備委員會司掌其事。故現制之下，美國國內匯兌之辦理，較前優便遠甚也。

美國銀行之有分行者，爲數極少。初國立銀行除於所在州內，不得設立分行，而設立分行，必先得通貨監督之許准。聯邦準備條例頒行後，凡資本及公積金在於一百萬元以上之國立銀行，可呈請聯邦準備委員會許准於國外設立分行。當初美國因無銀行設於外國之故，國際貿易上甚感不利，聯邦準備條例之一主要目的，即以規定擴充美國銀行業於外國也。

綜觀上述，美國銀行制度之與歐洲各國異者，有四大點。其一，美國銀行，其經營上遠不如歐洲各國銀行之自由，受有多種法律縛束。其二，歐洲各國之中央銀行，得自由與私人交易，而聯邦準備銀行，則除公共市場交易外，不得直接與會員銀行以外之機關或私人往來。其三，歐洲各國，皆採統一之中央銀行制度，而聯邦準備制度，既不可謂爲中央集權之制度，又非地方分權之制度，殆處於兩者之間。其四，歐洲各國，其銀行率分行林立，而美國銀行，則鮮有分行者，民衆既反對分行制度於前，法律又禁止之於後也。

乙　商業銀行

商業銀行，可分國立，州立，及私立銀行三種。國立銀行係由聯邦政府許准設立之銀行，故稱國立。其資本在人口三千以下之地方，至少須美金二萬五千元，在人口三千以上六千以下之地方，至少須美金五萬元，在人口六千以上五萬以下之地方，至少須美金十萬元，在人口五萬以上之地方，至少須美金二十萬元。其經營受通貨監督之監督，其股東負所認股額加倍之責任。其特殊各點，如須以一部份資本投資於政府公債，以公債作擔保發行鈔票等等，已敍述於上，茲不復贅。

州立銀行係根據各州法律辦理之銀行，其業務與國立銀行大概相若。除發行鈔票須納十分之一之發行稅外，其經營上其他一切，大抵盡較國立銀行佔便宜。例如其必有之資本，遠低於國立銀行，有處五千元卽許成立。其支付準備金之需要，亦遠寬鬆，有衹需對於活期存款設置準備金者，有準備金可全爲有價證券者。各州之銀行法規，極不一致，故對州立銀行不能作一概論也。

私立銀行除爲商業銀行業務外，尙充任各團體之經理人及經營投資銀行事業。私立銀行之經營，甚爲自由，蓋因其多爲個人或合夥組織，不受公司法之約束之故。但近來各州，亦浸漸施行監督矣。

丙　農業金融機關

美國農業信用有二大制度，一曰聯邦農地放款制度（Federal farm loan system），二曰中間信用制度(Intermediate Credit system)。前者以供給五年以上之長期資金，後者以供給六個月以上三年以下之中期資金，至於農業上所需短期資金則有商業銀行供給之也。聯邦農地放款制度包含三種機關，（一）聯邦土地銀行(Federal land banks)，(二)國立農地放款協會（National farm loan associations）(三)及股份土地銀行(Joint-stock land banks)。聯邦土地銀行共十二家，其資本最低定美金七十五萬元，向國立農地放款協會及民衆募集，其不足之額則由政府撥充。此後農地放款協會每次借款，必以其額百分之五入股。待農地放款協會所執股份已達七十五萬元後，則私人及政府股份，浸漸收回之，故聯邦土地銀行終必變爲國立農地放款協會之共同組織也。聯邦土地銀行之放款，以對於國立農地放款協會爲最大宗，其無此項協會之地方，則可由銀行或信託公司經手，要而言之，卽不得對於農民個人直接放款也。其放款利率不得逾週年六釐，亦不得較最後發行之債票之利率超過一釐以上。其發行債票，以股本及公積金之二十倍爲限。

國立農地放款協會爲擁有或將擁有農地之農民十人以上所組織，其獨一職務，卽爲代會員向聯邦土地銀行經理借款事宜。會員借款，以美金一百元爲最低限額，一萬元爲最大限額，又必以借款百分之五購買本會股份。該會卽以是款，爲入股於聯邦土地銀行之資也。

股份土地銀行爲完全私人之組織，可直接對農民個人放款，且對每一農民通融之額，亦無最低與最高限制。

故有此組織，凡不欲加入國立農地放款協會及所需要借款在一萬元以上之農民，亦有所貸借長期資金也。股份土地銀行之資本最少須二十五萬元，亦可發行債券，以相當於資本及公積金之十五倍爲最大限度。

聯邦土地銀行國立農地放款協會及股份土地銀行等均受聯邦農地放款委員會（Federal Farm Loan Board）管轄監督。該委員會設委員七人，其對聯邦農地放款制度亦猶聯邦準備委員會之於聯邦準備制度也。

中間信用制度係根據於一千九百二十三年之農業信用條例（Agricultural Credit Act），蓋以爲聯邦農地放款制度，祇規定農業長期資金之供給，而商業銀行又只作短期之通融，農業上所需中期資金，猶乏供源，故有是設，該制之下，亦有三種機關：曰中間信用銀行（Iutermediate credit banks），曰國立農業信用公司（National agricultural credit companies），曰再貼現公司（Rediscount companies）。中間信用銀行爲國營機關，其數亦設十二，每家給資本美金五百萬元，並許發行五年之債票，以相當於資本及公債金之二十倍爲最大限額，其利率不得超過週年六釐。其主要業務計共二項：（一）買進或貼現經銀行信託公司，農業信用公司等等機關所副署以充農業或牧畜業之票據，及（二）對於經營農產品或牲畜之合作社放款，故亦不得對於個人直接放款也。

國立農業信用公司則所以對於個人直接放款者。其資本至少應備美金二十五萬元，其業務爲（一）三年以內滿期之有牲畜爲擔保之票據之買入或貼現，及（二）九個月以內滿期之有農產物或牲畜之棧單、提單、押契等類憑證爲擔保之票據之買入或貼現。國立農業信用公司亦得發行債票，其額連同他種負債總計不得超過資本及公積金之十倍。

凡股本達美金一百萬元以上之國立農業信用公司，可名再貼現公司。再貼現公司於經營國立農業信用公司之業務外，尙得購入或貼現經國立農業信用公司，聯邦準備銀行會員銀行，或信託公司背書之票據，及農產物生產合作社之票據。再貼現公司之設，乃以與國立農業信用公司揭注之便利，蓋國立農業信用公司不能向聯邦準備銀行或中間信用銀行告貸故也。中間信用銀行受聯邦農地放款委員會之管轄，而國立農業信用公司與再貼現公司則受通貨監督之管轄。

美國之農業金融機關，此外尙有州立之土地銀行、農業信用公司、畜產放款公司等等。其所根據法律，駁雜不一，故經營上亦無一定標準也。

丁　其他金融機關

美國之金融機關此外尙有多種，如信託公司、儲蓄銀行、投資銀行、貼現公司、不動產抵押公司、投資信託公司、外國金融公司、信用合作社、建築借款合作社（Building and loan society）等等。美國爲信託公司之發源地，故信託公司最爲發達。儲蓄銀行，有郵政儲金銀行、相互儲蓄銀行、股份儲蓄銀行、及保證儲蓄銀行等種。投資銀行多爲合夥之組織，蓋以此種組織下，出資者負無限責任，能較堅固公衆之公任心之故。其中有專作批發營業者，有兼作批發及零售營業者，有專作零售營業者。專作批發營業者，均財力雄厚之銀行，其數總計不過十餘家。專作零售營業者，則林立全國，遠多於其他兩種也。貼現公司亦大都爲合夥組織，其大者在各鉅埠皆設分行。其將票據轉賣與銀行也，通常與以十日之取捨權，期內如不合意，可以退還，此乃美國貼現公司營業上之一特點也。不動產抵押公司當聯邦土地銀行未設立時乃美國最重要之不動產抵押放款機關。其向借款者所收之押契，或以之作擔保品發行債票。聯邦農地放款制度施行後其營業一落千丈矣。投資信託公司美國於一千九百十六年始有組織，現時尙不過數十家。外國金融公司乃根據一千九百十九年之厄治條例（Edge Act）設立之機關，其營業範圍至爲廣闊，然主要目的，乃在於發展國外貿易之金融及經營國外證券之投資。信用合作社比較上爲數尙少，建築借款合作社則甚發達。建築借款合作社之辦理，爲社員每月各繳一定額之款，以達於其所認之股份爲止。待社中所積之款，已成可貸之數目時，則通知社員，以投標方法出借，其出最大利息者得之，如此更迭輪流。每人所借，不得超過其所認股份數目，尙必具相當之擔保也。

六　加拿大

甲　特許銀行

加拿大之商業銀行業務，可謂完全操於十家特許銀行手中。此項銀行，係根據一千八百七十一年之銀行法辦理，該法規定每十年修改一次，故其現時面目與前已有重大不同也。據該法，銀行之組織，至少須有五十萬元之資本，待收足資本之半數後，方得呈請特許。股東對所認股份，須負雙倍之責任。因此嚴緊之限制，故所以加拿大銀行，其少至如上述，而分行則林立全國也。

各特許銀行均得發行兌換劵，其發行制度，已述於各國幣制一章。各銀行須在總行及政府所指定之商埠，隨時應持劵者之要求爲兌換劵之兌現。又必存百分之五之兌換基金(Redemption fund)於國庫，由政府，給以三釐利息，以供兌換倒閉銀行之兌換劵。凡銀行倒閉，其兌換劵自倒閉日起至宣佈何時起始兌現日止，帶五釐利息。而兌換基金，如須動用，則所耗之數，各銀行須按其兌換劵之發行額比例攤負之。計自一千八百九十年以來，兌換基金未曾一動，固非無銀行倒閉之事，然其資產及股東之負責，均敷償淸兌換劵也。

特許銀行之營業，極爲自由，除不得經營商品之貿易，以本行股票或不動產爲放款之抵押品，及對董事或職員任意放款外，別無他種限制。其所維持準備，四成須爲領地鈔劵，但準備之須否設置，或準備應有若干，則法律並無明定也。

特許銀行之分行，不下四千餘家之多。因分行之普遍之故，資金之調動，極爲利便，而結果各處之利率，均高下相若，卽於西北部蕞爾小鎭，較東部最繁盛之都市，亦不過高約一二釐。加拿大銀行制度之盛博世人讚美，此亦一原因。加拿大銀行與顧客，關係至爲聯絡，加商人鮮有同時與兩銀行往來者，蓋彼知銀行不至拒絕通融之故，而銀行方面，則以顧客須告知以一切財產及營業情形爲前提也。

加拿大銀行制度，與上述各國制度係完全相反，卽所謂分權制度是也。但加拿大雖無中央銀行，當金融緊急時，可將資產向政府抵押，領取領地鈔劵，基之發行兌換劵，是政府不啻卽其挹注之中樞也。又加拿大銀行既少合作，自比較容易。而加拿大之銀行聯合會，復權力偉大，頗能調協各銀行之營業方針。但無論其是否因於銀行政策之良善，故比之他國，加拿大恐慌之年，實較稀也。

乙　其他金融機關

特許銀行之外，加拿大之金融機關，有信託公司，儲蓄銀行、土地銀行、放款公司(Finance Company)合作銀行，債劵公司(Boud house)等等。特許銀行不兼營信託業務，故信託事業完全操於信託公司之手。儲蓄銀行，計有二系，一爲郵政儲蓄銀行，一爲隸屬於財政部之儲蓄銀行，均爲國營機關。土地銀行多爲各省政府所設立，以對於農民及殖民作長期放款者。各省政府大都設有類似組織，以供給長期農業信用也。放款公司之主要業務，爲經營不動產抵押放款。加拿大爲美洲合作銀行之發源地，故合作銀行，甚爲發達。債劵公司，即他處所謂投資銀行，共有二百餘家。

七　日本

甲　日本銀行

日本之有近代銀行，始於明治五年（卽一千八百七十二年）之國立銀行條例。該條例係以美國國立銀行條例爲藍本，但經明治九年修改之後，國立銀行得以彼時不能兌現之政府紙幣爲其鈔票之兌換，因此數以日增，鈔票充斥，通貨陷於極混亂之情形。日政府有鑑於此，於是於明治十五年設立日本銀行，與以發行銀行兌換劵之獨佔權，而停止國立銀行之發行權利，改之爲普通銀行。換言之，日本銀行設立之直接原因，乃所以統一通貨也。

日本銀行之發行制度，係折衷戰前英德中央銀行之發行制度。在一億二千萬圓之限額內，其鈔票得以有價證券及商業票據爲準備，逾此則必置十成之現金準備，惟遇必要之時，經獲財政部長之許准後，得於上述限度外，再爲保證準備之發行，但須對於數額納五釐以上之發行稅，其率由財政部長定之。故其前半段之規定，乃倣英格蘭銀行之辦法，後半段之規定，又倣德帝國銀行之辦法也。

日本銀行之資本定爲六千萬圓，全爲人民之股份。但其總裁、副總裁、董事、監察人等，均由政府任命，而營業範圍亦由法律規定如左。

(一)政府票據匯票及商業票據之貼現與買賣。

(二)生金銀之買賣。

(三)以金銀幣或生金銀爲抵押之放款。

(四)票據之代收。

(五)存款。

(六)貴重物品之保管。

(七)以政府發行或擔保之證券爲抵押之放款

(八)國庫之代理。

貼現票據以一百日以內滿期並有資產確實者二人署名者爲合格，惟經銀行總會決議而得財政部長之許可，或附有抵押品者，則只須一人背書。至於以政府證券或票據之抵押放款，其金額暨利率均須經財政部長核准也。

乙　特殊銀行

日本銀行，日人稱爲特殊銀行。此外日人所謂特殊銀行，尙有多種。其屬於不動産金融及農業金融方面者，有日本勸業銀行及各府縣之農工銀行，我國之勸業銀行及農工銀行，卽以之爲藍本。其爲殖民地而設者，台灣有台灣銀行，朝鮮有朝鮮銀行，均享發行權利，其制度與日本銀行相若。其爲開拓北海道及樺太而設者，有北海道拓殖銀行。其專管國外滙兌及國外貿易金融者，有橫濱正金銀行。其專管工業金融者，有日本興業銀行。此各銀行，各負特殊使命，各基於特別條例設立，有別於普通銀行，故稱爲特殊銀行也。

丙　其他金融機關

普通銀行，乃所以別於特殊銀行之稱，卽他處所謂商業銀行。其中一部份係由以前之國立銀行改設，現乃遵照一千九百二十六年新頒之銀行法辦理也。日本年來之銀行合併運動，亦綦猛烈。計本世紀之初，普通銀行有二千三百家左右，現僅餘八百家左右矣。

儲蓄銀行，共有兩種，一爲郵政儲蓄銀行，一爲普通儲蓄銀行。普通儲蓄銀行當全盛之時，共有六百餘家。自一千九百二十二年新儲蓄銀行法頒行之後，因限制之較嚴，故其數銳減，現竟不及一百家矣。一千九百零六年，日本與瑞士同時設立郵政轉帳制度（Postal transfer system），以奧匈帝國之制度爲模楷，其效甚著。現人民之納稅及政府之支付養老金、公債本息等，大抵均於郵政儲蓄銀行轉帳行之也。

信用合作社之組織，於日本頗甚發達，現有二千餘家。一千九百二十三年，日政府模倣普魯士中央合作銀行之制，創設產業合作社中央金庫，以爲各合作社之挹注之中樞。該金庫得發行產業債劵，以籌資金，以其已繳股本之十倍爲限。

信託公司，其設甚晚，一千九百零六年始有組織。但大戰以來，其數日增，現已有數十家。至管理信託公司之法規，於一千九百二十三年始行頒布也。

第十八章　中國銀行制度

一　中國銀行業之沿革

我國古無銀行之名，其有近代新式銀行，以通商銀行爲嚆矢，成立於光緒二十三年。次之者爲四川濬川源銀行，成立於光緒二十九年。又次爲大清銀行、交通銀行，浙江興業銀行，四明銀行，北洋保商銀行等等。至清室亡時，全國計有銀行十家也。除以大清銀行執行中央銀行職務外，光緒三十四年清政府又有銀行通行則例，儲蓄銀行則例，殖業銀行則例等之頒佈，故銀行法規，斯時已略具雛形也。

清社既屋，大清銀行卽改爲中國銀行，而普通銀行之設立者，亦日益增多。此時覺於普通銀行之外，有設辦特殊銀行之需要，於是民國三年則制定勸業銀行條例，四年則制定農工銀行條例，九年更制定農商銀行條例。其他欲圖實業之便利，則有中國實業銀行之則例，因鹽業之關係，則有鹽業銀行之簡章，因殖邊及發展蒙藏之重要，則有殖邊銀行與蒙藏銀行之規則，凡此皆所以應時勢之要求而特爲制定者也。於是我國銀行之規模，差大備矣。

國民政府成立以後，銀行史上最大之事件，爲中央銀行之設立，中國交通兩行之改組，及銀行法之頒佈。初民國十三年，廣州已有中央銀行之組織，十五年國民政府恢復湘鄂，亦曾於漢口設立中央銀行。至十六年統一完成，國民政府便頒佈中央銀行條例，而次年中央銀行即開幕營業。中國交通兩行，本帶有國家銀行之色彩，尤以中國銀行一向隱然以中央銀行之地位自居。故於中央銀行成立後，政府即明令兩行改組，以清界限，改中國銀行爲國際匯兌專業銀行，交通銀行爲發展全國實業銀行，此舉可謂開我國銀行界之新紀元也。至於銀行法之頒佈，爲二十年事。蓋以爲前清所頒行之銀行通行則例，歷年已久，有加修正之必要，故有是舉。然該法似只能適用於普通商業銀行，其他各種銀行，如儲蓄銀行、農工銀行等之法規，亦有急須改訂之切要，而錢莊信託公司等尚無特別法規也。

二　內國銀行

我國現時設立之銀行，可分爲二大類，曰內國銀行，曰外國銀行。從前尚有中外合辦之銀行，現大都倒閉停業矣。就內國銀行言，又可分爲數種，茲分別敍述於下。

甲　中央銀行

中央銀行成立於民國十七年，爲國家銀行，由國民政府設置經營。其資本定二千萬元，統由國庫撥給。其特權爲(一)發行兌換券，(二)鑄造及發行國幣，(三)經理國庫及(四)募集或經理國內外公債。此外並得(一)經營國庫證劵及商業票據之買賣、貼現或重貼現，(二)辦理匯兌及發行期票，(三)買賣生金銀及各國貨幣，(四)收受各項存款並代人保管證劵、票據、契約及其他貴重物品，(五)以金銀貨及生金銀作擔保品爲借款，(六)代理收解各種款項，及(七)以國民政府發行或保證之證劵作擔保品爲活期或定期借款。

中央銀行之管理係採立法、監察、行政三權分立之制。以理事九人組織理事會，司立法之權，監事七人組織監事會，行監察之職，總裁暨副總裁各一人，掌行政之責。除監事一人代表政府審計機關外，其餘監事理事，均由政府選派商界實業界及銀行界中有資望者充之，而指定理事五人爲常務理事，總裁及副總裁即由其中遴選充任。總裁同時兼充理事會主席，俾立法行政能溝通一氣，以免隔閡。理事、總裁、及副總裁之任期均爲三年，期滿得續派連任。至監事則除審計機關代表由政府隨時選派外，餘均任期二年，每年由政府於每界代表中改派一人。

中央銀行業務上之組織，初係倣英格蘭銀行之制，設發行與業務二局，分掌發行及其他銀行事務，各不相干涉。前者置一總發行，後者置一總經理，均隸於總裁之下。後又將業務局之匯兌科擴充爲匯兌局，是現共有三局也。

據其第一任總裁宋子文氏開幕日之致詞，中央銀行營業之方針，爲統一全國之幣制，統一全國之金庫，及調劑國內之金融。現其成立之日尚淺，故吾人對其經營之成績，未易遽作批評。就目前之情形論，該行尚未能符中央銀行之實，其在金融市場之勢力，遠不如歐美各國之中央銀行也。

乙　特殊銀行

所謂特殊銀行，乃指抱有特別目的，由政府另製條例設立，不與一般商業銀行相混雜，亦不與其他實業銀行相雷同之銀行也。此種銀行，自無幾家，茲分別述之如下。

(一)中國銀行　中國銀行之前身，爲大清銀行，鼎革後改稱今名。初本具有中央銀行之性質，民國十七年中央銀行成立後，改組爲國際匯兌銀行，現其資本定二千五百萬元，內五百萬元爲官股。其組織亦取立法、監察、行政分權之制，設董事會、監察人會及總經理分掌之。其特別職權爲（一）代理政府發行海外公債及經理還本付息事宜，（二）經理政府存在國外之各項公款並收付事宜，（三）發展及扶助海外貿易事項，及（四）代理一部份之國庫事宜，而此外並得發行兌換券及經營普通銀行業務。其分支行處不下幾百所，乃我國之最大銀行也。

（二）交通銀行　交通銀行設於光緒三十三年，以經理輪路電郵款項。民國初元，政府以中國銀行尚未籌備就緒，將金庫事務委託分任，因此得與中國銀行並駕齊驅，隱然亦以國家銀行自命。中國銀行改組爲國際匯兌銀行後，亦由政府明令改組，專任發展全國之實業。現其特權爲（一）代理公共實業機關發行債票及還本付息事宜，（二）代理交通事業之公款出入事項，（三）辦理其他獎勵及發展實業事項，及（四）經理一部份之國庫事項，而此外並得發行兌換券及經營普通銀行業務。其資本初定二千萬元，現減爲一千萬元，內二百萬元係由政府承購。其管理組織，與中國銀行完全相同。其分行處之數，僅亞於中國銀行云。

（三）國貨銀行　國貨銀行，設立於民國十八年，以維持國內工商業及扶助發明家創辦新企業，圖謀國貨生產之發展爲宗旨。其資本總額定二千萬元，分爲二十萬股，分期招募。第一期先募五萬股，內官股二萬股，商股三萬股，股銀一次交足，其餘視將來營業發展之狀況，陸續招募。其業務除普通銀行及其他實業銀行業務外，得爲國貨生產事業之抵押放款及救濟工商業之抵押分期歸還放款。其組織亦與中國交通兩銀行相同，分董事會，監察人會，及總經理三體。

（四）勸業銀行　勸業銀行成立於民國九年，係根據於民國三年所頒佈之勸業銀行條例。該銀行之資本定五百萬元，以放款於水利、森林、墾牧、鑛業、工廠等爲目的。其放款之條件有二（一）用分期償還法，以不動產爲抵押，其償期不逾十年者，（二）用定期償還法，以不動產爲抵押，其償期不逾五年者。此外尙得發行勸業債票，代人保管生金銀，及購入農業銀行工業銀行之債票。其所發行債票，不得逾股金繳足額之四倍，亦不得逾分年償還放款之總額，並應每年按照該年償還放款總額及農業銀行工業銀行之債票償還額，用抽籤法還本一次。

（五）中國實業銀行　勸業銀行條例頒佈未幾，復有中國實業銀行條例之制定。兩條例之規定，大都相同，惟中國實業銀行於銀行業務外，尙欲兼營運輸及保險之業，冀同時以挽回利權。中國實業銀行之資本定二千萬元，分二十萬股。其所發實業債票，以資本實收之數八倍爲限，但不得超過放出款項之總數。

（六）其他特殊銀行　上述諸特殊銀行外，尙有鹽業銀行、殖邊銀行、蒙藏銀行、興華匯業銀行、農商銀行等，亦均由政府特頒條例規定設立。鹽業銀行係以發展鹽業爲宗旨，殖邊銀行係以輔助政府調劑邊疆之金融，蒙藏銀行係以開拓蒙藏爲目的，興華匯業銀行以利便國內外之匯兌，農商銀行係以融通農商業之資金，各有特殊作用、也。

丙　商業銀行

我國銀行，以商業銀行爲最多，但此乃各國通例，非獨我國如是也。商業銀行，有對各業一視同仁，不分軒輊者，有專側重一業之金融者。後者如上海煤業銀行、山東當業銀行、吳縣田業銀行、上海綢業商業儲蓄銀行等是也。

商業銀行之性質，以輔助商業金融爲惟一目的。其主要業務，爲存款、放款、貼現、及匯兌四項。其放款多係短期，而鮮願收不動產爲抵押此乃其所以異於儲蓄銀行及實業銀行之主點。最近國民政府所頒佈之銀行法，雖不指明所謂銀行者爲何種銀行，但其規定，實祇可應用於商業銀行也。

丁 農工銀行

農工銀行之經營係根據於民國四年之農工銀行條例，以爲農、工、漁業者融通資金爲宗旨，其放款有定期及分期攤還等種，或以不動產爲抵押，或以不易變壞農產爲抵押，或以漁業權爲抵押，或以有價證劵爲抵押，或以兩家殷實典當或十人以上之農業或工業者之連帶責任爲擔保。農工銀行條例上均有詳細之規定。如借款者爲地方公法人，確有進益指項，則可不用抵押也。此外農工銀行尙得經理定期存款，代人保管貴重物品，收買公債及中國實業銀行債票，受勸業銀行委託爲代理店及發行債票等。其債票之發行額，不得超過放款總額已繳資本之二倍，而每年應按該年內收回放款之總額償還債票，以免其發行額之超過放款總額。現以實業爲標題之銀行，如隴海實業銀行、莆田實業銀行、大興實業銀行等等，亦卽農工銀行之一類，遵照農工銀行條例辦理。在農業信用機關章內，曾論農工銀行不發達之情形及其原因，際此實業凋零，農村破產，此種銀行，誠乃國人所當汲汲提倡者也。

戊 儲蓄銀行

前淸光緒三十四年度支部所奏頒各銀行則例，內有儲蓄銀行則例。據該條例，凡代公衆存放零星款項爲業者，均爲儲蓄銀行，而祇須資本五萬兩以上之各種公司，稟准立案後，卽可同辦。現我國儲蓄機關，甚少專營儲蓄業務者大都皆以商業銀行而兼營儲蓄存款也。

己　省立銀行

省立銀行之設，本以圖一省金融之便利，而爲省金庫之經理，其淵源甚早。或名爲官銀錢號，或稱爲銀行，當清末與民國初年，幾於無省無之。其後以內戰頻仍，各地軍閥假其所據省分之省立銀行，濫發鈔票，以籌軍費，結果軍閥一敗，省立銀行亦隨之倒閉，其鈔票淪爲廢紙，故現省立銀行僅江蘇省銀行、河南省銀行、山西省銀行、湖北省銀行、廣西省銀行、浙江地方銀行、湖南省銀行等等幾家而已。

庚　其他內國金融機關

於上述各種銀行外，我國金融機關，尙有錢莊、信託公司、農民銀行、及信用合作社等。此各金融機關之性質營業、以及概況等，已論述於前諸章。茲不復贅。各處之典當，實亦我國一種重要金融機關也。

三　外國銀行

外國銀行在我國設立分行最早者，爲英商麥加利銀行，時爲咸豐三年。自後匯豐銀行、東方匯理銀行、花旗銀行、正金銀行、荷蘭銀行等等繼之，數以日衆。現上海一隅，共計有外國銀行二十三家，其在於東三省及山東之日本銀行則不計焉。

外國銀行之主要業務，爲國外匯兌、存款、及放款三項。其中數家享有發行鈔票及保存稅款之特權。從前外國銀行之勢力極爲隆大，現則稍遜。蓋年來內國銀行業蒸蒸日上，國人對於外國銀行之需要大形減差，而德華、中法、道勝等行之倒閉，又大損外國銀行之信用。然上海之外匯業務，猶幾全部在外國銀行之手。而近年我國遺老官僚、軍閥、富翁等，以兵戈之四起，將私蓄存入外國銀行者，殆不可勝數。此猶爲虎添翼，外國銀行之資本本已遠大於內國銀行，得此更增加其競爭能力不少也。

外國銀行與國人往來，均由華帳房或買辦在中經手。蓋我國之習俗、法律以及商人之信用程度等，外國銀行均不熟悉。又貨幣制度複雜非常，錢莊莊票鑑別匪易。故外國銀行必有買辦之設，營業方能順利。大抵於任用買辦之先，必有買辦契約之設立，而買辦於繳付二三十萬兩身分保證金外，尚須有本埠產業人格兩備之知名者二三人，爲其擔保。買辦之薪金，每月自二百兩至八百兩不等。此通常僅敷買辦室之用，蓋買辦室用人之薪俸，概歸買辦負擔，而大銀行之買辦室用人多至數十名。買辦自身之利益，則在於佣金也。佣金之主要泉源爲（一）買賣匯兌及生金銀之佣金，及（二）放款存款之佣金。以買賣匯兌及生金銀之佣金言，如外國銀行爲賣者，則佣金由外國銀行付給，如華人顧客爲賣者，則佣金由華人顧客擔負。至佣金之百分率，通常爲百分之一之八分一，但近來因買辦間競爭之激烈，當擔負佣金者爲顧客時，往往只收其半數也。以放款存款之佣金言，遇外國銀行放款時，借主須按日付給買辦每千兩一二釐乃至一分左右之報酬費，遇外國銀行收入存款時，則存戶須以一部之利息，付給買辦作佣金也。

附錄

銀本位幣鑄造條例

第一條　銀本位幣之鑄造，專屬中央造幣廠。

第二條　銀本位幣定名曰元。總重二六・六九七一公分，銀八八，銅一二，即含純銀二三・四九三四四八公分。

第三條　銀本位幣之型式，由財政部擬定，呈請國民政府以命令頒定之。

第四條　銀本位幣一元，等於一百分，一分等於十釐。

第五條　銀本位幣每元之重量，與法定重量相比之公差，不得逾千分之三。

第六條　銀本位幣每一千元合計之重量，與法定重量相比之公差，不得逾萬分之三。

第七條　銀本位幣每元之成色，與法定成色相比之公差，不得逾千分之三。

第八條　凡公私款項及一切交易，用銀本位幣授受，其用數每次均無限制。

第九條　舊有之一元銀幣，合原定重量成色者，在一定期限內，到與銀本位幣同樣行使。前項期限，由財政部命合定之。

第十條　銀本位幣如因行用過久，得送中央造幣廠兌換同額新幣，但其重量成色，仍應與本條例第二條第五條第六條第七條相同。

第十一條　凡以可供鑄幣銀類或舊有銀幣向中央造幣廠請求代鑄銀本位幣者，依左列各款之規定。

一　銀類成色爲千分之九九九者，每元納純銀二三，四九三四四八公分，加納鑄費一元之百分之二・二五。

二　舊有之一元銀幣，合原定重量成色者，以銀本位幣同額兌換之，免納鑄費。

三　銀類成色不及千分之九九九，或舊有銀幣之不合原定重量成色者，應按其實含純銀數量中合。每元並加納鑄費一元之百分之二・二五。　前項銀類或銀幣，如成色過雜，除照納鑄費外，得酌加煉費。

第十二條　中央造幣廠得鑄廠條，其成色爲千分之九九九。每條重量與銀本位幣一千元所含之純銀數量相等，並於其面標記之。

第十三條　凡以銀類請求中央造幣廠煉鑄廠條者，依左列各款之規定。

一　銀類之成色爲千分之九九九者，每條應納鑄費百分之二・二五。

二　銀類之成色不及千分之九九九者，應按其煉得純銀實數合算，每條納鑄費百分之二・二五外，並得酌加煉費。

第十四條　凡以中央造幣廠廠條向中央造幣廠兌換銀本位幣者，如其重量成色與原狀相合中央造幣廠應按照每條標記之數以銀本位幣如數兌換，否則按其實有之數兌換之。

第十五條　本條例自公布日施行。

銀行法

第一條　凡營左列業務之一者爲銀行。

一　收受存款及放款。

二　票據貼現。

三　滙兌或押匯。

營前項業務之一而不稱銀行者，視同銀行。

第二條　銀行應爲公司組織，非經財政部核准，不得設立。

第三條　凡創辦銀行者，應先訂立章程，載明左列各款事項，呈請財政部或呈由所在地主管官署轉請財政部核准。

一　銀行名稱。

二　組織。

三　總行所在地。

四　資本總額。

五　營業範圍。

六　存立年限。

七　創辦人之姓名住所。

如係招股設立之銀行除遵照前項辦理外，並應訂立招股章程，呈請財政部或呈由所在主管官署轉請財政部核准後，方得招募資本。

第四條　銀行經核准或登記後滿六個月，尚未開始營業者，財政部得通知實業部撤銷其登記，但有正當事由時，銀行得呈請延展。

第五條　股份有限公司兩合公司股份兩合公司組織之銀行，其資本至少須達五十萬圓。

無限公司組織之銀行。其資本至少須達二十萬圓，前二項規定之資本在商業簡單地方得呈請財政部或呈由所在地主管官署轉請財政部核准，但第一項所規定者至少不得在二十五萬圓以下，第二項所規定者至少不得在五萬圓以下。

銀行之資本，不得以金錢外之財產抵充。

股份有限公司之股東及兩合公司股份兩合公司之有限責任股東，應負所認股額加倍之責任。

第六條　凡經核准登記之銀行，應俟資本全數認足並收足總額二分之一時，分別備具左列各件呈請財政部派員或委託所在地主管官署驗資具證經認爲確實由財政部發給銀行營業證書後，方得開始營業。

一　出資人姓名住址清册。

二　出資人已交未交資本數目清册。

三　各職員姓名住所清册。

四　所在地銀行公會或商會之保結。

五　證書費。

如係無限責任組織之銀行，除遵照第一項辦理外，並應添具左列各件。

一　出資人詳細履歷。

二　出資人財產證明書。

如係股份有限公司組織之銀行，除遵照第一項辦理外並應添具左列各件。

一　創立會決議錄。

二　監察人或檢查員報告書。

第七條　銀行未收之資本應自開始營業之日起三年內收齊，呈請財政部派員或委託所在地主管官署驗資具證後備案。

第八條　銀行之股票應爲記名式。

第九條　銀行除左列附屬業務外，不得兼營他業。

一　買賣生金銀及有價證券。
二　代募公債及公司債。
三　倉庫業。
四　保管貴重物品。
五　代理收付款項。

第十條　銀行不得爲商店或他銀行他公司之股東，其在本法施行前已經出資入股者，應於本法施行後三年內退出之。逾期不退出者，應按入股之數減其資本總額。

第十一條　銀行不得收買本銀行股票，並以本銀行股票作借款之抵押品。

除關於營業上必需之不動產外，不得買入或承受不動產。

因淸償債務受領之本銀行股票，應於四個月內處分受領之，不動產應於一年內處分。

第十二條　銀行放款收受他銀行之股票爲抵押品時，不得超過該銀行股票總額百分之一。如對該銀行另有放款，其所放款額連同上項受押股票數額合計不得超過本銀行實收資本及公積金百分之十。

第十三條　非營銀行業務之公司，不得用表明其爲銀行之文字。

第十四條　無限責任組織之銀行，應於其出資總額外，照實收資本繳納百分之二十現金爲保證金，存儲中央銀行。

前項保證金在實收資本總額超過五十萬圓以上時，其超過之部分得按百分之十繳納以達到三十萬圓爲限。

前二項之保證金，非呈請財政部核准不得提取。

第十五條　前條保證金，如經財政部核准，得按市價扣足，用國家債券或財政部認可之債券抵充全部或一部。

保證金爲維持該行信用起見，得由財政部處分之。

第十六條　有限責任組織之銀行，於每屆分派盈餘時，應先提出十分之一爲公積金，但公積金已達資本總額一倍者不在此限。

第十七條　銀行營業年度，一月至六月及七月至十二月。

第十八條　每營業年度終，銀行應造具營業報告書呈報財政部查核，並依財政部所定表式造具左列表册公告之。

一　資產負債表。

二　損益計算書。

如係有限責任組織之銀行，除遵照前項辦理外，並應添具左列表册，登載總分行所在地報紙公告之。

一　公積金及股息。

二　紅利分派之議案。

第十九條　銀行公布認足資本之總數時，應同時公布實收資本之總數。

第二十條　銀行營業時間，自上午九時起至十二時止，下午一時起至四時止，但因營業上之必要，得延長之。

第二十一條　銀行休息日，以星期日法定紀念日營業地之例假日及銀行結帳日爲限，每營業年度之結帳日，不得過三日。

除前項法定外，如因不得已事故，須臨時休息，應卽呈請所在地主管官署核准公告。

第二十二條　財政部得隨時命令銀行報告營業情形及提出文書帳簿。

第二十三條　財政部得於必要情形，派員或委託所在地主管官署檢查銀行之營業情形及財產狀況。

第二十四條　銀行營業情形及財產狀況經財政部檢查後，認爲難於繼續經營時，得命令於一定期間內變更執行業務之方法，或改選重要職員，並爲保護公衆之權利起見，得令其停止營業，或扣押其財產，及爲其他必要處分。

第二十五條　檢查員應於檢查終了十五日內，將檢查情形呈報財政部，或呈由所在地主管官署轉報財政部查核。

檢查員對於前項報告內容，應嚴守祕密，違者依法懲處。

第二十六條　銀行於左列情事，須得財政部之核准。

一　變更名稱。

二　變更組織。

三　合併。

四　增減資本。

五　設置分支行及辦事處或代理處。

六　變更總分支行及其他營業所在地。

七　分行以外之營業機關改爲分行。

第二十七條　銀行增加資本時，其應行呈請驗資程序，準用第六條之規定。但非收足資本全額後，不得增加資本。

第二十八條　銀行減少資本時，應自呈經財政部核准之日起十五日內，將減資數額減資方法及資產負債表登報公告之。

第二十九條　銀行非經財政部之核准，不得經營信託業務。

本法施行前兼營信託業務之銀行，非經財政部之核准，不得繼續其業務。

第三十條　銀行經營信託業務之資本，不得以銀行之資本與法定公積金補充。

第三十一條　銀行收受之信託資金，應分別保存，不得與銀行其他資產混合，非因特別事故預得委託人之同意者，不得以信託資金轉託他銀行或他公司。

第三十二條　經營信託業務之銀行，對其受託之事務，除向委託人收取相當之報酬外，不得再從信託上取得不正當之利益，並不得爲有損受益人利益之行爲。

第三十三條　同一區域內之銀行，得共同辦理左列各款事項但須受財政部之指導或監督。

一　增進金融業之公共利益。

二　矯正金融業之弊害。

三　辦理票據交換所及徵信所。

四　協助預防或救濟市面之恐慌。

五　其他關於金融業上之公共事項。

第三十四條　銀行對於任何個人或法人團體非法人團體之放款總額，不得超過其實收資本及公積金百分之十，但有左列情形之一者不在此限。

一　超過部分之債務，有各種實業上之穩當票據爲擔保者。

二　超過部分之債務，附有確實且易於處分之擔保品者。

第三十五條　本法施行前業已開始營業而未呈經財政部核准之銀行，應於本法施行後六個月內補請核准，逾期不呈請者，財政部得令停止其營業。

第三十六條　本法施行前業已呈經財政部核准之銀行，其已設之分支行及辦理處或代理處未經核准者，應於本法施行後六個月內補請核准，逾期不呈請者，財政部得令停止其業務。

第三十七條　本法施行前業已開始營業之銀行，其資本總額於本法施行後三年內，得請依第五條之規定。

第三十八條　本法施行前業已開始營業之銀行，其額定或認足而未收齊之資本，應於本法施行後三年內收齊之。

第七條第二項之規定，於前項情形準行之。

第三十九條　本法施行前兼營非本法所許業務之銀行，於本法施行後三年內，仍得繼續其業務。

第四十條　非公司而經營第一條業務者，應於本法施行後三年內，變更爲公司之組織。

第四十一條　銀行改營他業，其存款債務尚未淸償以前，財政部得令扣押其財產，或爲其他必要之處置。其因合併而由非銀行之商號承受銀行之存款及債務時亦同。

第二十二條及第二十三條之規定，於前項情形準用之。

第四十二條　銀行清算時，其淸償債務，依左列之次序。

一　銀行發行兌換劵者其兌換劵。

二　有儲蓄存款者其儲蓄存款。

三　一千元未滿之存款。

四　一千元以上之存款。

第四十三條　銀行如因破產或其他事故停業或解散時，除依其他法令規定辦理外，應卽開具事由呈請財政部或呈由所在地主管官署轉請財政部核准後，方生效力。

銀行停止支付時，除詳具事由呈請所在地主管官署核辦外，應即在總分行所在地報紙公告之，並呈請財政部查核。

第四十四條　銀行解散時，應將營業證書繳呈所在地主管官署轉送財政部註銷。

第四十五條　銀行違反法令，或其行爲有害公益時，財政部得令停止其業務，撤換其職員，或撤銷其營業證書，銀行於撤銷營業證書時解散之。

第四十六條　凡銀行未經財政部核准擅自開業者，財政部得令其停業，並處五千圓以下一千圓以上之罰金。

第四十七條　銀行之重要職員，如有左列各款之一時，得處以一年以下之徒刑，並千圓以下之罰金。

一　於營業報告中爲不實之記載，或虛僞之公告，或以其他方法欺朦官署及公衆時。

二　於檢查時隱蔽文書帳簿，或爲不實之陳述，或以其他方法妨礙檢查時。

第四十八條　銀行有左列行爲之一時，處其重要職員十圓以上千圓以下之罰金。

一　違反第五條第四項第九條至第十二條第十四條第十六條第十九條第二十六條第三十條至第三十二條第三十四條第四十條及第四十三條之規定時。

二　怠於爲本法規定之呈報或公告時。

第四十九條　第二十四條第四十七條及第四十八條所稱之重要職員，指經理人，獨資之商業主，合夥之合夥人，無限或兩合公司之執行業務股東，股份有限公司之董事與監察人，股份兩合公司中代表公司之無限責任股東與監察人，及分支行辦事處或代理處之代表人。

第五十條　特種銀行除法律別有規定外，適用本法之規定。

第五十一條　本法施行日期，以命令定之。

中華民國二十三年五月初版
中華民國二十四年五月三版

精

經濟叢書 貨幣銀行原理一冊 (32987)

每冊定價大洋壹元伍角
外埠酌加運費匯費

著作者 陳振驊

發行人 王雲五 上海河南路

印刷所 商務印書館 上海河南路

發行所 商務印書館 上海及各埠

五六二〇上